Casebook Patientenverfügung

Springer
*Berlin
Heidelberg
New York
Hongkong
London
Mailand
Paris
Tokio*

Stephan Rixen · Siegfried Reinecke

Casebook Patientenverfügung

Vorausverfügung, Vorsorgevollmacht,
Betreuungsverfügung mit Fallbeispielen,
Formulierungshilfen, Checklisten

Springer

Dr. Stephan Rixen
Universität zu Köln
Institut für Staatsrecht
Forschungsstelle für das Recht des Gesundheitswesens
Albertus-Magnus-Platz
50923 Köln
sekretariat@institut-staatsrecht.de

Dr. Siegfried Reinecke
St. Marien-Hospital, Hamm
Innere Abteilung
Nassauerstraße 19
59065 Hamm
siegfried.reinecke@marienhospital-hamm.de

ISBN 3-540-20435-0 Springer-Verlag Berlin Heidelberg New York

Bibliografische Information Der Deutschen Bibliothek
Die Deutsche Bibliothek verzeichnet diese Publikation in der Deutschen Nationalbibliografie; detaillierte bibliografische Daten sind im Internet über <http://dnb.ddb.de> abrufbar.

Dieses Werk ist urheberrechtlich geschützt. Die dadurch begründeten Rechte, insbesondere die der Übersetzung, des Nachdrucks, des Vortrags, der Entnahme von Abbildungen und Tabellen, der Funksendung, der Mikroverfilmung oder der Vervielfältigung auf anderen Wegen und der Speicherung in Datenverarbeitungsanlagen, bleiben, auch bei nur auszugsweiser Verwertung, vorbehalten. Eine Vervielfältigung dieses Werkes oder von Teilen dieses Werkes ist auch im Einzelfall nur in den Grenzen der gesetzlichen Bestimmungen des Urheberrechtsgesetzes der Bundesrepublik Deutschland vom 9. September 1965 in der jeweils geltenden Fassung zulässig. Sie ist grundsätzlich vergütungspflichtig. Zuwiderhandlungen unterliegen den Strafbestimmungen des Urheberrechtsgesetzes.

Springer-Verlag ist ein Unternehmen von Springer Science+Business Media

springer.de

© Springer-Verlag Berlin Heidelberg 2004
Printed in Germany

Die Wiedergabe von Gebrauchsnamen, Handelsnamen, Warenbezeichnungen usw. in diesem Werk berechtigt auch ohne besondere Kennzeichnung nicht zu der Annahme, dass solche Namen im Sinne der Warenzeichen- und Markenschutz-Gesetzgebung als frei zu betrachten wären und daher von jedermann benutzt werden dürften.

Umschlaggestaltung: Erich Kirchner, Heidelberg

SPIN 10969052   64/3130-5 4 3 2 1 0 – Gedruckt auf säurefreiem Papier

*Für Mechthild und
Christina*

Geleitwort

In den industrialisierten Ländern erleben wir zur Zeit eine massive Zunahme betagter und hochbetagter Menschen. Von dieser rasch weiter wachsenden Zahl Älterer ist ein großer Teil durch Mehrfacherkrankungen und chronische Leiden geprägt. Diese geriatrischen Patienten stehen relativ nah vor ihrem Lebensende; ihre biologischen und psychischen Ressourcen sind durch den langen Krankheitsverlauf oft weitgehend aufgebraucht. Das hippokratische Gebot, Leben zu verlängern, begegnet gerade in der Geriatrie – der Medizin, die sich speziell dem multimorbiden älteren Kranken annimmt – und gerade angesichts der durch Fortschritt und Technisierung der Medizin vermehrten Möglichkeiten zur Lebensverlängerung andererseits dem Gebot, unerträgliches Leiden nicht zu verlängern.

Die heutigen medizinischen Möglichkeiten der Akutmedizin dienen nicht dem Selbstzweck, sondern dem Zeitgewinn für eine kausale Therapie. Gibt es keine für die Lebensqualität entscheidende Therapiemöglichkeit, stellt sich die Frage nach dem Ende der Pflicht zur Therapie. Dabei ergeben sich naturgemäß eine Reihe medizinisch-praktischer, gesundheits-ethischer und ärztlich-rechtlicher Fragestellungen.

Die in den letzten Jahren erschienenen verschiedenen Empfehlungen, sei es aus dem medizinisch-wissenschaftlichen oder auch aus dem kirchlichen Bereich, machen die Dringlichkeit des Themas deutlich und helfen einem häufig in der praktischen täglichen Umsetzung von zu lösenden Fragestellungen nicht recht weiter. Gerade wenn im Klinikalltag die Frage beantwortet werden muss, ob bei einem nichtentscheidungsfähigen Patienten noch eine Diagnostik oder Therapiemaßnahme durchgeführt werden soll oder nicht, gibt es immer wieder trotz der vorliegenden verschiedensten Empfehlungen Konfliktsituationen. Insbesondere wenn häufig der Tod zum geriatrischen Patienten nach langer Krankheit nicht als Feind, sondern als Freund kommt.

Vor diesem Hintergrund ist die Entscheidung zu treffen, welche Therapiemaßnahmen neu eingeleitet, oder laufende abgebrochen werden sollen. Dabei spielt ohne Zweifel der mutmaßliche Wille des Patienten eine entscheidende Rolle, denn das Selbstbestimmungsrecht des Patienten ist von zentraler Bedeutung für das ärztliche Handeln. Die Patientenverfügung kann hier hilfreich und weisend in der Konfliktsituation helfen. Diese durch das Betreuungsrechtsänderungsgesetz von 1998 aufgewertete Vorsorgeregelung strebt an, für den Fall von Krankheit und Behinderung, hauptsächlich im Alter, eine rechtliche Vorsorge für die Regelung der eigenen Vorstellungen zu schaffen. Für viele liegen hier aber noch eine Reihe von Unklarheiten vor, wie es nun einmal bei Gesetzestexten so ist.

In diesem Sinne ist den Autoren zu danken, dass sie hier nicht nur dieses für die geriatrische Medizin so wichtige Thema des Behandlungsabbruches und dem Umgehen damit aufgreifen, sondern anhand von praktisch nachvollziehbaren Fallbeispielen eine direkte Handreichung bieten, wie Konfliktsituationen zu lösen sind. Wichtig ist auch, dass sich dieses Buch anschaulich und praktisch nachvollziehbar nicht nur für den ärztlichen Kollegen, sondern an alle, die mit den Fragen des Behandlungsabbruchs zu tun haben, wendet. Für den Arzt wird eine Analysestruktur vorgestellt, die es erlaubt, Konfliktsituationen, in denen Patientenverfügungen vorliegen oder fehlen, in knapper Zeit entscheidungsrelevant zu durchdenken und aufgrund der angeführten Fallbeispiele auch durchzuspielen. Für Angehörige und Pflegende ist dieser Vorgang nachvollziehbar dargestellt, so dass diesem vorliegenden Buch zu wünschen ist, zukünftig als Leitlinie im Umgang bei Konfliktsituationen bezüglich diagnostischer und therapeutischer Fragestellungen beim multimorbiden älteren Patienten am Lebensende zu dienen.

Univ.- Prof. Dr. med. Ingo Füsgen
Lehrstuhl für Geriatrie der Universität Witten-Herdecke

Geleitwort

Die Problematik der Behandlungsbegrenzung am Lebensende ist in den letzten Jahren zum festen Bestandteil medizinisch-praktischer, gesundheitsethischer und arztrechtlicher Debatten avanciert. Die Anzeichen für den hohen Stellenwert des Themas sind in der Tat unübersehbar: die Menge der Formulare, die dem einzelnen das Erstellen einer rechtsverbindlichen Patientenverfügung ermöglichen sollen, vergrößert sich Tag um Tag, die Zahl der zum Teil höchst umstrittenen Gerichtsentscheidungen, in denen die Patientenautonomie am Lebensende zum Thema wird, nimmt merklich zu, und erfahrene Ärztinnen und Ärzte berichten von einer immer deutlicher artikulierten Sensibilität der Patienten für die Bedingungen des ärztlich begleiteten Sterbens. Die hierauf bezogenen Möglichkeiten individueller Vorsorge, die um den Begriff der „Patientenverfügung" zentriert sind, spielen in den jüngsten Diskussionen zur Änderung des Betreuungsrechts ebenso eine Rolle wie in den Tagungen der Expertenkommission des Bundesjustizministeriums, die Vorschläge zur Neunormierung des Feldes erarbeiten soll. Dass die Angebote, sich über die Problematik zu informieren, in einer solchen Situation exponentiell wachsen, verwundert kaum, und doch erleichtert das die Orientierung nicht: das Gebiet ist unübersichtlich und unwegsam, der normative Kompass kommt häufig ins Trudeln, vieles bleibt bei allem Bemühen um Anschaulichkeit doch sehr abstrakt. Es ist deshalb nachvollziehbar, wenn immer wieder das Fehlen konkreter, verständlicher, praxistauglicher Hilfestellungen beklagt wird, die all jenen von Nutzen sein müssen, die das Thema beruflich oder persönlich bewegt.

Das „Casebook Patientenverfügung" geht einen anderen, einen neuen Weg. Es unternimmt – soweit ersichtlich zum ersten Mal im deutschen Sprachraum – dezidiert den Versuch, das Thema „Patientenverfügung", ausgehend von realen Beispielsfällen und typischen Konfliktsituationen, so zu reflektieren, dass die notwendigen Erläuterungen genereller Art nicht gleichsam in der Luft hängen, sondern durchweg empirisch „geerdet" bleiben. Dazu trägt wesentlich bei, dass das Werk, wie es sich für ein „Casebook" gehört, dazu ermuntert, schwierige Entscheidungssituationen „am Fall" zu durchdenken. Zugleich lichtet das „Casebook" den Dschungel der Meinungen, es schlägt Schneisen der Durchsicht und reduziert konsequent Komplexität – anders kann Orientierung nicht gelingen. Das „Casebook Patientenverfügung" wird so zu einem großen Votum für die Nützlichkeit wirklich durchdachter Patientenverfügungen, nicht zuletzt von Vorsorgevollmachten, die konkrete Anweisungen dadurch ergänzen, dass sie einen Vertrauten gewissermaßen zum „medizinischen Patientenanwalt" (ein Konzept, auf das vor allem die Deutsche Hospiz Stiftung setzt) bestellen. Der fachlich verdoppelte, integriert-medicolegale Blick der Autoren – einer ist Arzt, der andere Jurist – sorgt dafür, dass der Sinn für die Praxisbedürfnisse des medizinischen Alltags stark ist und gleichzeitig die Bedeutung juristischer Unterscheidungen nicht vernachlässigt wird; diese sind – richtig verstanden – nicht Hemmnis, sondern Hilfe bei der Kommunikation zwischen Arzt und Patient auch in der terminalen Phase. Das „Casebook Patientenverfügung" darf als äußerst gelungenes Beispiel für einen interdisziplinären Problemzugriff gelten, der Aktualität, Verständlichkeit und Praxisnähe verbindet. Angesichts dieser wahrhaft „qualitätsgesicherten" Herangehensweise dürfte die weite Verbreitung des „Casebook Patientenverfügung" zu erwarten sein – sehr zu wünschen ist sie allemal.

Univ.-Prof. Dr. iur. Wolfram Höfling, M.A.
Direktor des Instituts für Staatsrecht und Leiter der Forschungsstelle für das Recht des Gesundheitswesens der Universität zu Köln, Mitglied des Vorstands der Deutschen Hospiz Stiftung

Inhaltsverzeichnis

Teil A: Zielsetzung 1

**Teil B: Patientenverfügung – mutmaßlicher Wille – Betreuungsrecht:
die rechtlichen Rahmenbedingungen** 5
   1. Wieso sind Patientenverfügungen ein juristisches Problem? 5
   2. Was ist unter einer Patientenverfügung zu verstehen? 6
   3. Für welche Situationen sind Patientenverfügungen gedacht? 7
   4. In welchem Verhältnis stehen Patientenautonomie
      und Patientenverfügungen? 7
   5. Wann ist eine Patientenverfügung wirksam? 8
   6. Ist der Patient entscheidungsfähig? 8
   7. Muss der Verfasser einer Patientenverfügung aufgeklärt werden? 9
   8. Ist der Zugriff des Arztes auf die Patientenverfügung gesichert? 10
   9. Enthält die Patientenverfügung konkrete Vorgaben? 11
  10. Hat der Patient die Verfügung widerrufen? 13
  11. Muss die Patientenverfügung gerichtlich genehmigt werden? 13
  12. Bindet die Patientenverfügung den behandelnden Arzt? 13
  13. Wie ist zu entscheiden, wenn keine Patientenverfügung vorliegt? ... 14
  14. Was bedeutet „mutmaßliche Einwilligung"? 15
  15. Welche Rolle spielt das Betreuungsrecht? 17
  16. Welche Besonderheiten gelten bei minderjährigen Kindern? 19
  17. Entscheidungsdiagramm für die Frage nach
      Beendigung/Nichteinleitung lebensverlängernder Maßnahmen 20

**Teil C: Die 7-Stufen-Analyse als Struktur ärztlicher Entscheidung
konfliktträchtiger Behandlungssituationen** 23
   1. Wie ist die medizinische Prognose? 23
   2. Wenn es einen optimalen Heilverlauf gäbe,
      welchen Zustand kann der Patient erreichen? 23
   3. Ermittle den Patientenwillen! 24
   4. Wenn der Patientenwille nicht ermittelbar ist:
      Ermittle den mutmaßlichen Patientenwillen! 24
   5. Was meinen die mit dem Fall gleichfalls betrauten
      ärztlichen Kollegen? 24
   6. Was meint das Pflegeteam? 24
   7. Welcher Vorwurf könnte greifen, wenn man die Therapie
      zum jetzigen Zeitpunkt abbricht oder unterlässt? 24

Teil D: Typische Entscheidungskonflikte im Krankenhausalltag – Beispielsfälle 27
I. Typische Konfliktsituationen 27
   1. Soll ein Kranker künstlich wiederbelebt werden oder nicht? 27
   2. Soll ein Kranker, dessen Zustand sich so verschlechtert, dass eine Stabilisierung nur durch Maßnahmen der Intensivstation möglich ist, dorthin verlegt werden oder nicht? 28
   3. Soll operiert werden oder nicht? 29
   4. Soll eine Ernährungstherapie eingeleitet werden oder nicht? 29
   5. Insbesondere: Soll eine Ernährungssonde (in erster Linie eine PEG-Sonde) gelegt werden oder nicht? 30
   6. Soll ein Kranker nach Hause entlassen werden oder nicht? 31
II. 20 Fallbeispiele 31
   1. Die Patientenschicksale im Überblick 31
   2. Die Fallbeispiele 33

Teil E: 10-Punkte-Checkliste Patientenverfügung mit einem konkreten Formulierungsbeispiel 77

Teil F: Beispiele für Formulierungen – Textbausteine 85
I. Grundeinstellungen zum Leben und zum Sterben 85
II. Weisungen für besondere medizinische Maßnahmen 86
III. Weisungen für die Schmerztherapie 89
IV. Situationen, die für mich nicht mehr lebenswert erscheinen 89
V. Sonstige Weisungen 90
VI. Sonstige Bemerkungen 90
VII. Öffnungsklausel 90

Teil G: Schlussbemerkung 91

Teil H: Anhang 93
I. Rechtsnormen 93
   1. Grundgesetz (GG) 93
   2. Strafgesetzbuch (StGB) 93
   3. Bürgerliches Gesetzbuch (BGB) 95
   4. (Muster-)Berufsordnung der Ärztinnen und Ärzte 100
   5. Berufsordnung der Berliner Ärzte 101
II. Die Entscheidung des Bundesgerichtshofs vom 17. März 2003 101
   1. Entscheidungstext 102
   2. Kritik der Entscheidung 120
      a) Ergänzungen zum Sachverhalt:
         Ein Patient im apallischen Syndrom 120

b) Sterbehilfe aus Sicht des BGH 122
    aa) Objektive Voraussetzungen 122
      (1) Einwilligungsunfähigkeit des Patienten 122
      (2) Objektive Eingrenzung zulässiger Sterbehilfe:
          Grundleiden mit irreversibel tödlichem Verlauf 122
          α) Spannungen zwischen der Argumentation
             des 1. Strafsenats und ihrer Rezeption durch den
             12. Zivilsenat 122
          β) Eine neue Fallgruppe: Das irreversibel-tödliche
             Grundleiden diesseits des (unmittelbaren)
             Sterbeprozesses? 125
      (3) Anforderungen an die Feststellung der
          objektiven Sterbehilfe-Situation 127
      (4) Das ärztliche Behandlungsangebot 127
          α) Das ärztliche Behandlungsangebot zwischen
             Indikation und „Sinnhaftigkeitsurteil"? 127
          β) Zur strikten Indikationsakzessorietät
             des Behandlungsangebots 128
          γ) PEG-Sondenernährung von apallischen Patienten
             als ärztliche Behandlung? 129
    bb) Subjektive Voraussetzungen 132
      (1) Fortwirkende Willensbekundung des Patienten
          (z.B. durch Patientenverfügung) 132
          α) Argumentation des BGH 132
          β) Der Implementationsbetreuer als Kontrollbetreuer für
             die „richtige" Ausübung der Patientenautonomie? ... 133
      (2) Individuell-mutmaßlicher Wille des Patienten 136
          α) Argumentation des BGH 136
          β) Der individuell-mutmaßliche Wille:
             ein regelfreies Konstrukt? 136
      (3) Objektiv zu mutmaßender Wille des Patienten 137
          α) Argumentation des BGH 137
          β) „Objektive" Willensfiktion kraft
             ärztlicher Einschätzung? 138
    cc) Schlussüberlegungen – Plädoyer für eine Korrektur des BGH 139
III. Empfehlungen der Bundesärztekammer 139
  1. Grundsätze der Bundesärztekammer zur ärztlichen Sterbebegleitung
     (2004)...139
  2. Grundsätze der Bundesärztekammer zur ärztlichen Sterbebegleitung
     (1998)... 143
  3. Handreichungen für Ärzte zum Umgang mit Patientenverfügungen . 146
IV. Zur künftigen Rechtsentwicklung in Deutschland 151
  1. Vorsorgeregister bei der Bundesnotarkammer 151
  2 Subsidiäre Angehörigenvertretung (auch) in
     Gesundheitsangelegenheiten – Reform des Betreuungsrechts 153

V. Zum Vergleich: die Richtlinien der Schweizerischen Akademie
der Medizinischen Wissenschaften (SAMW) 156
  1. Behandlung und Betreuung von zerebral schwerst
     geschädigten Langzeitpatienten Medizinisch-ethische
     Richtlinien der SAMW (2003) 156
  2. Behandlung und Betreuung von älteren,
     pflegebedürftigen Menschen (Entwurf 2004) 165
  3. Betreuung von Patienten am Lebensende –
     Medizinisch-ethische Richtlinien (Entwurf 2004)............... 180
  4. Medizinisch-ethische Richtlinien für die ärztliche Betreuung
     sterbender und zerebral schwerst geschädigter Patienten
     (1995, in Überarbeitung) 186

Internet-Adressen 191

Literaturverzeichnis 193

Über die Autoren 199

Danksagung 201

Teil A: Zielsetzung

Wenn im **Klinikalltag** die Frage zu beantworten ist, ob bei einem nicht entscheidungsfähigen Patienten eine eingreifende Diagnostik oder Therapiemaßnahme durchgeführt werden soll oder nicht, kommt es immer wieder zu Konfliktsituationen, deren wesentliche limitierende Bedingung die Knappheit der verbleibenden Entscheidungszeit ist. Von ca. 850.000 Menschen, die jährlich in Deutschland sterben, stirbt etwa die Hälfte im Krankenhaus; bei etwa 300.000 Patienten müssen **Entscheidungen am Lebensende** getroffen werden (Zahlen bei Simon/Geißendörfer, 2002, S. 290). In diesen Fällen kann das juristische Instrument der gerichtlich angeordneten Betreuung allein schon aus Zeitgründen meistens nicht greifen. Allerdings kommt es zunehmend vor, dass dem behandelnden Arzt in einer solchen Situation **Erklärungen des Patienten** vorliegen, die dieser als **Patientenverfügung** bezeichnet hat. Diese Erklärungen enthalten aber nach aller bisherigen Erfahrung meistens nur allgemeine Formulierungen, die für die konkret erforderlich werdende Entscheidung wenig hilfreich sind. Typische Konfliktsituationen, in denen der Arzt für eindeutige Anweisungen des Patienten dankbar wäre, werden in diesen Erklärungen oft gar nicht oder nur vage angesprochen. Nicht zuletzt die jüngste Entscheidung des **Bundesgerichtshofs** (2003) über die Voraussetzungen des Abbruchs lebenserhaltender Maßnahmen hat verdeutlicht (Höfling/Rixen 2003), wie wichtig eine präzise auf die jeweilige Situation des Patienten abgestimmte Patientenverfügung ist (Hennies 2003). Auch die jüngst vorgelegten neuen „Grundsätze der Bundesärztekammer zur ärztlichen Sterbebegleitung" akzentuieren stärker, als das bislang der Fall war, die Bedeutung von Patientenverfügungen (vgl. Teil H., III.1).

Das vorliegende Buch will darüber informieren, wie Patientenverfügungen beschaffen sein müssen, die dem Patienten[1] die verlässliche Bekundung seines Willens ermöglichen und deshalb für den Arzt eine wirksame **Handlungserleichterung** darstellen. Im Einzelnen möchte das Buch

- aus Sicht des Juristen über die **rechtlichen Vorgaben** für die Abfassung von Patientenverfügungen und über die Maßstäbe informieren, die gelten, wenn es an einer Patientenverfügung fehlt;
- aus Sicht des Arztes eine Analysestruktur vorstellen, die es erlaubt, Konfliktsituationen, in denen Patientenverfügungen vorliegen oder fehlen, in knapper Zeit entscheidungsrelevant zu durchdenken, was durch Fallbeispiele aus dem Alltag veranschaulicht wird;

---

[1] Mit „Patient" ist hier und im Folgenden jede Person gemeint, die akut ärztlich behandelt wird oder für eine künftig erforderlich werdende Behandlung vorsorgen will.

- aus der Sicht dessen, der eine Patientenverfügung zu formulieren gedenkt, naheliegende Fragen beantworten, verbreitete Unsicherheiten abbauen und praktische Hilfen zur Gestaltung einer individuellen Patientenverfügung geben.
- aus der Sicht dessen, der bereits eine Patientenverfügung formuliert hat, mit 20 Fallbeispielen die Möglichkeit bieten zu hinterfragen, ob die eigene Patientenverfügung wirklich die erwünschten Entscheidungen hätte herbeiführen können. Dazu kann die eigene Patientenverfügung neben die Beispielsfälle gelegt werden um zu prüfen, ob sie dem Arzt eine hinreichend genaue Auskunft über die Behandlungswünsche geben würde.

Das Buch wendet sich an **alle**, die mit Fragen des Behandlungsabbruchs zu tun haben und deshalb an Patientenverfügungen **interessiert** sind, insbesondere

- an Ärzte, Pflegende und andere, die in den Gesundheitsfachberufen mit den Grenzsituationen des Lebens konfrontiert werden,
- an Sozialarbeiter in Krankenhäusern und Altenheimen,
- an Juristen, insbesondere Rechtsanwälte und Notare, sowie
- an Theologen, vor allem Krankenhausseelsorger,

also an **alle**, die ihren Standpunkt in Sachen Patientenverfügung **reflektieren** und kompetenter Gesprächspartner für Ratsuchende sein wollen. Das Buch soll darüber hinaus bei Nicht-Ärzten bzw. Nicht-Pflegenden das Verständnis für das Vorgehen und die Entscheidungsnöte von Ärzten und unterstützendem Pflege-Team verbessern und mit der professionellen Herangehensweise an einen „Fall" vertrauter machen.

In **Teil B** werden die **juristischen Rahmenbedingungen** erläutert, die das Handeln des Arztes bei Fragen des Behandlungsabbruchs unter Berücksichtigung von Patientenverfügungen bestimmen. In diesem Rahmen wird auch ein typisches Entscheidungs-Ablaufmuster vorgestellt.

In **Teil C** wird eine praktikable Struktur ärztlicher Entscheidungsfindung vorgestellt, die sog. **„7-Stufen-Analyse"**. Sie kann es dem Arzt erleichtern, Konfliktsituationen systematisch zu analysieren.

In **Teil D** werden alltägliche Entscheidungskonflikte anhand von 20 kommentierten **Fallbeispielen** vorgestellt, die im medizinischen Alltag häufig vorkommen. Die Fallbeispiele sollen verdeutlichen, wie die ärztliche Entscheidung ohne Patientenverfügung ausfällt – und wie sie ausgefallen wäre, wenn der Patient eine Patientenverfügung verfasst hätte, die diesen Namen verdient.

Teil E enthält eine **„10-Punkte-Checkliste zur Abfassung einer Patientenverfügung"**. Vorgestellt werden konkrete Formulierungsmodule, die zeigen, wie eine präzise und damit praxisnahe Patientenverfügung aussehen kann, die vor allem den in Teil D genannten typischen Konfliktsituationen gerecht wird.

Teil F bietet **Formulierungsbeispiele** und Anregungen in Form von Textbausteinen.

Teil G enthält eine **Schlussbemerkung**.

Teil H besteht aus einem **Anhang**, der wichtige Internet-Adressen, die maßgeblichen Rechtsvorschriften und ärztliche Empfehlungen (z.B. der Bundesärztekammer) enthält sowie über die jüngste Rechtsprechungsentwicklung und geplante Änderungen der Rechtslage informiert.

Teil B: Patientenverfügung – mutmaßlicher Wille – Betreuungsrecht:
die rechtlichen Rahmenbedingungen

1. Wieso sind Patientenverfügungen ein juristisches Problem?

Die Vorsorge, die Patientenverfügungen im Hinblick auf ärztliche Entscheidungen in Konfliktsituationen leisten sollen, hängt nicht unwesentlich von den Vorgaben ab, die die Rechtsordnung macht. Bislang gibt es keine Gesetze, die genau bestimmen würden, unter welchen Voraussetzungen Patientenverfügungen wirksam abgefasst werden und Verbindlichkeit beanspruchen können. Dieser Umstand führt zu Unsicherheit in der medizinischen Praxis.

▶ **Keine Klare Gesetzeslage → Unsicherheit in der medizinischen Praxis**

Während die überwiegende Meinung der Juristen lange Zeit die Auffassung vertreten hat, Patientenverfügungen käme keine letztverbindliche Bedeutung zu oder sie könnten allenfalls ein widerlegliches Anzeichen des Patientenwillens sein, geht die im Vordringen begriffene juristische Meinung davon aus, dass hinreichend konkret verfasste Patientenverfügungen für den Arzt verbindlich sind – und zwar auch und gerade für den Fall, dass die Befolgung der Patientenverfügung dazu führt, dass eine lebenserhaltende Behandlung abgebrochen wird und daraufhin der Tod des Patienten eintritt. Für eine derartige Bindungswirkung ist im Jahre 2000 der Deutsche Juristentag eingetreten, eine Art informelles Juristenparlament, das regelmäßig viel beachtete rechtspolitische Vorschläge vorlegt. Danach soll die wirksame Patientenverfügung den behandelnden Arzt, aber auch den Gesundheitsbevollmächtigten und den Betreuer des Betroffenen binden. Die Rahmenbedingungen der Patientenverfügung sollten nach Ansicht des Juristentages gesetzlich geregelt werden. Allerdings sieht es bislang nicht so aus, als wollte der Gesetzgeber dieser Empfehlung folgen.

▶ **Juristischer Meinungswandel: Patientenverfügung verbindlich**

Bis eine gesetzliche Regelung Klarheit schafft, muss sich die medizinische und die juristische Praxis an den weithin ungeschriebenen Grundsätzen orientieren, die insbesondere von der Rechtslehre durch Interpretation allgemeiner, nicht speziell im Hinblick auf Patientenverfügungen erlassener Gesetze entwickelt wurden und werden. Die Diskussion über die maßgeblichen rechtlichen Gesichtspunkte ist zwar noch im Fluss, es haben sich jedoch einige Fixpunkte herauskristallisiert, an denen sich die Beantwortung der Rechtsfragen der Patientenverfügung orientieren kann. Die Rechtslehre findet sich gleichsam in der Rolle des Ersatz-Gesetzgebers wieder: Weil der parlamentarische Gesetzgeber noch schweigt und auch die Gerichte keine faktisch gesetzesvertretenden Regeln für Patientenverfügungen entwickelt haben, muss die Rechtslehre in Zusammenarbeit mit den Gerichten diese Lücke vorerst durch eigene Vorschläge und Empfehlungen schließen.

2. Was ist unter einer Patientenverfügung zu verstehen?

Eine Patientenverfügung ist

- die (regelmäßig schriftlich dokumentierte) Erklärung
- eines zum Zeitpunkt der Erklärung einsichts- und urteilsfähigen Menschen,
- dass er in einer
  - bestimmten Krankheitssituation,
  - in der er äußerungsunfähig ist,
  - nicht (in bestimmter Weise) ärztlich (weiter-)behandelt werden will oder/und
  - die (ergänzende) Entscheidung einer bevollmächtigten Person bzw. (seltener Fall, aber rechtlich zulässig) mehrerer bevollmächtigter Personen wünscht.

▶ Drei Arten von Patientenverfügungen

Der Begriff „Patientenverfügung" ist ein Sammelbegriff für drei Arten von Verfügungen, die in der Praxis kombiniert werden können:

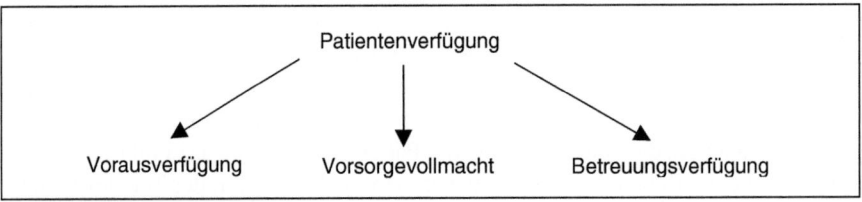

In einer **Vorausverfügung** weist der Betroffene für eine Situation, die in der Zukunft auftreten kann, die Ärzte an, wie sie ihn behandeln sollen. Wenn von „Patientenverfügungen" die Rede ist, sind häufig diese Vorausverfügungen gemeint. Man kann Vorausverfügungen deshalb auch Patientenverfügungen im engeren Sinne nennen.

In einer **Vorsorgevollmacht** (vgl. § 1896 Absatz 2 Satz 2 Bürgerliches Gesetzbuch) regelt der Betroffene, dass in einer bestimmten Situation, die in der Zukunft auftreten kann, eine Person – man kann sie Bevollmächtigter in Gesundheitsangelegenheiten nennen – einzuschalten ist, die über Art und Weise der Behandlung anstelle des Betroffenen entscheidet. Gegenüber dem Vorsorgebevollmächtigten ist der behandelnde Arzt von der **Schweigepflicht** befreit; sicherheitshalber sollte dies in der Vorsorgevollmacht ausdrücklich gesagt werden.

In einer **Betreuungsverfügung** (vgl. § 1901a Bürgerliches Gesetzbuch) kann der Betroffene für eine Situation, die in der Zukunft eintreten kann, eine Person bestimmen, die zum Betreuer im Rechtssinne (§§ 1896 ff. Bürgerliches Gesetzbuch) ernannt werden soll.

In einer Patientenverfügung kann sich der Betroffene auch zu **anderen Fragen** äußern, etwa dazu, wer sich für den Fall, dass er einwilligungsunfähig ist, um Vermögens-, Steuer- und sonstige Rechtsangelegenheiten oder den Bereich der Aufenthaltsbestimmung (z. B. welches Pflegeheim) kümmern soll. Dabei geht es zwar nicht um Aspekte, die sich unmittelbar auf die ärztliche Behandlung beziehen. Es handelt sich aber um Gesichtspunkte, die ebenfalls zur Vorsorge gehören und deshalb in Vorsorgevollmachten geregelt werden können.

3. Für welche Situationen sind Patientenverfügungen gedacht?

Typischerweise will die Patientenverfügung für eine Situation vorsorgen, in der über die Aufnahme oder den Fortgang einer lebenserhaltenden Diagnostik und/oder Therapie zu entscheiden ist. Es geht dabei in der Regel um Entscheidungen, die sich aus einer schon länger andauernden Krankheitsgeschichte ergeben. Häufig kommt zu einer schweren Grunderkrankung mit eingeschränkten Heilungschancen eine plötzliche Komplikation hinzu, die eine Entscheidung erforderlich macht (siehe dazu im einzelnen die Beispielsfälle in Teil D). Vor allem geht es um Situationen, in denen für den Betroffenen ein Weiterleben bzw. ein Weiterleben unter bestimmten Umständen (etwa mit einer Ernährungssonde) nicht mehr erträglich erscheint.

▶ **Patientenverfügung als Instrument der individuellen Vorsorge**

Die Patientenverfügung kann Aussagen zur Einleitung, zum Umfang und zur Beendigung ärztlicher Maßnahmen, etwa zur Verabreichung von Medikamenten (z.B. Antibiotika, Psychopharmaka oder Zytostatika), zur (Nicht-)Aufnahme künstlicher Ernährung, zur Schmerzbehandlung und zur Art der Unterbringung und Pflege enthalten.

▶ **Fixierung?**

Sinnvollerweise sollte sich ein Patient auch dazu erklären, ob er damit einverstanden ist, zur Sicherstellung seiner Behandlung fixiert zu werden. Auch dies kann Teil einer Patientenverfügung sein, weil es um die Bedingungen der Therapie geht. Liegt eine solche Regelung vor, wäre ein besonderes gerichtliches Genehmigungsverfahren (vgl. § 1906 Absatz 4 BGB, dazu Teil H. I.) nicht erforderlich.

4. In welchem Verhältnis stehen Patientenautonomie und Patientenverfügungen?

Der Begriff der „Patientenautonomie" – neuerdings ist zunehmend von „**Patientensouveränität**" die Rede, was nichts anderes meint – hängt eng mit dem Begriff der Patientenverfügung zusammen. Patientenverfügungen sind gewissermaßen ein „Vehikel" der Patientenautonomie, sie verwirklichen sozusagen das Gesetz, das der Patient sich für seine Lage selber gibt („Auto-Nomie" – Selbstgesetzgebung).

▶ **Patientenverfügung = Vehikel der Patientenautonomie**

Patientenautonomie ist ein anderes Wort für ‚**Patientenwille**' oder ‚freie Selbstbestimmung des Patienten'. Die Patientenautonomie ist grundrechtlich geschützt. Sie garantiert den „**Freiheitsschutz** im Bereich der leiblich-seelischen Integrität (…).

Auch der Kranke oder Versehrte hat das volle Selbstbestimmungsrecht über seine leiblich-seelische Integrität" (Bundesverfassungsgericht 1979, S. 171). In dem bekannten Myom-Fall, in dem einer Patientin ohne deren Einwilligung zur Beseitigung einer Gebärmuttergeschwulst (Myom) die Gebärmutter operativ entfernt worden war, weil dem Arzt dies vernünftig erschien, hat der Bundesgerichtshof bereits vor gut fünfzig Jahren vom „grundsätzlich freien **Selbstbestimmungsrecht** des Menschen über seinen Körper" gesprochen (Bundesgerichtshof 1957, S. 114). Gemessen an seinen Maßstäben könne der Kranke „triftige und sowohl menschlich wie sittlich achtenswerte Gründe haben", die Vornahme oder die Fortführung eines medizinischen Eingriffs abzulehnen (Bundesgerichtshof 1957, S. 114). Mag diese Entscheidung auch lebensbedrohlich und dem Arzt unverständlich erscheinen, „so muss sie doch von jedem, auch einem Arzt, (...) beachtet werden" (Bundesgerichtshof 1957, S. 113). Das heißt: Patientenautonomie, die diesen Namen verdient, schützt auch die Freiheit, den **Rat des Arztes** zu missachten. – Eine Grenze wird der Patientenautonomie durch § 216 Strafgesetzbuch (StGB) gesetzt, das strafrechtlich bewehrte Verbot der Tötung auf Verlangen: der Patient darf deshalb vom Arzt **keine** sog. **aktive Sterbehilfe** („**Euthanasie**") verlangen.

Die Patientenautonomie geht von der prinzipiellen Fähigkeit des Patienten aus, selbst am besten einschätzen zu können, was gut für ihn ist. Allerdings ist zu unterscheiden:

▶ **Der Patient als Entscheider, der Arzt als Entscheidungsgehilfe**

Der Arzt soll dem Patienten die tatsächliche Grundlage für die Entscheidung durch Informationen über den Befund, die Prognose und die Therapieoptionen verschaffen. Erst verlässliche Informationen befähigen den Patienten, eine eigene Entscheidung nach Maßgabe seiner Prioritäten und Präferenzen zu treffen.

5. Wann ist eine Patientenverfügung wirksam?

Eine Patientenverfügung ist nur dann juristisch beachtlich, also im Rechtssinne wirksam, wenn sie folgenden – hier in Frageform formulierten – Gesichtspunkten Rechnung trägt:

- Ist der Patient entscheidungsfähig?
- Muss der Verfasser einer Patientenverfügung aufgeklärt werden?
- Ist der Zugriff des Arztes auf die Patientenverfügung gesichert?
- Enthält die Patientenverfügung konkrete Vorgaben?
- Hat der Patient die Verfügung widerrufen?
- Muss die Patientenverfügung gerichtlich genehmigt werden?
- Bindet die Patientenverfügung den behandelnden Arzt?

6. Ist der Patient entscheidungsfähig?

Der Patient kann nur dann wirksame Patientenverfügungen abfassen, wenn er **entscheidungsfähig** ist.

▶ **Entscheidungsfähigkeit** ➔ **unterschiedliche juristische Kriterien, die sich im Ergebnis ähneln**

Juristen unterscheiden hier insbesondere zwischen **Geschäfts- und Einwilligungsfähigkeit**. Vereinfacht kann man sagen, dass ein Volljähriger hinsichtlich aller Arten von Patientenverfügungen entscheidungsfähig ist, es sei denn, seine freie Willensbestimmung ist z. B. aus psychiatrischen Gründen dauerhaft ausgeschlossen. Einwilligungsfähig kann aber auch ein **Nicht-Volljähriger** sein, z. B. ein sechzehnjähriger Patient, der über seine Erkrankung hinreichend informiert ist und eine abgewogene Entscheidung treffen kann. Juristisch spricht man hier von „Einsichts- und Urteilsfähigkeit", die je nach den Umständen des Einzelfalles gegeben sein kann.

▶ **Verfügung schriftlich (leserlich, unterschrieben) abfassen und aktualisieren**

Um sicherzugehen, dass im Fall des Falles die Gültigkeit der Verfügung nicht angezweifelt wird, empfiehlt es sich, die Verfügung (mit Datum und Unterschrift) schriftlich (leserlich!) abzufassen (dazu noch sogleich unter Nr. 8) und regelmäßig (etwa jeweils nach ein bis zwei Jahren) zu aktualisieren. Zweckmäßig ist auch die Hinzuziehung mindestens eines Zeugen (etwa des Hausarztes), der die Patientenverfügung mit unterzeichnet und so bestätigt, dass nach seiner Einschätzung an der Einsichts- und Urteilsfähigkeit (= Einwilligungsfähigkeit) bzw. der Geschäftsfähigkeit keine Zweifel bestehen.

7. Muss der Verfasser einer Patientenverfügung aufgeklärt werden?

Das Gebot, den Patienten aufzuklären, folgt unmittelbar aus der Patientenautonomie (siehe oben 4). Die **Aufklärung** soll den Patienten hinsichtlich der Tatsachenbasis seiner Entscheidung fähig machen, eine eigene – was auch heißt: wohlinformierte – Entscheidung zu treffen (oben Nr. 4). Nur wenn der Patient informiert ist, kann er die erwartbaren Risiken und Belastungen bewerten.

▶ **Keine Aufklärungs-, aber Informationspflicht**

Allerdings: Die Patientenverfügung, die sich meist auf das Unterlassen von Eingriffen bezieht, ist – anders als die Einwilligung in die Aufnahme einer Behandlung – *nicht* von einer vorherigen Aufklärung des Arztes abhängig, der die Entstehung der Verfügung begleitet hat oder der die Verfügung befolgen will (so jedenfalls die bislang herrschende Meinung in der Rechtslehre). Aufklärungen müssen nämlich nur eingreifenden („invasiven") ärztlichen Eingriffen vorausgehen (dass in einer Patientenverfügung die Vornahme solcher Eingriffe angeordnet wird, ist aber eher die Ausnahme). Gleichwohl geht die **neuere juristische Diskussion** davon aus (Taupitz 2000), dass der Arzt, der von der Absicht des Patienten erfährt, eine Verfügung zu verfassen, verpflichtet ist, den Patienten über die Folgen seines Vorgehens zu informieren. Dies ist Teil des im Behandlungsvertrag angelegten, auch berufs- und strafrechtlich geschützten Gebots, Schaden von dem Patienten abzuwenden, wozu auch eine eventuell aus Unbedachtheit folgende (Selbst-)Schädigung gehört. Dieses Informationsgespräch ist zwar keine Aufklärung im strengen Sinne des Wortes, sie ist ihr aber sehr ähnlich (**Informationspflicht**).

▶ **Vorlage einer „Patientenverfügung" bei der Aufnahme: was tun?**

Konkret bedeutet dies, dass der Arzt, der den Patienten bei der Erstellung einer Patientenverfügung begleitet (das wird häufig der Hausarzt sein) über die Folgen der Verfügung informieren muss. Der Arzt, der im Krankenhaus von einem Patienten mit einer vor Aufnahme in das Krankenhaus erstellten Patientenverfügung konfrontiert wird, muss den Patienten in der Regel dann nicht über die Folgen der Patientenverfügung informieren, wenn ein (Haus-)Arzt auf der schriftlichen Patientenverfügung bestätigt hat, dass der Patient von ihm über die Folgen einer Patientenverfügung informiert wurde, es sei denn, dass Verhalten des Patienten gibt Anlass zu der Annahme, der Patient sei sich in Wahrheit gar nicht klar, was er mit seiner Erklärung bewirken will. **Nachfragen** sind bei Vorlage eines mit „Patientenverfügung" oder ähnlich überschriebenen Dokuments also immer ratsam. Der Arzt sollte das vorgelegte Dokument auch daraufhin **überprüfen**, ob es überhaupt klare Instruktionen enthält und den Patienten auf offensichtliche Unklarheiten hinweisen. In jedem Fall ist das Dokument zur Patientenakte zu nehmen, sofern es der Patient nicht ausdrücklich zurückverlangt (auch dies ist dann zu **dokumentieren**).

▶ **Patientenverfügung wird nicht vorgelegt: was tun?**

Auch wenn der Patient nicht von sich aus auf eine Patientenverfügung zu sprechen kommt, sollte bei der Aufnahme in das Krankenhaus dafür gesorgt werden, dass danach gefragt wird, ob eine Patientenverfügung vorliegt. Es handelt sich um einen Aspekt der **Anamnese**, denn die Anamnese soll alle Daten erheben, die für die Behandlung relevant sind. Zur Vorgeschichte der aktuellen Erkrankung, die zu einer stationären Behandlung geführt hat, gehören aber auch **behandlungsbezogene Verfügungen**, die vor dem Krankenhausaufenthalt getroffen wurden und deren Folgen in ihn hineinreichen. Nachfragen kann z.B. der zuständige Aufnahmearzt. Denkbar ist aber auch, dass im Rahmen der organisatorischen Aufnahme in das Krankenhaus die Krankenhaus-Verwaltung standardisiert nach dem Vorliegen einer Patientenverfügung fragt.

8. Ist der Zugriff des Arztes auf die Patientenverfügung gesichert?

Unter gesichertem Zugriff kann zweierlei Verstanden werden: zum einen der Zugriff auf ein bestimmtes schriftlich abgefasstes Dokument. Zum anderen können Verfügungen aber auch mündlich getroffen sein. Dann wäre zu gewährleisten, dass der Arzt von der mündlichen Verfügung Kenntnis erhält. Angesichts der Unsicherheiten, die mit einer mündlichen Übermittlung verbunden sind (man denke nur an das Spiel „Stille Post"), ist von einer mündlichen Übermittlung dringend abzuraten.

▶ Schriftform – Register

Die Patientenverfügung muss grundsätzlich nicht in einer bestimmten Form abgegeben werden. Sie muss also von Rechts wegen grundsätzlich nicht schriftlich erfolgen; „**Schriftform**" – wie Juristen es nennen – ist also **nicht erforderlich**. „Grundsätzlich" heißt aber, juristisch gesprochen: es gibt **Ausnahmen**. Ausnahmsweise ist die Schriftform erforderlich, wenn bei einer Vorsorgevollmacht der Bevollmächtigte beauftragt wird, lebensbeendende Maßnahmen anzuordnen (vgl. § 1904 Absatz 2 Satz 2 Bürgerliches Gesetzbuch – BGB). Schon aus Gründen der Beweisbarkeit empfiehlt es sich aber durchgängig, die Verfügung schriftlich (am besten mit Datum und eigenhändig unterschrieben) abzufassen.

Für die Frage, ob der Zugriff des Arztes auf die Patientenverfügung gesichert ist, ist es auch wichtig zu wissen, ob man eine Patientenverfügung bei einer offiziellen Stelle hinterlegen kann. Einheitliche Regelungen über die Aufbewahrung von Patientenverfügungen gibt es in Deutschland nicht. Die Regeln in den einzelnen Bundesländern sind sehr unübersichtlich. Allerdings gibt es private Initiativen, etwa das von der Deutschen Hospizstiftung geführte „**Bundeszentralregister Willenserklärung**" (Näheres unter www.hospize.de), in dem man eine Patientenverfügung (gegen Entgelt) hinterlegen kann. Auch die **Bundesnotarkammer** (www.vorsorgeregister.de) betreibt ein solches Register. Ob allerdings die Abfrage bei solchen Registern im Ernstfall schnell genug erfolgen kann, erscheint fraglich.

▶ Frage nach der Patientenverfügung = Teil der Aufnahmeroutine

Schon aus praktischen Gründen sollte der handlungsfähige Patient eine **schriftliche** Patientenverfügung bzw. eine Kopie bei der **Aufnahme in das Krankenhaus** zu den Patientenakten geben. Eine **mündliche Verfügung** des Patienten ist in der Patientenakte zu dokumentieren. Der behandelnde Arzt – das ist der Arzt, der jeweils „am nächsten dran" ist, z.B. bei der Aufnahme in das Krankenhaus der für die **Aufnahmeroutine** zuständige Assistenzarzt – hat dafür Sorge zu tragen, dass eine dokumentierte Verfügung allen am Behandlungsprozess Beteiligten bekannt ist. Nur so lässt sich vermeiden, dass Missverständnisse entstehen und z.B. gegen den Willen des Patienten eine Beatmungstherapie auf einer Intensivstation erfolgt. Eine aufgrund von Kommunikationsmängeln „auf Station" gegen den erklärten Patientenwillen erfolgte Wiederbelebung durch uninformierte Mitarbeiter wäre rechtlich betrachtet mindestens mangelnde Sorgfalt. Sie könnte im schlimmsten Falle zur Strafbarkeit wegen fahrlässiger Körperverletzung desjenigen führen, der die Ursache für das Informationsdefizit und damit für die vom Patienten nicht gewollte Behandlung gesetzt hat.

9. Enthält die Patientenverfügung konkrete Vorgaben?

Die Äußerung des Patienten ist nur dann eine Patientenverfügung im Rechtssinne, wenn es sich um eine Erklärung handelt, die für eine **bestimmte Situation** bzw. bestimmte Situationen durch **konkrete Vorgaben** die Verhaltenspflichten des Arztes ausgestaltet.

▶ Patientenverfügung = Konkrete Vorgaben für eine konkrete Situation

Die Erklärung muss sich zunächst zu der Situation äußern, für welche die Verfügung gelten soll. Patientenerklärungen sollten am besten nach **Absprache mit dem Hausarzt** verfasst werden. Im Krankenhaus bleibt häufig schon aufgrund der Dringlichkeit der Lage keine Zeit für die Abfassung von Patientenverfügungen. Der Hausarzt kann hingegen helfen, im einzelnen die Situationen zu umschreiben, deren Eintritt vor dem Hintergrund der Krankengeschichte nahe liegt und die der Patient deshalb geregelt wissen will. Gelungene Patientenverfügungen müssen daher **ausführlich** sein und ins **Detail** gehen (siehe die Beispiele in Teil E und F). Viele der im deutschsprachigen Raum verbreiteten Formulare werden diesem Kriterium nicht gerecht. Sie begnügen sich meist mit allgemeinen Appellen, die die Situation, um die es geht, völlig im Unklaren lassen bzw. gänzlich von der Interpretation der Ärzte abhängig machen.

▶ Adressaten der Patientenverfügung: wer wird gebunden?

Adressat der Patientenverfügung ist der behandelnde **Arzt**, außerdem das ärztliche **Assistenzpersonal**, das die Anweisungen des Arztes umsetzt. Adressaten sind auch weitere, vom Patienten gesondert **bevollmächtigte Personen**, in erster Linie der Bevollmächtigte in Gesundheitsangelegenheiten im Falle einer Vorsorgevollmacht. Adressat ist schließlich auch der Staat, insbesondere die **Justiz**, die die Rechtmäßigkeit der Befolgung von Patientenäußerungen kontrolliert und die insbesondere in dem Umfang, in dem eine wirksame Patientenverfügung vorliegt, keinen Betreuer für den Bereich Gesundheitsfürsorge bestellen darf (da nicht erforderlich im Sinne des § 1896 Absatz 2 Satz 1 Bürgerliches Gesetzbuch). Je nach gewählter Ausgestaltung enthält die Patientenverfügung das Gebot und die Erlaubnis, eine Behandlung abzubrechen bzw. nicht oder nur in bestimmter Weise aufzunehmen. Ärztliche Behandlung meint alle Maßnahmen, die das Leiden des Patienten beheben oder lindern sollen. Ob die künstliche Ernährung zur Behandlung oder zur Grundpflege zählt, ist umstritten. Die Patientenverfügung sollte sich dazu äußern und klare Vorgaben machen.

Die Anweisung, die eine Patientenverfügung trifft, kann nach dem **Grad ihrer Genauigkeit** variieren und trotzdem noch konkret genug sein. Sie kann eine **punktgenau** auf eine bestimmte Lage abgestimmte Anweisung sein. Sie kann aber auch eine bloße **Rahmenanweisung** sein, die zwar bestimmte Situationen benennt, aber zusätzlich – gewissermaßen zur Lückenfüllung – einen Bevollmächtigten benennt, der anhand genannter oder dem Bevollmächtigten bekannter Wertmaßstäbe eine Entscheidung für den Patienten trifft. Der **Bevollmächtigte** ist in diesem Fall – weil der Patient es so will – **authentischer Interpret** des vom Patienten Gewollten. Bevollmächtigter kann prinzipiell jede einwilligungsfähige Person sein, auch ein Angehöriger. Es können auch mehrere Personen bevollmächtigt werden, die gleichsam nur zu „gesamter Hand", also übereinstimmend, eine Entscheidung treffen können. Sonderlich praktikabel ist dies aber nicht.

▶ **Bevollmächtigung mehrerer Personen: sinnvoll?**

In der Praxis spielt die Bevollmächtigung mehrerer Personen dann eine Rolle, wenn man Abwesenheit, Urlaub, Krankheit etc. der an erster Stelle bevollmächtigten Person abdecken will (**Vertretungsregelungen**).

10. Hat der Patient die Verfügung widerrufen?

Die in einer Patientenverfügung getroffene Anordnung kann vom Patienten **jederzeit** und **formlos** wieder **rückgängig** gemacht werden. Allerdings berechtigt der Umstand, dass der Patient das Bewusstsein verloren hat oder sonst entscheidungsunfähig geworden ist, nicht zu der Annahme, der Kranke wolle seine Verfügung widerrufen. Denn dies ist ja gewissermaßen die Geschäftsgrundlage, auf der die Verfügung ihre Regelungswirkung entfalten soll.

11. Muss die Patientenverfügung gerichtlich genehmigt werden?

Die **Patientenverfügung** des Patienten ist normalerweise nicht genehmigungsbedürftig. **Ausnahmsweise** ist aber eine Vorsorgevollmacht genehmigungsbedürftig, sofern es um eine medizinische Maßnahme geht, die mit der Gefahr einhergeht, dass der Vollmachtgeber (= der Patient) auf Grund der Maßnahme stirbt oder einen schweren und länger andauernden gesundheitlichen Schaden erleidet (§ 1904 Absatz 2 Bürgerliches Gesetzbuch). Ob sich diese Genehmigungspflicht auch auf den Abbruch lebenserhaltender Maßnahmen bezieht, ist **umstritten**. Der Bundesgerichtshof (2003) hat – ohne sich ausdrücklich auf die genannte Vorschrift des BGB zu stützen – in einer stark kritisierten (Kutzer, 2003; Lipp, 2003; Uhlenbruck, 2003; Höfling/Rixen 2003) neueren Entscheidung angenommen, dass ein Betreuer eine Genehmigung einholen muss. In der **untergerichtlichen Rechtsprechung**, die dem Bundesgerichtshof allerdings zum Teil (noch) die **Gefolgschaft verweigert** (Amtsgericht Neustadt am Rübenberge 2003), ist dies inzwischen auf Bevollmächtigte ausgedehnt worden (Landgericht Ellwangen 2003).

Danach darf der kraft Vorsorgevollmacht Bevollmächtigte den Abbruch lebenserhaltender Maßnahmen nur nach einer vormundschaftsgerichtlichen Genehmigung anordnen. Allerdings sollte hierbei folgendes nicht vergessen werden: Als der Gesetzgeber das Erfordernis einer Genehmigung für Bevollmächtigte einführte, wollte er nur ein Instrument schaffen, um denkbaren Missbrauch durch den Bevollmächtigten zu verhindern; dadurch sollte aber die Vorsorgevollmacht als Alternative zur Betreuung gestärkt und nicht etwa geschwächt werden. Die gerichtliche Genehmigung darf also nicht dazu benutzt werden, eine hinreichend präzise gefasste Vorsorgevollmacht „auszuhebeln".

12. Bindet die Patientenverfügung den behandelnden Arzt?

Soweit die Patientenäußerung eine konkrete Regelung im dargelegten Sinne ist, kommt ihr rechtliche Verbindlichkeit zu. Dann ist der behandelnde Arzt verpflichtet, den konkreten Vorgaben, sofern sie auf die definierte Situation zutreffen, zu folgen. Er ist dann von jeglicher Verantwortlichkeit insbesondere nach den Regeln des Straf-, Zivil- und Berufsrechts entbunden. Die (Weiter-)Behandlung gegen den Regelungsgehalt der Patientenverfügung kann eine strafbare Körperverletzung darstellen. Eine entsprechend formulierte Patientenverfügung führt also zu einem Behandlungsverbot.

▶ **Was heißt: „Die Patientenverfügung bindet"?**

Was die Verbindlichkeit angeht, sind frühere Äußerungen namentlich der Bundesärztekammer überholt. Dies hat die **Bundesärztekammer** in ihrer aktuellen Stellungnahme zu Fragen der Sterbebegleitung auch selbst klargestellt, denn sie betont die Verbindlichkeit der Patientenverfügung. Genaue Bedingungen für die Wirksamkeit benennt sie allerdings nicht. Auch in einzelnen ärztlichen Berufsordnungen ist inzwischen nachzulesen, dass Patientenverfügungen prinzipiell verbindlich sind (vgl. z. B. § 16 der Berliner Berufsordnung der Ärzte).

In zeitlicher Hinsicht entfaltet auch eine längere Zeit nach ihrer Abfassung nicht mehr aktualisierte Patientenverfügung prinzipiell Bindungswirkung. Allerdings kann ein großer zeitlicher Abstand zwischen dem Datum der Abfassung und dem Moment des Aktuellwerdens der Patientenverfügung zu **Zweifeln an der Informiertheit des Patienten** führen, etwa wenn er für eine Situation ein Verhalten verlangt, das er so möglicherweise nicht verlangt hätte, wenn ihm neuere medizinische Entwicklungen bekannt gewesen wären. Ohne dass sich ein genaues „Verfallsdatum" festlegen ließe, so empfiehlt es sich zur Vermeidung entsprechender Unklarheiten, die Patientenverfügung regelmäßig jeweils nach ein bis zwei Jahren zu erneuern bzw. zu überprüfen und dies auch durch Unterschrift zu bestätigen.

Einige besondere Situationen bzw. Fragestellungen sind noch anzusprechen:

- Wie ist zu entscheiden, wenn keine Patientenverfügung vorliegt?
- Was bedeutet „mutmaßliche Einwilligung"?
- Welche Rolle spielt das Betreuungsrecht?
- Welche Besonderheiten gelten bei minderjährigen Kindern?

13. Wie ist zu entscheiden, wenn keine Patientenverfügung vorliegt?

Man muss sich bewusst sein, dass Patientenverfügungen, die den oben dargelegten Standards entsprechen, zurzeit **in der klinischen Praxis** noch **die Ausnahme** sind. Wenn überhaupt, dann liegen häufig nur Formulierungen vor, die den Ärzten die rechtliche Entscheidungslast nicht von den Schultern nehmen, sondern sie voll umfänglich bei ihnen belassen.

▶ **Problem: die Placebo-Patientenverfügung**

Beispiel aus der 1. Auflage der sog. „Christlichen Patientenverfügung": „Für den Fall, dass ich nicht mehr in der Lage bin, meine Angelegenheiten selbst zu regeln (…)." Welche Lage ist genau gemeint? Es bleibt ein völlig unbestimmter weiter Interpretationsspielraum des Arztes. Oder: „An mir sollen keine lebensverlängernden Maßnahmen vorgenommen werden, wenn medizinisch festgestellt ist, dass ich mich im unmittelbaren Sterbeprozess befinde (…)." Welche lebensverlängernden Maßnahmen sind konkret gemeint und wann genau beginnt der unmittelbare Sterbeprozess? Auch hier ist alles Nähere – d.h.: alles Genaue – dem weiten Interpretationsspielraum des Arztes überlassen. Solche „Verfügungen" helfen nicht weiter, eine Entscheidung im Sinne des Betroffenen zu finden. (In der zweiten Auflage der „Christlichen Patientenverfügung" ist an die Stelle der bisherigen die bessere Formulierung getreten: „Für den Fall, dass ich meinen Willen nicht mehr bilden oder äußern kann …")

▶ **Gründe, keine Patientenverfügung zu verfassen**

Dass die meisten Patienten, die in ein Krankenhaus aufgenommen werden, keine Patientenverfügung verfasst haben, hat viele Gründe: mangelndes Interesse, fehlende Information, Problemverdrängung auf der Patientenseite spielen häufig eine Rolle. Aber auch (Haus-)Ärzte werden nur selten die nötige Zeit und Kraft investieren (können), die erforderlich ist, um zusammen mit dem Patienten eine Patientenverfügung zu entwickeln. Für den enormen zeitlichen Aufwand (sinnvoll dürften zwei bis drei Gespräche à 30 Minuten über einen Zeitraum von ca. zwei bis drei Monaten sein), der für ein echtes, individuelles Beratungsgespräch notwendig ist, gibt es bislang keine angemessene Vergütungsziffer in den ärztlichen Gebührenordnungen. Eine **leistungsgerechte Gebühr**, die den tatsächlichen Zeitaufwand widerspiegelt, müsste dringend eingeführt werden.

Fehlt jedoch – wie heute meistens – eine Patientenverfügung und ist der in das Krankenhaus aufgenommene Patient nicht entscheidungsfähig, dann ist für das weitere Vorgehen vor allem die Zeitdimension und die Art der Erkrankung maßgeblich. Handelt es sich um eine akute Erkrankung, die sofortige Entscheidungen verlangt, müssen die Ärzte nach dem Modell der sogenannten **mutmaßlichen Einwilligung** (siehe unten) entscheiden, sofern nicht schon für den Gesundheitsbereich ein Betreuer bestellt und dieser auch unverzüglich erreichbar ist (siehe unten). Geht es um Langzeit-Erkrankungen, die keine sofortigen Entscheidungen erforderlich machen, muss der behandelnde Arzt, bevor er Behandlungsentscheidungen fällt, die Bestellung eines Betreuers abwarten, sofern diese nicht schon erfolgt ist.

14. Was bedeutet „mutmaßliche Einwilligung"?

Eine mutmaßliche Einwilligung fragt in erster Linie danach, wie der Betroffene, der sich nicht äußern kann, entscheiden würde, wenn er dazu in der Lage wäre. Es geht also – wie die neuere Rechtsprechung sagt – um den „individuell-mutmaßlichen Willen" des konkreten Patienten, um dessen Schicksal es geht. Erst wenn es keine individuellen Anzeichen gibt, kommt eine Einwilligung nach dem „objektiv zu mutmaßenden Willen" in Betracht, wie die neuere Rechtsprechung sagt (Bundesgerichtshof 2003), was sehr umstritten ist (dazu noch sogleich).

▶ **Mutmaßliche Einwilligung = willentliche Mutmaßung?**

Eine wirksame mutmaßliche Einwilligung macht das Vorgehen der Ärzte rechtmäßig. Sie kommt hauptsächlich bei akuten Erkrankungen in Frage. Eine mutmaßliche Einwilligung des Verkehrsunfallopfers in seine Wiederbelebung ist im Regelfall völlig unproblematisch zu unterstellen. Ist es aber genauso unproblematisch, die mutmaßliche Einwilligung einer multimorbiden 85jährigen Patientin in ihre Wiederbelebung zu unterstellen?

Sofern es um längerfristige Erkrankungen geht, die keine dringenden medizinischen Maßnahmen erfordern, findet das **Betreuungsrecht** Anwendung. Ärztliche Maßnahmen, die bis zur Bestellung eines (vorläufigen) Betreuers erfolgen, müssen nach Maßgabe der mutmaßlichen Einwilligung erlaubt sein.

Der behandelnde Arzt muss den (individuell-)mutmaßlichen Willen anhand von Indizien ermitteln. **Indizien** sind sog. mittelbare Tatsachen, anhand derer sich aufgrund eines Erfahrungssatzes auf das Vorliegen sog. unmittelbarer Tatsachen schließen lässt, die sich nicht unmittelbar nachweisen lassen (= der Wille des nichtäußerungsfähigen Patienten). Welche Indizien das sein können, ist gesetzlich nicht festgelegt. In Rechtsprechung und Rechtslehre haben sich einige Standards herausgebildet, die allerdings viele Fragen offen lassen. Ausnahmslos gilt: Die Anhaltspunkte, die der Arzt für die Ermittlung des mutmaßlichen Willens heranzieht, sind sorgfältig zu dokumentieren.

Der mutmaßliche Wille muss in erster Linie **anhand früherer Äußerungen des Patienten** ermittelt werden. Es geht dabei insbesondere um Äußerungen, die sich speziell auf eine lebensbedrohliche Situation im Krankenhaus beziehen, aber auch um Äußerungen, die eine allgemeine Haltung des Patienten zu Fragen von Gesundheit, Krankheit und Tod betreffen. Dahinter steht die einleuchtende, aber nicht zwingende Vorstellung, dass Menschen die Anwendung intensivmedizinischer Maßnahmen für sich selbst ablehnen, wenn und weil sie sich früher einmal oder wiederholt ablehnend in dieser Richtung geäußert haben.

Die früheren Äußerungen des Patienten muss der behandelnde Arzt im Regelfall durch die **Befragung von Angehörigen** ermitteln. Es kommen auch andere Informationsgrundlagen in Betracht, etwa schriftliche Äußerungen oder eine als „Patientenverfügung" übertitelte Erklärung, die zwar (mangels konkreter Vorgaben) keine Patientenverfügung im Rechtssinne ist, aber doch über die Werthaltungen des Patienten zumindest im Groben etwas besagt. Stellt sich auf der Grundlage dieser Ermittlungen heraus, dass der Patient eine Beendigung der Behandlung wünschen würde, dann ist diese Entscheidung umzusetzen.

Kann durch Befragung der Angehörigen oder durch Auswertung anderer Informationsgrundlagen ein Wille des Patienten nicht ermittelt werden, darf der Arzt auf sogenannte **objektive Anzeichen** zurückgreifen (im Gegensatz zu den subjektiven Anzeichen, die beim Patienten selbst oder in seinem Umfeld, den Angehörigen, nachweisbar sind).

▶ **Gibt es „objektive Indizien" für den mutmaßlichen Willen?**

Damit sind Bewertungsmaßstäbe gemeint, die, wie es der Bundesgerichtshof früher ausgedrückt hat, „allgemeinen Vorstellungen menschenwürdigen Lebens" entsprechen (Bundesgerichtshof, Amtliche Sammlung der Entscheidungen in Strafsachen, Band 40, S. 263). Dieses Kriterium ist sehr **umstritten**, denn in Fragen der Lebensbeendigung ist es schwer, „allgemeine Wertvorstellungen" (Bundesgerichtshof, a. a. O., S. 263) bzw. das festzustellen, „was gemeinhin als normal und vernünftig angesehen wird" (Bundesgerichtshof, Amtliche Sammlung der Entscheidungen in Strafsachen, Band 35, S. 250). Der Bundesgerichtshof hat zwar auch betont, dass im Zweifel die Lebenserhaltung Vorrang habe. In der Praxis hilft das allerdings wenig weiter. Es ist nämlich unklar, wann von einer Situation des „Zweifels" auszugehen ist. Da **verlässliche, allgemein anerkannte Erfahrungssätze fehlen** und damit auch nicht klar ist, welche Tatsachen aussagekräftige Indizien für den mutmaßlichen Willen sein sollen, hängt – strenggenommen – das Vorliegen des Zweifels oder der Gewissheit im Grunde vom subjektiven Plausibilitätsgefühl des jeweils behandelnden Arztes ab (dies wird in den Fallbeispielen des Teil D verdeutlicht). Dass der Verweis auf „allgemeine Wertvorstellungen" problematisch ist, sieht auch eine neuere Entscheidung des Bundesgerichtshofs so, die diesbezüglich eher zurückhaltend ist (Bundesgerichtshof 2003).

Auch hier zeigt sich einmal mehr, wie wichtig es ist, Patienten zur Abfassung von Patientenverfügungen zu ermutigen. Da sogenannte „objektive" Kriterien in hohem Maße anfällig sind für Vorurteile und subjektive Einschätzungen derjenigen, die diese objektiven Kriterien feststellen, besteht die Gefahr, dass im Gewand der sogenannten mutmaßlichen Einwilligung dem Patienten – objektiv, gar nicht aus bösem Willen – ein fremder Wille „untergeschoben" wird. Die **Gefahr der verdeckten Fremdbestimmung**, bei der der mutmaßliche Wille des Patienten eigentlich nur eine Fiktion ist, ist groß.

Aus **juristischem Kalkül** ist Ärzten im Zweifel anzuraten, in dubio pro vita, also im Zweifel – d.h. bei intersubjektiv nachvollziehbarem persönlichem Unbehagen – *für* die Lebenserhaltung zu votieren. Dies jedenfalls entspricht den Vorgaben des Bundesgerichtshofs, und eine Orientierung an den Vorgaben der höchstrichterlichen Rechtsprechung vermeidet eine Haftung in der Regel am besten.

15. Welche Rolle spielt das Betreuungsrecht?

Liegt keine Vorsorgevollmacht (siehe oben 2., Schema „Patientenverfügung") vor, ist beim nichteinwilligungsfähigen Kranken auf die Bestellung eines Betreuers hinzuwirken, wenn er voraussichtlich länger in diesem Zustand bleibt. Wie schnell es zur **Bestellung eines (vorläufigen) Betreuers** kommt, lässt sich nicht einheitlich beantworten. Die Gerichtspraxis fällt unterschiedlich aus. Manche Gerichte – ihre Zahl nimmt zu – bestellen innerhalb weniger Stunden einen (vorläufigen) Betreuer, manche benötigen einige Tage.

▶ Behandlungsabbruch: Teil der Gesundheitssorge des Betreuers?

Die Bestellung eines Betreuers ist für Ärzte nur relevant, wenn der Betreuer auch ausdrücklich für den Bereich der **Gesundheits(für)sorge „einschließlich des Behandlungsabbruchs"** bestellt ist. Ein Betreuer, der nicht für diesen Bereich bestellt ist, kann keine für den Arzt maßgeblichen Entscheidungen treffen. Bei Betreuerbestellungen, die vom Krankenhaus initiiert werden, sollte darauf geachtet werden, dass die Bestellung sich ausdrücklich auf den Behandlungsabbruch erstreckt, damit es nicht zum Streit darüber kommt, ob Behandlungsabbrüche Teil der Gesundheitsfürsorge sind.

▶ Maßstab des Betreuers: das Wohl des Patienten = der (mutmaßliche) Wille

Der Betreuer muss bei seinen Entscheidungen das **Wohl des Betreuten** beachten. Im Regelfall entspricht dem Wohl der (mutmaßliche) Wille des Betreuten. Bei der Bestimmung des Wohls des Betreuten ergeben sich demnach ähnliche Probleme wie bei der mutmaßlichen Einwilligung. Der Betreuer muss sich fragen, ob die Entscheidung, die er im Gesundheitsbereich (einschließlich des Behandlungsabbruchs) fällt, der Entscheidung entspräche, die der Betreute ebenso fällen würde, könnte er selber entscheiden. Der Betreuer hat dabei ähnlich wie ein Arzt bei der Ermittlung des sogenannten mutmaßlichen Willens vorzugehen.

▶ Ist der Arzt an die Entscheidung des Betreuers gebunden?

Trifft der Betreuer eine Entscheidung im Gesundheitsbereich, dann sind die Ärzte verpflichtet, ihr zu folgen. Gegebenenfalls ist für lebensbeendende Entscheidungen des Betreuers (und auch des Bevollmächtigten in Gesundheitsangelegenheiten – vergleiche § 1904 Absatz 1 und Absatz 2 Bürgerliches Gesetzbuch) eine **Genehmigung** des Vormundschaftsgerichts erforderlich (dazu schon oben Nr. 11). Nachdem unter den Gerichten lange umstritten war, ob wirklich eine Genehmigung erforderlich ist, hat der Bundesgerichtshof nunmehr entschieden, dass es einer Genehmigung bedarf (Bundesgerichtshof 2003). Der Arzt sollte darauf bestehen, dass der Betreuer den Genehmigungsantrag stellt. Der Betreuer muss sodann den Beschluss des Gerichts vorlegen, aus dem sich ergibt, dass die Genehmigung erteilt oder versagt oder vom (Unter-)Gericht (gegen den BGH) nicht für erforderlich gehalten wird.

Die **Genehmigung des Vormundschaftsgerichts** wirkt nur gegenüber dem **Betreuer**. Das heißt: Sie ermächtigt ihn, eine lebensbeendende Entscheidung gegenüber den Ärzten zu äußern, aber sie verpflichtet ihn nicht, die Lebensbeendigung von den Ärzten zu verlangen. Die Ärzte sind auch nicht etwa allein aufgrund der Genehmigung des Vormundschaftsgerichts berechtigt oder verpflichtet, die lebensbeendende Maßnahme zu ergreifen. **Es kommt immer auf die Entscheidung des Betreuers an**. Bleibt sie aus, ist die Behandlung fortzusetzen bzw. einzuleiten – es sei denn (so der Bundesgerichtshof [2003] neuerdings), eine Weiterbehandlung ist medizinisch nicht mehr indiziert, etwa weil sie technisch nicht mehr realisierbar ist (z.B. kann wegen des Zustands des Patienten keine PEG-Sonde[2] mehr gelegt werden; was das im einzelnen bedeuten soll, ist aber umstritten [Höfling/Rixen, 2003]). Entscheidet der Betreuer sich nach Genehmigung durch das Gericht für eine Beendigung der Behandlung, dann ist sie von den Ärzten zu beenden bzw. nicht einzuleiten.

All dies hört sich dramatischer an, als es zumindest in der **Krankenhaus-Praxis** ist. Weit schwieriger dürften die Entscheidungskonflikte sein, wenn der Patient sich in einem **Pflegeheim** befindet. Man darf nicht verkennen, dass in der (Krankenhaus-)Praxis regelmäßig alle Beteiligten, die Ärzte, die Angehörigen und der Betreuer, um eine Entscheidung im Konsens bemüht sind. Im Übrigen ist auch der Betreuer auf medizinische Auskünfte der Ärzte angewiesen. Außerdem wird er in der Regel schon im Interesse des Betreuten darauf bedacht sein, keine Entscheidungen zu treffen, die er gegen den Willen der Ärzte durchsetzen müsste. Überdies müsste der Betreuer den Justizapparat gehörig mobilisieren, was mit einigem Aufwand verbunden wäre. Es verwundert daher nicht, dass – bislang – auf Intensivstationen oder in Krankenzimmern noch keine **Gerichtsvollzieher** aufgetaucht sind, die bei Gericht erwirkte Entscheidungen des Betreuers, die dieser zugunsten des Betreuten gegen das sich widersetzende Krankenhaus erstritten hat, zwangsweise durchsetzen (dem Krankenhaus wird typischerweise das widerstrebende Verhalten der behandelnden Ärzte juristisch zugerechnet; Juristen sprechen von einem „totalen Krankenhausaufnahmevertrag", dem gemäß der Krankenhausträger für das Verhalten der behandelnden Ärzte einzustehen hat).

Die **Situation** lässt sich **durch** eine **wirksam verfasste Patientenverfügung entschärfen**. Eine Patientenverfügung, die für eine konkrete Situation den Behandlungsabbruch anordnet, hat nämlich Vorrang vor den Entscheidungen eines Betreuers. Oder anders ausgedrückt: Soweit die Patientenverfügung reicht, ist der Betreuer nicht entscheidungsbefugt, er kann die Patientenverfügung nicht zu Fall bringen. Eine solche Patientenverfügung ist zudem nicht genehmigungsbedürftig (Höfling/Rixen 2003).

16. Welche Besonderheiten gelten bei minderjährigen Kindern?

Soweit es sich bei den nicht-äußerungsfähigen Patienten um minderjährige Kinder handelt, agieren an ihrer Statt die Erziehungsberechtigten, also im Regelfall die (sorgeberechtigten) Eltern (oder die an ihrer Stelle sorgeberechtigten Personen). Der Wille der Eltern gilt als Wille des Kindes. Man spricht vom sog. **Interpretationsprimat der Eltern**, was den Inhalt des Kindeswohles angeht. Es reicht sehr weit. Nur Maßnahmen, die die körperliche oder seelische Integrität des Kindes bzw. sein Überleben eindeutig gefährden, sind kindeswohlwidrig.

---

[2] Zu ihr noch unten in Teil D.

▶ **Sonderproblem: Die Eltern zwischen Arzt und Kind**

Theoretisch dürfen Eltern auch den Abbruch der Behandlung eines sterbenskranken Kindes verlangen, denn dies stellt in rechtlicher Hinsicht keine Gefährdung des Überlebens dar, sondern soll das Interesse des Kindes an einem würdigen Zustand bzw. an einem würdigen Sterben realisieren. Allerdings wird die Umsetzung dieses Wunsches der Eltern um so schwieriger sein, je weniger „todesnah" der Zustand des Kindes ist. Man stelle sich etwa ein bewusstloses Kind vor, das künstlich beatmet wird, das aber nicht so schwer verletzt ist, das mit seinem baldigen Versterben gerechnet werden muss: Lässt sich wirklich sagen, es entspreche dem Wohl des Kindes, dass die Behandlung abgebrochen wird? Hier besteht nicht nur bei den Ärzten **größte Zurückhaltung**, sondern auch bei den zur Kontrolle elterlicher Entscheidungen anzurufenden Familiengerichten (bis vor wenigen Jahren waren auch in diesen Fällen die Vormundschaftsgerichte zuständig).

Praktisch wird sich das **Familiengericht** vor allem an der **ärztlichen Einschätzung des Falls** orientieren, also danach fragen, wie groß die Heilungschancen des Kindes sind. Je kürzer die Zeit ist, in der das Kind z.B. bewusstlos ist, um so eher wird das Familiengericht eine elterliche Entscheidung zum Behandlungsabbruch abwehren und dementsprechend wird auch vonseiten der Ärzte der Vollzug einer solchen Entscheidung abgelehnt werden dürfen.

Allerdings ist zu betonen, dass dieser schwierige Bereich noch weitgehend einer genaueren rechtlichen Durchdringung harrt. **Äußerungen des jungen Patienten**, die den Eltern und den Ärzten und damit auch dem Gericht einen Anhaltspunkt über das vom Kind Gewollte geben, fehlen in aller Regel, ohne dass man freilich sagen könnte, dass minderjährige Kinder per se unfähig wären, über Fragen zu Leben und Tod ihnen angemessene Antworten zu geben. Dies zeigt nicht zuletzt der Bereich der **Krebsforschung**, aus dem man weiß, dass Kinder in einem nichteinwilligungsfähigen Alter (also deutlich unter 16 Jahre) ihre Lage durchaus angemessen begreifen und ihnen angemessene Entscheidungen über den Fortgang oder den Abbruch der (Krebs-)Behandlung finden können. Auch minderjährige (meist: kurz vor der Volljährigkeit stehende) Patienten können deshalb wirksame Patientenverfügungen abgeben. Das ist aber gegenwärtig noch seltener als bei erwachsenen Patienten.

17. Entscheidungsdiagramm für die Frage nach Beendigung/Nichteinleitung lebensverlängernder Maßnahmen

Zur Orientierung beim Entscheidungsprozess kann folgendes Diagramm dienen (entnommen aus: Borasio et al 2003):

17. Entscheidungsdiagramm

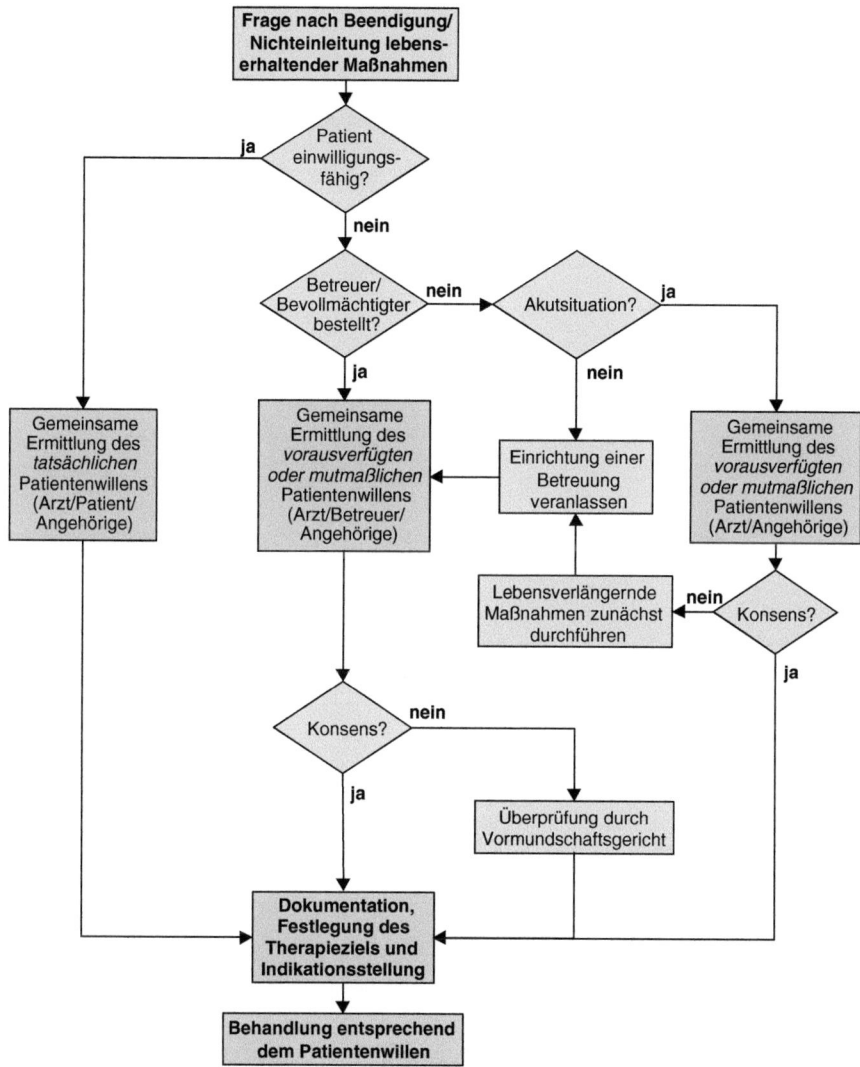

Quelle: DÄ, G. D. Borasio et al., H.31-32/2003, A-2063

Teil C: Die 7-Stufen-Analyse als Struktur ärztlicher Entscheidung konfliktträchtiger Behandlungssituationen

> ▶ **7-Stufen-Analyse**
> 1. Prognose
> 2. Optimaler Heilverlauf
> 3. Patientenwille
> 4. Mutmaßlicher Patientenwille
> 5. Kollegenmeinung
> 6. Meinung des Pflegeteams
> 7. Drohende Vorwürfe

In medizinischen Konfliktsituationen sollte die ärztliche Entscheidung anhand einer systematischen Bewertung erfolgen. Nur so schützt der einzelne Arzt sich und den Patienten vor allzu intuitivem Vorgehen. Die entscheidungsrelevanten Fakten müssen in der **Patientenakte** dokumentiert werden. Dabei empfiehlt es sich in der Regel, dass der behandelnde Arzt (mindestens) sieben Kriterien berücksichtigt. Diese sieben Kriterien – wir nennen sie „**7-Stufen Analyse**" – strukturieren idealtypisch jede Entscheidungssituation. Nicht alle Kriterien werden in jeder realen Entscheidungssituation relevant sein; alle Kriterien sollten aber in jedem Fall – zur **Selbstkontrolle** – durchdacht werden. Die 7-Stufen-Analyse ist zunächst eine Möglichkeit für den Arzt, seine Entscheidungsfindung zu systematisieren. Sie hat sich in der ärztlichen Praxis als hilfreich erwiesen.

Im Hinblick auf andere Berufsgruppen sowie Angehörige oder Menschen, die eine Patientenverfügung verfassen wollen, trägt die 7-Stufen-Analyse dazu bei, sich bewusst zu machen, auf welcher zum Teil dürftigen Informationsgrundlage die Entscheidung des Arztes zustande kommen muss, wenn keine Patientenverfügung vorliegt. Sie schärft also das Bewusstsein dafür, wie wichtig es ist, eine Patientenverfügung zu verfassen.

1. Wie ist die medizinische Prognose?

Die Prognose ist das auf medizinischem Wissen und ärztlicher Erfahrung beruhende Urteil, wie sich das Krankheitsbild wahrscheinlich entwickeln wird,

a) wenn die vorgeschlagenen Maßnahmen ergriffen werden oder
b) wenn sie nicht ergriffen werden.

2. Wenn es einen optimalen Heilverlauf gäbe, welchen Zustand kann der Patient erreichen?

Hierbei geht es um die Prognose, wie die Therapie bei optimalem Verlauf den Grundzustand beeinflussen wird.

3. Ermittle den Patientenwillen!

Ist der Patient bei Bewusstsein und ist sein Urteilsvermögen erhalten, kann er notwendige Entscheidungen eigenständig treffen. Voraussetzung ist, dass der Patient vorab durch ein informierendes und aufklärendes Gespräch in die Lage versetzt wird, eine nach seinen Maßstäben angemessene Entscheidung zu entwickeln und zu fällen. Der Patientenwille lässt sich auch anhand einer **Patientenverfügung** ermitteln, die den oben (Teil B.) dargestellten Anforderungen genügt. Eine Patientenverfügung dient ja gerade dazu, im vorhinein festzulegen, was geschehen soll, wenn in der akuten Situation eine Willensäußerung nicht mehr möglich ist. Entscheidend ist die Frage: Decken sich die Krankheitssituation und die Optionen, die der Patient in der Verfügung anordnet, mit den in der Entscheidungssituation vorliegenden Fakten und Prognosen?

4. Wenn der Patientenwille nicht ermittelbar ist: Ermittle den mutmaßlichen Patientenwillen!

Mit mutmaßlichem Patientenwillen ist die Sammlung von Informationen gemeint, auf deren Grundlage sich bestimmen lässt, wie der Patient entscheiden würde, wenn er seine Meinung mitteilen könnte (oben Teil B. 14 und Entscheidungsdiagramm B. 17). Hier sind insbesondere die Angehörigen zu befragen.

5. Was meinen die mit dem Fall gleichfalls betrauten ärztlichen Kollegen?

Es ist oftmals hilfreich, die Konfliktsituation mit einem informierten ärztlichen Kollegen zu besprechen. Zwar entbindet das den verantwortlichen Arzt nicht von seiner juristischen Alleinverantwortung. Aber oft führt eine solche Diskussion zu wichtigen zusätzlichen Aspekten des Krankheitsfalles, die sonst nicht berücksichtigt worden wären.

6. Was meint das Pflegeteam?

Besonders bei Entscheidungen, die Patienten betreffen, die länger im Krankenhaus behandelt wurden, ist es hilfreich, das Pflegepersonal mit einzubeziehen. Das Pflegeteam hat oft andere, intensivere Eindrücke vom Patienten, weil es in der Regel mehr Zeit mit ihm verbracht hat als der Arzt. Daher teilt der Patient den Pflegenden häufig klarer mit, welche Behandlung er sich künftig wünscht. Die Befragung des Pflegeteams entbindet den behandelnden Arzt nicht von seiner juristischen Alleinverantwortung; die Auskünfte der Pflegenden können jedoch wichtige Informationen zu Tage fördern, anhand derer sich der mutmaßliche Wille ermitteln lässt.

7. Welcher Vorwurf könnte greifen, wenn man die Therapie zum jetzigen Zeitpunkt abbricht oder unterlässt?

Jeder behandelnde Arzt sollte sich *unter realistischer Einschätzung* der konkreten Lage (z.B. unter Beachtung der Kollegenmeinung) überlegen, welchen Vorwurf (rechtlich, ethisch, wirtschaftlich) ein Dritter – innerhalb oder außerhalb des Krankenhauses – erheben könnte, wenn er die gewählte medizinische Vorgehensweise überprüfen lassen würde. Hierbei geht es in erster Linie um Fragen der juristischen Haftung (Arzthaftung, Strafbarkeit), aber auch um menschliche Vorwürfe, z.B. von Angehörigen, die dann häufig der Auslöser für juristische Vorwürfe sind. Dabei sollte sich der behandelnde Arzt klar machen, wie er dem Vorwurf argumentativ begegnen würde, wenn er erhoben würde.

In den Fallbeispielen des Teil D wird im Abschnitt II diese 7-Stufen-Analyse konkret an Beispielen durchgespielt. Dies soll den Leser ermutigen, sich eine eigene Meinung im Hinblick auf konkrete Konfliktsituationen zu bilden.

Teil D: Typische Entscheidungskonflikte im Krankenhausalltag – Beispielsfälle

Im praktischen Alltag der Patientenversorgung gibt es einige häufig vorkommende Probleme. Sechs **Problemsituationen** (siehe den folgenden Abschnitt I) dürfen als typische **Konfliktsituationen** gelten. Sie werden im anschließenden Abschnitt II anhand von Fallbeispielen auf bestimmte **praxisrelevante Krankheitsbilder** bezogen (Lungenentzündung, Herzinfarkt, Darmlähmung und Notwendigkeit der Anlage einer Ernährungssonde). Dabei kommen konkrete Patientenschicksale ins Spiel, die veranschaulichen sollen, wie im jeweiligen Fall zu entscheiden wäre, wenn keine passgenaue Patientenverfügung vorläge. Der Leser kann sich anhand der Konfliktdarstellung eine eigene Meinung zu verschiedenen, häufig vorkommenden medizinischen Konfliktsituationen bilden.

I. Typische Konfliktsituationen

In Krankenhäusern insbesondere der internistischen wie auch geriatrischen Versorgung stellen sich folgende typische konfliktträchtige Fragen:

1) Soll ein Kranker künstlich wiederbelebt werden oder nicht?
2) Soll ein Kranker, dessen Zustand sich so verschlechtert, dass eine Stabilisierung nur durch Maßnahmen der Intensivstation möglich ist, dorthin verlegt werden oder nicht?
3) Soll operiert werden oder nicht?
4) Soll eine Ernährungstherapie eingeleitet werden oder nicht?
5) Soll eine Ernährungssonde (in erster Linie eine PEG-Sonde) gelegt werden oder nicht?
6) Soll ein Mensch nach Hause entlassen werden oder nicht?

Diese Fragen können sich infolge ganz unterschiedlicher Krankheitsgeschichten stellen (dazu im einzelnen die Beispielsfälle in Abschnitt II).

1. Soll ein Kranker künstlich wiederbelebt werden oder nicht?

▶ **Was ist eine künstliche Wiederbelebung?**

Tritt ein plötzlicher Herzkreislaufstillstand ein, so kann mit Mund-zu-Nase- oder Mund-zu- Mund-Beatmung die Atemfunktion aufrecht erhalten werden. Durch eine Herzdruckmassage kann die Kreislauffunktion überbrückend ersetzt werden. Diese Maßnahmen erlernt jeder, der einen Erste-Hilfe-Kurs besucht.

Durch ein Rettungsteam (z. B. Notarzt und weitere entsprechende Fachkräfte) können Basismaßnahmen des medizinischen Laien durch spezielle Hilfsmittel wie Beatmungsschlauch (Tubus), Anlage eines Venenzugangs zur Verabreichung kreislaufwirksamer Medikamente und in speziellen Situationen Verabreichung eines Stromstoßes (Defibrillation) maßgeblich erweitert werden. Wesentlich ist, dass die künstliche Wiederbelebung in den ersten fünf Minuten nach Herzkreislaufstillstand beginnt, weil sonst mit einem nicht rückbildungsfähigen Hirnschaden gerechnet werden muss.

▶ **Wie ist die Erfolgsaussicht einer künstlichen Wiederbelebung einzuschätzen?**

Dies hängt von der Ausgangssituation im Einzelfall ab. Allgemein kann gelten: Die Aussicht, erfolgreich wiederbelebt zu werden und keine bleibenden Schäden der Hirnleistung davon zu tragen, liegt unter 10 %. D. h., wenn Menschen wiederbelebt werden, gelingt es nur bei einem kleinen Teil, die Herzkreislauf-Funktion zu stabilisieren. Von denen, die stabilisierbar sind, wird ein Teil bleibende Hirnschäden zurückbehalten.

2. Soll ein Kranker, dessen Zustand sich so verschlechtert, dass eine Stabilisierung nur durch Maßnahmen der Intensivstation möglich ist, dorthin verlegt werden oder nicht?

▶ **Was bedeutet die Behandlung auf einer Intensivstation?**

Eine Behandlung auf der Intensivstation beinhaltet die umfassende Überwachung des Kranken und, soweit nötig, die Aufrechterhaltung wichtiger bedrohter Körperfunktionen durch geeignete Ersatzverfahren. Hierhin zählen zum Beispiel die Behandlung mittels einer Beatmungsmaschine, eine Nierenersatztherapie (z. B. die Dialyse) oder der Einsatz stark wirksamer Medikamente über spezielle Infusionsautomaten. Eine Intensivbehandlung bedeutet auch, dass – wenn erforderlich – eine künstliche Wiederbelebung durchgeführt wird (vgl. Punkt 1).

▶ **Wie sind die Erfolgsaussichten einer Intensiv-Behandlung?**

Die Erfolgsaussichten hängen von der Erkrankung des Einzelnen, aber auch von seinem Gesundheitszustand in der Zeit zuvor ab. Beispiel: Verschlechtert sich der Zustand eines älteren Menschen infolge einer frischen Lungenentzündung dermaßen, dass ihn nur eine Behandlung mit einer Beatmungsmaschine ausreichend mit Sauerstoff versorgen kann, so ist es durchaus möglich, dass er nach einigen Tagen der Beatmungstherapie die Lungenentzündung so gut überwunden hat, dass er von der Maschine abgenommen werden und nach angemessener Erholungszeit das Krankenhaus altersgerecht gesund verlassen kann.

3. Soll operiert werden oder nicht?

▶ **Wie kann man anstehende Operationen einteilen?**

1) Handelt es sich um einen Eingriff, der unter keinem Zeitdruck steht? Dies nennt man einen **Wahleingriff (elektiver Eingriff)**. Der Zeitpunkt des Eingriffs kann frei gewählt werden. Beispiel: Eine Gallenblase, die Gallensteine enthält und die zweimal im Jahr heftigste, kaum erträgliche Schmerzen bereitet, soll operiert werden.
2) Handelt es sich um einen Eingriff, der dringlich ist? Ein **dringlicher Eingriff** hat eine auf Stunden oder wenige Tage begrenzte Entscheidungszeit. Beispiel: Ein Tumor verursacht eine beginnende Darmlähmung. Ohne Operation würde der Kranke mit hoher Wahrscheinlichkeit in den nächsten Tagen an einer Darmlähmung sterben.
3) Handelt es sich um einen Eingriff, der eine unmittelbare Lebensbedrohung abwenden soll? Ein solcher **Notfalleingriff** duldet keinen Aufschub, wenn Aussicht auf Erfolg bestehen soll. Beispiel: Die Bauchschlagader ist gerissen. Der Kranke ist im Begriff zu verbluten.

▶ **Wie sind die Erfolgsaussichten zu beurteilen?**

Aufgrund verbesserter Narkoseverfahren und schonender Operationstechniken kann heute auch ein hochbetagter Kranker oder ein Patient mit schwerwiegenden Vorerkrankungen erfolgreich operiert werden. Somit hängen die Erfolgsaussichten entscheidend von dem Krankheitsbild des Einzelnen ab. Oftmals lässt sich das volle Ausmaß der Erkrankung erst in der Operation genau erkennen. Dies alles sind ungünstige Voraussetzungen, um angemessene Patientenverfügungen für einzelne Operationssituationen zu verfassen.

4. Soll eine Ernährungstherapie eingeleitet werden oder nicht?

▶ **Was ist eine Ernährungstherapie?**

Wenn ein Mensch selbständig keine Nahrung aufnehmen kann (z. B. weil er durch einen Schlaganfall im Schlucken behindert ist), kommt eine Ernährungstherapie in Betracht. Zwei Arten sind zu unterscheiden: Die Ernährung über eine Ernährungssonde und eine Ernährung mittels Infusionstherapie.

Die **Ernährungssonde** ist ein dünner Plastikschlauch, der z. B. durch ein Nasenloch zur Speiseröhre vorgeschoben werden kann. Unter weiterem Vorschieben gelangt die Sonde schließlich in den Magen. Über eine Ernährungssonde kann flüssige Kost verabreicht werden.

Die **Infusionstherapie** macht es notwendig, dass eine Kunststoffkanüle in eine Vene eingeführt wird. Durch die Kanüle kann dann eine Infusion verabreicht werden.

▶ Wie sind die Erfolgsaussichten einer Ernährungstherapie einzuschätzen?

Durch eine Ernährungstherapie über eine Ernährungssonde kann eine vollständige Versorgung mit Vitaminen, Mineralstoffen, Fetten, Eiweiß und Kohlehydraten erfolgen. Der Kranke kann auf diese Weise über Jahre hinweg ernährt werden.

Für eine Infusionstherapie gilt im Prinzip das Gleiche. Allerdings besteht ein höheres Risiko, Entzündungen zu erleiden. Dieser und andere Gründe führen dazu, dass wenn eine Ernährungstherapie erforderlich wird, dem Kranken – wenn möglich – die Ernährungstherapie über die Sonde empfohlen wird.

5. Insbesondere: Soll eine Ernährungssonde (in erster Linie eine PEG-Sonde) gelegt werden oder nicht?

▶ Was ist eine PEG-Sonde?

Eine PEG-Sonde ist eine spezielle Ernährungssonde, die die Zufuhr flüssiger Nahrung über eine Sonde möglich macht, die vom Magen durch die Bauchwand nach außen führt. Sie wird im Rahmen eines kleinen Eingriffs – für den Patienten schmerzfrei – gelegt. Wegen dieses Eingriffs wird das Legen einer PEG-Sonde, obwohl es genaugenommen nur um eine Form der Ernährungstherapie geht, in der Praxis als eigenständig zu bewertende Maßnahme wahrgenommen. Das rechtfertigt eine gesonderte Betrachtung.

PEG bedeutet Perkutane Endoskopische Gastrostomie:

Perkutan = durch die Haut
Endoskopisch = mit einem Magenspiegelungsschlauch (Gastroskop)
Gastrostomie = Magenverbindung

Eine PEG-Ernährungssonde ist eine durch die Magenwand nach außen gelegte Ernährungssonde. Der Kranke kann also auch ernährt werden, wenn ihm Schlucken nicht möglich ist. Gegenüber der herkömmlichen Ernährungssonde hat der Patient keinen Fremdkörper in der Nase oder der Speiseröhre liegen.

▶ Wie sind die Erfolgsaussichten?

Durch eine Ernährungstherapie über eine Ernährungssonde kann eine vollständige Versorgung mit Vitaminen, Mineralstoffen, Fetten, Eiweiß und Kohlehydraten erfolgen. Der Kranke kann auf diese Weise über Jahre hinweg ernährt werden.

Eine PEG-Sonde ist eine der gebräuchlichsten Maßnahmen, um die Nahrungsaufnahme langfristig beim schluckunfähigen Kranken zu sichern. Sie kann nach Anleitung (auch von Angehörigen) des Kranken in der häuslichen Umgebung zur Ernährung genutzt werden.

6. Soll ein Kranker nach Hause entlassen werden oder nicht?

Viele Menschen möchten ihren Aufenthalt im Krankenhaus so kurz wie möglich halten. Wenn der Betroffene hierzu keine Aussage machen kann, wäre es wichtig, Anweisungen zu hinterlassen. Folgende Fragen deuten an, was ggf. zu regeln ist:

- Ist eine Pflege zu Hause möglich? Insbesondere: Wer pflegt den Kranken zu Hause?
- Wie soll die Pflege finanziert werden?
- Wer darf wann die Wohnung auflösen?
- Gibt es Wünsche, wo der Betroffene untergebracht sein möchte?
- Darf eine Entlassung gefordert werden, auch wenn der Arzt medizinisch den Zustand für zu instabil hält? Im Extrem wäre dies eine Entlassung aus dem Krankenhaus mit der Vorstellung, zu Hause sterben zu wollen. Dies kann auch einen Therapieabbruch beinhalten.

II. Fallbeispiele

Im Abschnitt II werden die Konfliktsituationen anhand von Fallbeispielen, die sich auf bestimmte Krankheitsbilder beziehen (Lungenentzündung, Herzinfarkt, Darmlähmung [Ileus] und Unfähigkeit zur Nahrungsaufnahme), mit konkreten Patientenschicksalen verbunden. Die Fallbeispiele sollen verdeutlichen, was eine situationsadäquate Patientenverfügung leisten kann und wie zu entscheiden ist, wenn es an ihr fehlt – und welche Folgen das für die Realisierung der Patientenautonomie hat (Stichwort „Gefahr der verdeckten Fremdbestimmung", vgl. oben Teil B., 14.).

1. Die Patientenschicksale im Überblick[3]

- Herr Albrecht Albers, 69 Jahre: Bettlägerigkeit aufgrund Kraftlosigkeit, Lungenkrebsleiden in einem fortgeschrittenen Stadium
- Frau Berta Berger, 74 Jahre: Mobile Patientin mit deutlichen Zeichen des Hirnabbaues
- Herr Cornelius Coppenrath, 84 Jahre: Pflegepatient mit Lähmung der rechten Körperhälfte und Sprachstörung
- Herr Detlev Deitermann, 51 Jahre: Bettlägerig aufgrund sehr schwerer Verlaufsform einer Multiplen Sklerose
- Frau Elvira Ellermann, 69 Jahre: Bettlägerige Patientin mit komatösem Zustand seit einer schweren Hirnblutung vor Jahren und fünfter Lungenentzündung in diesem Jahr

---

[3] Es handelt sich um erfundene Namen; die beschriebenen Situationen beruhen auf langjähriger ärztlicher Erfahrung.

Es geht um folgende Krankheitsbilder bzw. Symptome:

▶ Lungenentzündung (Pneumonie)

Eine Lungenentzündung (Pneumonie) ist eine Entzündung des Lungengewebes durch Bakterien oder Viren. Sie kann zu starker Luftnot, Husten und Fieber führen. Ist die Lungenentzündung besonders schlimm, kann dies zur bedrohlichen Sauerstoffunterversorgung und damit zum Tode führen.

Die übliche Behandlung: Eine Lungenentzündung durch Bakterien wird üblicherweise mittels Antibiotika behandelt.

Krankheitsverlauf ohne Komplikationen: Im Regelfall ist zu erwarten, dass der Patient am Ende der Behandlung sich soweit erholt hat, dass er den Zustand erreicht, der vor dieser Erkrankung bestanden hat.

Krankheitsverlauf mit Komplikationen: Eine wesentliche Komplikation tritt ein, wenn die Lungenentzündung dazu führt, dass der Körper nicht mehr ausreichend mit Sauerstoff versorgt werden kann. In besonders schlimmen Fällen kann unter Umständen eine Behandlung mit einer Beatmungsmaschine notwendig werden. Dazu wird unter einer Narkose ein Schlauch (Tubus) in die Luftröhre geschoben. Dieser wird durch Mund oder Nase nach außen geführt und kann dann mit der Beatmungsmaschine verbunden werden. Die Behandlung mit der Beatmungsmaschine kann in kritischen Situationen helfen, die Aussicht auf Heilung zu verbessern.

▶ Herzinfarkt (Myokardinfarkt)

Ein Herzinfarkt entsteht, indem ein Herzkranzgefäß von einem Gerinnsel verschlossen wird. Da Herzkranzgefäße das Herz mit lebensnotwendigem Blut und damit auch mit Sauerstoff versorgen, führt ein Herzinfarkt zum Absterben von Herzmuskelanteilen, die durch das betroffene Herzkranzgefäß ernährt bzw. versorgt werden.

Die übliche Behandlung: Ist ein Herzinfarkt nur wenige Stunden alt und erfüllt der Patient im Rahmen der Notfalluntersuchung einige weitere Kriterien, so wird häufig versucht, mit Medikamenten das den Herzinfarkt hervorrufende Gerinnsel aufzulösen. Dazu wird dann ein gerinnselauflösendes Medikament verabreicht (Thrombolytikum). In Spezialkliniken wird ggf. auch eine Gerinnselbeseitigung mittels anderer Maßnahmen (Katheterbehandlung mit Ballondilatation, Stentimplantation) durchgeführt.

Krankheitsverlauf ohne Komplikationen: Wenn der Herzinfarkt eine gewisse Größe nicht überschreitet, so erholen sich die meisten Patienten innerhalb von 5 bis 20 Tagen soweit, dass eine Entlassung aus dem Akutkrankenhaus möglich wird.

Krankheitsverlauf mit Komplikationen: Typische Komplikationen sind bedrohliche Herzrhythmusstörungen wie z. B. das gefürchtete Kammerflimmern. Tritt Kammerflimmern während der Überwachung auf einer Intensivstation auf, so kann mittels der sogenannten Defibrillation („Elektroschock") oftmals das Leben des Patienten gerettet werden. Eine weitere schwerwiegende Komplikation ist bei einem sehr großen Herzinfarkt gegeben, wenn das Herz so schwach wird, dass es den Körper nur noch im Liegen, nicht aber beim Laufen, mit ausreichend Sauerstoff versorgen kann.

▶ **Bauchoperation bei einer Darmlähmung (Ileus)**

Eine Darmlähmung (Ileus) ist eine bedrohliche Erkrankung, die aus vielerlei Gründen entstehen kann. Typische Ursachen können zum Beispiel ein tiefes, die Magenwand zerstörendes Magengeschwür oder ein stark entzündeter Blinddarm sein.

Die übliche Behandlung: Nach kurzer Notfalldiagnostik wird in der Regel ein chirurgischer Eingriff nötig sein. Oft kann die Ursache erst in der Operation ermittelt werden. Die Art der Operation ist ursachenabhängig. Bei einem durchgebrochenen Magengeschwür wird meist das Geschwür übernäht. Bei einem stark entzündeten Blinddarm wird eine Blinddarmentfernung durchgeführt.

Krankheitsverlauf ohne Komplikationen: Wird die Ursache der Darmlähmung beseitigt, erholen sich viele Patienten innerhalb von 2–3 Wochen.

Krankheitsverlauf mit Komplikationen: Unter Umständen liegen der Darmlähmung Ursachen zu Grunde, die durch den chirurgischen Eingriff nicht beseitigt werden können. So kann im Einzelfall ein bösartiger Darmtumor so ausgeprägt sein, dass eine chirurgische Entfernung des Tumors unmöglich ist. Wundheilungsstörungen und andere Komplikationen sind möglich.

▶ **Unfähigkeit zur Nahrungsaufnahme**

Wenn ein Mensch selbstständig keine Nahrung aufnehmen kann (z. B. weil er durch einen Schlaganfall im Schlucken behindert ist oder an einem Speiseröhren-Krebs leidet) kommt eine Ernährungstherapie, insbesondere die Anlage einer PEG-Sonde, in Betracht (dazu oben Abschn. I. 4. und 5.).

2. Die Fallbeispiele

Aus der Kombination der besonderen Krankheitssituationen mit fünf Patientenschicksalen entstehen sehr individuell zu betrachtende Problemsituationen, deren Wertung zum Teil durch eine kleine Zusatzinformation für den außenstehenden Betrachter nachhaltig verändert wird. Sie zeigen anschaulich, in welch schwierige Entscheidungssituation der Arzt oft kommt, wenn der Patient entscheidungsunfähig ist und keine Patientenverfügung vorliegt – und umgekehrt: wie sinnvoll es in den Situationen gewesen wäre, rechtzeitig eine passende Patientenverfügung zu verfassen.

Andererseits machen die Beispiele einmal mehr deutlich, dass eine für die ärztliche Entscheidung hilfreiche Patientenverfügung nicht nur allgemeine Sätze zum „menschenwürdigen Sterben" beinhalten sollte, sondern zu wichtigen medizinischen Maßnahmen konkret Stellung beziehen muss.

Die Beispielsfälle sind vor dem Hintergrund jahrelanger Berufserfahrung entstanden. Die jeweils konkret verwandten Namen und Konstellationen sind frei erfunden.

Bezüglich des Patienten Albrecht Albert (Fall 1, 6, 11 und 16) ist anzumerken, dass dieser Patient scheinbar nicht in diese Fallbeispiele passt, weil dieser Patient entscheidungsfähig ist. Ein Aspekt lässt sich jedoch durch einen schwerkranken Krebspatienten, der noch entscheiden kann, didaktisch besser problematisieren, nämlich dass subjektive Einschätzungen des Patienten in Bezug auf die akute Krankheitssituation die aktuelle Entscheidung maßgeblich mitbestimmen. Daneben kann an den Fallbeispielen Nr. 11 und 16 verdeutlicht werden, dass Vorausverfügungen und Vorsorgevollmachten nicht zwingend der Schriftform bedürfen.

▶ Übersicht über die Fallbeispiele

Nr.	Fallbeispiel	Stichwort
1	Lungenentzündung	Bettlägerig aufgrund Kraftlosigkeit, Lungenkrebsleiden in einem fortgeschrittenen Stadium
2	Lungenentzündung	Mobile Patientin mit deutlichen Zeichen des Hirnabbaues
3	Lungenentzündung	Pflegepatient mit Lähmung der rechten Körperhälfte und Sprachstörung
4	Lungenentzündung	Bettlägerig aufgrund sehr schwerer Verlaufsform einer Multiplen Sklerose
5	Lungenentzündung	Bettlägerige Patientin mit komatösem Zustand seit einer schweren Hirnblutung vor Jahren und fünfter Lungenentzündung in diesem Jahr
6	Herzinfarkt	Bettlägerig aufgrund Kraftlosigkeit, Lungenkrebsleiden in einem fortgeschrittenen Stadium
7	Herzinfarkt	Mobile Patientin mit deutlichen Zeichen des Hirnabbaues
8	Herzinfarkt	Pflegepatient mit Lähmung der rechten Körperhälfte und Sprachstörung
9	Herzinfarkt	Bettlägerig aufgrund sehr schwerer Verlaufsform einer Multiplen Sklerose
10	Herzinfarkt	Bettlägerige Patientin mit komatösem Zustand seit einer schweren Hirnblutung vor Jahren und fünfter Lungenentzündung in diesem Jahr
11	Bauchoperation bei einer Darmlähmung	Bettlägerig aufgrund Kraftlosigkeit, Lungenkrebsleiden in einem fortgeschrittenen Stadium
12	Bauchoperation bei einer Darmlähmung	Mobile Patientin mit deutlichen Zeichen des Hirnabbaues
13	Bauchoperation bei einer Darmlähmung	Pflegepatient mit Lähmung der rechten Körperhälfte und Sprachstörung
14	Bauchoperation bei einer Darmlähmung	Bettlägerig aufgrund sehr schwerer Verlaufsform einer Multiplen Sklerose
15	Bauchoperation bei einer Darmlähmung	Bettlägerige Patientin mit komatösem Zustand seit einer schweren Hirnblutung vor Jahren und fünfter Lungenentzündung in diesem Jahr
16	Ernährungssonde	Bettlägerig aufgrund Kraftlosigkeit, Lungenkrebsleiden in einem fortgeschrittenen Stadium
17	Ernährungssonde	Mobile Patientin mit deutlichen Zeichen des Hirnabbaus
18	Ernährungssonde	Pflegepatient mit Lähmung der rechten Körperhälfte und Sprachstörung
19	Ernährungssonde	Bettlägerig aufgrund sehr schwerer Verlaufsform einer Multiplen Sklerose
20	Ernährungssonde	Bettlägerige Patientin mit komatösem Zustand seit einer schweren Hirnblutung vor Jahren und fünfter Lungenentzündung in diesem Jahr

Fallbeispiel Nr. 1: Lungenentzündung

Stichwort: Bettlägerig aufgrund Kraftlosigkeit
Lungenkrebsleiden in einem fortgeschrittenen Stadium

▶ **A. Albers, 69 Jahre**

▶ **Ausgangssituation des Kranken:**

Herr Albrecht Albers, 69 Jahre alt, war vor einem Jahr an Lungenkrebs erkrankt. Ihm musste der linke Lungenflügel entfernt werden. Seither ist ihm das Treppensteigen kaum noch möglich gewesen. Seit acht Wochen geht es ihm erneut schlechter. Es stellte sich eine Kraftlosigkeit ein, die ihm das Gehen unmöglich gemacht hat.

▶ **Das aktuelle Problem:**

Herr Albers wird mit einer Lungenentzündung ins Krankenhaus eingeliefert. Unter Antibiotikabehandlung und Infusionsbehandlung bessert sich sein Zustand nicht. Am dritten Tag im Krankenhaus kommt es in der Nacht zu einer akuten Verschlechterung. Der Arzt stellt fest, dass der Patient blaue Lippen hat und die Atmung so schnell ist, dass er ohne eine Unterstützung durch eine Beatmungsmaschine die Nacht wahrscheinlich nicht überstehen wird.

▶ **Konfliktsituation:**

Ist es gerechtfertigt, einen unheilbar Kranken, dessen Tumorleiden weit fortgeschritten ist, an eine Beatmungsmaschine anzuschließen?

Wie würden Sie für sich entscheiden?
_____
_____
_____

Kommentieren Sie Ihre Entscheidung!
_____
_____
_____
_____
_____
_____
_____

▶ **7-Stufen-Analyse**

1. **Wie ist die medizinische Prognose?**
   Schlecht, da Herr Albers voraussichtlich in wenigen Monaten an seiner Krebserkrankung sterben wird.
2. **Welchen Zustand kann der Patient erreichen, wenn es einen optimalen Heilverlauf gäbe?**
   Den Zustand, den er vor der Lungenentzündung hatte.
3. **Ermittle den Patientenwillen:**
   Herr Albers ist ansprechbar. Er ist über sein schweres Leiden gut informiert. Der Arzt teilt ihm mit, dass sein Zustand sich verschlechtert hat und eine Behandlung mittels eines Beatmungsgerätes ihm über diese Krise helfen könne. Der Arzt formuliert den Konflikt, einen schwer Krebskranken an eine Maschine anzuschließen, die die Gefahr in sich birgt, Leiden zu verlängern. Herr Albers lässt seine Frau zu sich rufen. Er berät sich mit ihr. Herr Albers kommt zu dem Entschluss, dass er in die Beatmungstherapie einwilligt. Er erklärt dem Arzt, dass er mit seiner Frau in fünf Wochen goldene Hochzeit feiern möchte. Dies sei sein letztes großes Ziel. Dafür möchte er die Beatmungsbehandlung in Kauf nehmen.
4. **Wenn der Patientenwille nicht ermittelbar ist: Ermittle den mutmaßlichen Patientenwillen:**
   Entfällt
5. **Was meinen die mit dem Fall gleichfalls betrauten Kollegen?**
   Sie sehen den Konflikt, aber unterstützen die Willensentscheidung des Patienten.
6. **Was meint das Pflegeteam?**
   Respektiert den Patientenwillen.
7. **Welcher Vorwurf könnte greifen, wenn man die Therapie zum jetzigen Zeitpunkt abbricht?**
   Unterlassene Hilfeleistung (oder andere Vorwürfe wegen Unterlassens) scheiden aus, denn der Patientenwille ist eindeutig. Der Arzt ist damit von Haftung frei.

▶ **Patientenverfügung als Alternative**

Hätte eine Patientenverfügung in der vorliegenden Situation zu einer anderen Entscheidung geführt?

Nein, denn Patientenverfügungen finden keine Anwendung, wenn der Patient ansprechbar und einwilligungsfähig ist.

Fallbeispiel Nr. 2: Lungenentzündung
Stichwort: Mobile Patientin mit deutlichen Zeichen des Hirnabbaues

▶ **B. Berger, 74 Jahre**

▶ **Ausgangssituation des Kranken:**

Frau Berta Berger, 74 Jahre alt, litt seit über fünf Jahren an einem zunehmenden Hirnabbau. Anfangs hatte eine rasch zunehmende Vergesslichkeit für Namen und für gerade Geschehenes im Vordergrund gestanden. Inzwischen war sie nicht mehr in der Lage, ihren Haushalt zu versorgen. Meist saß sie schweigsam in der Wohnung. Ihr Ehemann Berni umsorgte sie mit Unterstützung durch die Schwiegertochter liebevoll. Die einzige Aktivität, die Herr und Frau Berger noch gemeinschaftlich unternahmen, waren Spaziergänge in der näheren Umgebung. In letzter Zeit war eine weitere Verschlechterung eingetreten: Frau Berger erkannte selbst ihre Schwiegertochter nicht mehr. Nur ihr Mann war noch bis zu einem gewissen Grad eine Bezugsperson.

▶ **Das aktuelle Problem:**

Vor drei Tagen wurde Frau Berger wegen einer neu aufgetretenen Lungenentzündung ins Krankenhaus eingewiesen. Ihr Zustand verschlechterte sich von Tag zu Tag. Der Arzt erklärt Herrn Berger, dass seine Frau möglicherweise die Nacht nicht übersteht, wenn sie nicht mit einer Beatmungsmaschine unterstützend auf der Intensivstation behandelt wird.

▶ **Konfliktsituation:**

Soll Frau Berger trotz ihres fortgeschrittenen Hirnabbaus an eine Beatmungsmaschine angeschlossen werden?

Wie würden Sie für sich entscheiden?
___
___
___

Kommentieren Sie Ihre Entscheidung!
___
___
___
___
___

▶ 7-Stufen-Analyse

1. Wie ist die medizinische Prognose?
Frau Berger hat keine wesentlichen körperlichen Vorerkrankungen. Mit einer Beatmungstherapie hat sie eine reale Chance, die Lungenentzündung zu überstehen.

2. Welchen Zustand kann der Patient erreichen, wenn es einen optimalen Heilverlauf gäbe?
Sie kann den Stand erreichen, den sie vor der stationären Aufnahme hatte.

3. Ermittle den Patientenwillen:
Der Arzt überzeugt sich in einem Gespräch, dass Frau Bergers Hirnabbau soweit fortgeschritten ist, dass sie ihre Lage nicht beurteilen kann und somit auch keine Einwilligungen abgeben kann.

4. Ermittle den mutmaßlichen Patientenwillen:
Der Arzt befragt Herrn Berger, ob seine Frau früher mit ihm über lebensverlängernde Maßnahmen gesprochen hat oder ob er glaube sagen zu können, wie sich seine Frau entscheiden würde, wenn sie ihre Situation überschauen könnte. Herr Berger kann die Frage über den mutmaßlichen Patientenwillen nicht beantworten.

5. Was meinen die mit dem Fall gleichfalls betrauten Kollegen?
Der gleichfalls mit dem Fall vertraute Oberarzt meint, dass er für sich selber keine Behandlung mit einer Beatmungsmaschine wünschen würde. Da eine solche Erklärung aber von der Patientin nicht abgegeben wurde, bestehe die Verpflichtung, die Lungenentzündung auch mittels Beatmungsmaschine zu behandeln.

6. Was meint das Pflegeteam?
Im Pflegeteam bildet sich keine einheitliche Meinung aus.

7. Welcher Vorwurf könnte greifen, wenn man die Therapie zum jetzigen Zeitpunkt abbricht?
Eine aussichtsreiche Therapie der Patientin vorenthalten zu haben. Aus juristischer Sicht ist hier der Beatmung der Vorzug vor der Nicht-Therapie zu geben.

▶ Patientenverfügung als Alternative

Hätte eine Patientenverfügung in der vorliegenden Situation zu einer anderen Entscheidung geführt?

Ja. Frau Berger hätte durch eine Patientenverfügung Vorsorge für die unsichere Lage schaffen können, in der nun zu entscheiden ist. Die Ärzte sind praktisch gezwungen, Mutmaßungen über ihren Willen anzustellen. Es ist nicht unwahrscheinlich, dass damit ihr wirklicher Wille verkannt wird, mag das auch über die Konstruktion des „mutmaßlichen Willens" juristisch korrekt sein.

Mit einer Patientenverfügung hätten sich Unsicherheiten und Mutmaßungen vermeiden lassen. Frau Berger hätte nämlich festlegen können, was geschehen soll, wenn sie bei fortschreitendem Hirnabbau eine Lungenentzündung bekommt.

Fallbeispiel Nr. 3: Lungenentzündung

Stichwort: Pflegepatient mit Lähmung der rechten Körperhälfte und Sprachstörung

▶ C. Coppenrath, 84 Jahre

▶ Ausgangssituation des Kranken:

Herr Cornelius Coppenrath, 84 Jahre alt, war Lehrer für Latein, Biologie und Mathematik. Mit 81 Jahren hatte er einen Schlaganfall erlitten und war seither auf fremde Hilfe angewiesen. Seine Frau Christiane versorgte ihn mit Unterstützung eines häuslichen Pflegedienstes in dem bescheidenen Haus am Rande des Stadtparks. Nach dem Schlaganfall hatte Herr Coppenrath zunächst lange apathisch im Bett gelegen. Erst kurz vor der geplanten Entlassung hatte er sich so weit erholt, dass er mit der linken Hand Nahrung zu sich nehmen konnte. Daraufhin war er in eine geriatrische Klinik verlegt worden, in der er sieben Wochen mit eisernem Willen an seiner Genesung mitgearbeitet hatte. Auch nach der Entlassung hatte er zweimal wöchentlich Krankengymnastik und Sprachtherapie erhalten. Mit einem Stock konnte er kurze Strecken in der Wohnung bewältigen. Mit seiner linken Hand konnte er den Elektrorasierer bedienen, sich kämmen und das Gesicht waschen. Beim Waschen des übrigen Körpers und beim Anziehen war er auf fremde Hilfe angewiesen.

▶ Das aktuelle Problem:

Eine Woche lang hatte Herr Coppenrath bereits Fieber gehabt. Husten und Luftnot hatten in den letzten zwei Tagen so zugenommen, dass der Hausarzt die Einweisung in ein Krankenhaus für erforderlich hielt. Herr Coppenrath war zu diesem Zeitpunkt nicht mehr recht ansprechbar. Die Untersuchungen in der Notaufnahme ergaben, dass der Patient an einer schweren Lungenentzündung litt. Die Sauerstoffgabe über eine Sauerstoffmaske bewirkte keine ausreichende Verbesserung, so dass der Arzt Frau Coppenrath mitteilte, dass er eine Behandlung mit einer Beatmungsmaschine für notwendig halte.

▶ Konfliktsituation:

Frau Coppenrath lehnt die Beatmungstherapie mit der Begründung ab, dass ihr Mann sich immer gewünscht habe, nicht durch Maschinen künstlich am Leben erhalten zu werden und dadurch Leid zugefügt zu bekommen.

Wie würden Sie für sich entscheiden?

___

Kommentieren Sie Ihre Entscheidung!

___

▶ 7-Stufen-Analyse

1. **Wie ist die medizinische Prognose?**
   Herr Coppenrath hat keine wesentliche Lungenkrankheit. Mit einer Beatmungstherapie hat er eine reale Chance die Lungenentzündung zu überstehen.
2. **Welchen Zustand kann der Patient erreichen, wenn es einen optimalen Heilverlauf gäbe?**
   Er kann den Stand erreichen, den er vor der stationären Aufnahme hatte.
3. **Ermittle den Patientenwillen:**
   Herr Coppenrath ist nicht ansprechbar. Der Patientenwille ist somit nicht feststellbar.
4. **Ermittle den mutmaßlichen Patientenwillen:**
   Frau Coppenrath meint, ihr Mann wolle nicht an die Beatmungsmaschine. Der Arzt will diesen Wusch genauer beschrieben haben. Frau Coppenrath erzählt, dass der Bruder von Herrn Coppenrath seit einem Autounfall vor 10 Jahren in einem Wachkoma liege und in einer Spezialklinik gepflegt werde. Ihr Mann habe immer gewünscht, wenn er in eine ähnliche Situation kommen würde, möge man die Therapiemaßnahmen einstellen. Frau Coppenrath berichtet auch über den Schlaganfall und wie ihr Mann um die Genesung gekämpft habe.
5. **Was meinen die mit dem Fall gleichfalls betrauten Kollegen?**
   Der Oberarzt der Intensivstation empfiehlt die Behandlung mit der Beatmungsmaschine in Verbindung mit der bereits im Aufnahmeraum eingeleiteten Antibiotika-Therapie. Der Oberarzt erklärt Frau Coppenrath, dass die Beatmungstherapie ihrem sehr geschwächten Mann die Qual erspare, um jeden Atemzug ringen zu müssen. Die Beatmungstherapie müsse voraussichtlich nur wenige Tage dauern. Dann habe sich der Körper mit Hilfe der Medikamente soweit erholt, dass er die maschinelle Unterstützung nicht mehr benötige.
6. **Was meint das Pflegeteam?**
   Unterstützt die Meinung des Oberarztes.
7. **Welcher Vorwurf könnte greifen, wenn man die Therapie zum jetzigen Zeitpunkt abbricht?**
   Eine aussichtsreiche Therapie dem Patienten vorenthalten zu haben. Juristisch ist die Nicht-Therapie schwer vertretbar.

▶ Patientenverfügung als Alternative

Hätte eine Patientenverfügung in der vorliegenden Situation zu einer anderen Entscheidung geführt?

Ja. Nach den oben genannten Umständen spricht alles für eine Beatmungstherapie. Die Ermittlung des mutmaßlichen Willens von Herrn Coppenrath leidet zum einen darunter, dass Frau Coppenrath den sehr allgemein gehaltenen Wunsch ihres Mannes mit einem Beispielsfall verbindet, der die Situation ihres Mannes gerade nicht trifft. Man kann also daran zweifeln, dass sein Wunsch, nicht künstlich am Leben gehalten zu werden, auch für die Lage gilt, in der er sich nun befindet. Die Unklarheiten führen dazu, dass die Waagschale sich Richtung Therapieaufnahme – und nicht Richtung Therapieverzicht – neigt.

Eine Patientenverfügung hätte diese Unklarheiten vermeiden können. Herr Coppenrath hätte in ihr die Situationen genauer beschreiben können, für die sein Wunsch, nicht künstlich am Leben gehalten zu werden, gelten soll.

Fallbeispiel Nr. 4: Lungenentzündung

Stichwort: Bettlägerig aufgrund sehr schwerer Verlaufsform einer Multiplen Sklerose

▶ **D. Deitermann, 51 Jahre**

▶ **Ausgangssituation des Kranken:**

Herr Detlev Deitermann, 51 Jahre alt, war immer ein fröhlicher Mensch, der sich auch nicht aufgegeben hatte, als er an Multipler Sklerose erkrankte. Kurz vor seinem 50. Geburtstag führte ein erneuter schwerer Schub seiner Erkrankung dazu, dass er bettlägerig wurde und nur noch mit „ja" und „nein" auf einfache Fragen antworten konnte. Reichte man ihm Essen und Trinken an, so nahm er es in ausreichender Menge auf. Bot man ihm nichts an, so gab er durch keine Äußerung bekannt, Durst oder Hunger zu haben. Trat jemand an sein Bett, so war er in der Lage, mit diesem Menschen Blickkontakt aufzunehmen. Er lächelte dann auf eine Art, die von denjenigen, mit denen er Blickkontakt aufnahm, als besonders herzlich empfunden wurde.

▶ **Das aktuelle Problem:**

Herr Deitermann wurde mit hohem Fieber und Verschlechterung des Allgemeinzustandes stationär aufgenommen. Es wurde eine Lungenentzündung festgestellt. Eine Behandlung mit Antibiotika wurde begonnen. Der Zustand besserte sich in den folgenden Tagen nicht. Am vierten Tag nach der Aufnahme kam es zu einer Verschlechterung der Situation mit Blutdruckabfall und sehr schneller Atmung. Der Stationsarzt hielt eine Behandlung mit einer Beatmungsmaschine für erforderlich und informierte die Ehefrau.

▶ **Konfliktsituation:**

Die Ehefrau teilt dem Stationsarzt mit, dass sie eine Fortsetzung der Behandlung mit Maschinen als ethisch nicht vertretbare Quälerei betrachte. Sie verbiete eine solche Therapie bei ihrem Mann. Sie droht mit einer Strafanzeige wegen „Misshandlung" für den Fall, dass ihr Mann an Maschinen angeschlossen werde.

Wie würden Sie für sich entscheiden?
_____
_____

Kommentieren Sie Ihre Entscheidung!
_____
_____

▶ 7-Stufen-Analyse

1. **Wie ist die medizinische Prognose?**
   Mit einer Beatmungstherapie hat Herr Deitermann eine gute Chance, die Lungenentzündung zu überstehen.
2. **Welchen Zustand kann der Patient erreichen, wenn es einen optimalen Heilverlauf gäbe?**
   Er kann den Stand erreichen, den er vor der stationären Aufnahme hatte.
3. **Ermittle den Patientenwillen:**
   Herr Deitermann kann keine Aussage über seine Behandlungswünsche machen.
4. **Ermittle den mutmaßlichen Patientenwillen:**
   Der Arzt fragt Frau Deitermann, ob ihr Mann eine Vorsorgevollmacht verfasst habe. Frau Deitermann verneint dies. Der Arzt befragt Frau Deitermann, ob es noch andere Angehörige gibt. Frau Deitermann antwortet, dass eine Tochter aus erster Ehe in Australien lebe.
5. **Was meinen die mit dem Fall gleichfalls betrauten Kollegen?**
   Der Oberarzt der Intensivstation empfiehlt die Behandlung mit der Beatmungsmaschine, soweit eine Vorsorgevollmacht nicht ein anderes Vorgehen vorschreibt.
6. **Was meint das Pflegeteam?**
   Im Pflegeteam der bisher betreuenden Station gibt es mehrere Pflegekräfte, die zu bedenken geben, dass der Patient aufgrund der Schwere der Vorerkrankung besser nicht mehr auf die Intensivstation verlegt werden solle.
7. **Welcher Vorwurf könnte greifen, wenn man die Therapie zum jetzigen Zeitpunkt abbricht?**
   Eine aussichtsreiche Therapie sei Herrn Deitermann vorenthalten worden. Juristisch ist die Nicht-Therapie schwer vertretbar.

Weil keine ausreichenden Gründe gegen eine Intensivtherapie sprechen, wird die Beatmungstherapie eingeleitet. Zwei Tage nach Beginn dieser Therapie meldet sich telefonisch Mrs. McDonald, geborene Deitermann, aus Australien. Sie berichtet, dass sie erst an diesem Tage durch einen Anruf einer Schulfreundin vom Krankenhausaufenthalt ihres Vaters erfahren habe. Sie beklagt sich über die jetzige Ehefrau von Herrn Deitermann, die ihn nur wegen seines Geldes geheiratet habe und ihn lieber heute als Morgen los werden wolle. Es gehe dieser Frau nur um das große Vermögen von mehreren Millionen Euro. Sie fordert die Ärzte auf, das Leben ihres Vaters um jeden Preis zu retten

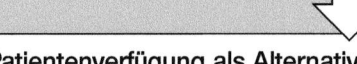

▶ Patientenverfügung als Alternative

Hätte eine Patientenverfügung in der vorliegenden Situation zu einer anderen Entscheidung geführt?

Ja. Die Situation lässt den behandelnden Ärzten keine andere Wahl als die Einleitung der Therapie. Die Äußerungen der Ehefrau beziehen sich nicht auf Werthaltungen ihres Mannes, sondern geben eigene Bewertungen wieder („Quälerei"). Offenbar weiß Frau Deitermann nichts Genaueres über die Werthaltungen ihres Ehemannes auszusagen.

Zusätzlich unsicher wird die Lage durch die Äußerungen der Tochter. Sie stellen die Aufrichtigkeit der Absichten der Ehefrau in Frage, rücken allerdings implizit auch die Absichten der Tochter in ein ungünstiges Licht, denn es ist durchaus möglich, dass es ihr nicht um den Vater, sondern darum geht, einen schon länger schwelenden Konflikt mit dessen Ehefrau auszubauen.

Eine Patientenverfügung hätte eine Situation vermieden, die bei der Ermittlung des mutmaßlichen Willens immer wieder zu Problemen führt: sie hätte gegenläufige bzw. vage Auskünfte von Angehörigen durch klare Anweisungen, die sich auf bestimmte Situationen beziehen, ersetzen können.

Fallbeispiel Nr. 5: Lungenentzündung

Stichwort: Bettlägerige Patientin mit komatösem Zustand seit einer schweren Hirnblutung vor Jahren und fünfter Lungenentzündung in diesem Jahr

▶ E. Ellermann, 69 Jahre

▶ **Ausgangssituation des Kranken:**

Frau Elvira Ellermann, 69 Jahre alt, hatte als Folge eines schweren Verkehrsunfalls vor zehn Jahren eine Hirnblutung erlitten. Sie war seither im Koma. Eine Prüfung auf Hirntod hatte damals ergeben, dass Frau Ellermann nicht die notwendigen Kriterien erfüllte, die die Feststellung des Hirntodes erlaubten. Dennoch hatten die Ärzte nach etwa sechsmonatiger Krankenhausbehandlung keinen Zweifel daran gelassen, dass mit einem Erwachen aus dem Koma nicht zu rechnen sei. Seit neun Jahren war sie in einem Pflegeheim untergebracht. In den letzten neun Monaten hatte sie bereits fünfmal wegen einer Lungenentzündung im Krankenhaus gelegen.

▶ **Das aktuelle Problem:**

Frau Ellermann wurde mit der sechsten Lungenentzündung in diesem Jahr im Krankenhaus aufgenommen. Unter der eingeleiteten Antibiotika-Behandlung verschlechterte sich der Zustand binnen zwei Tagen so, dass eine Beatmungstherapie auf der Intensivstation als einzige Möglichkeit erschien, ihr Leben zu erhalten.

▶ **Konfliktsituation:**

Der Stationsarzt fragt sich, ob es zu rechtfertigen ist, die Patientin an eine Beatmungsmaschine anzuschließen.

Wie würden Sie für sich entscheiden?

_____
_____
_____

Kommentieren Sie Ihre Entscheidung!

_____
_____
_____
_____
_____
_____
_____

▶ 7-Stufen-Analyse

1. **Wie ist die medizinische Prognose?**
   Frau Ellermann hat nunmehr das sechste Mal in diesem Jahr eine Lungenentzündung erlitten. Mit einer Beatmungstherapie hat sie eine eingeschränkte Chance, die Lungenentzündung zu überstehen.
2. **Welchen Zustand kann der Patient erreichen, wenn es einen optimalen Heilverlauf gäbe?**
   Sie kann den Stand erreichen, den sie vor der stationären Aufnahme hatte.
3. **Ermittle den Patientenwillen:**
   Frau Ellermann ist nicht ansprechbar. Der Patientenwille lässt sich also nicht ermitteln.
4. **Ermittle den mutmaßlichen Patientenwillen:**
   Der Arzt telefoniert mit dem Pflegeheim und erfragt, ob es einen Betreuer für den Bereich Gesundheitsfürsorge für die Patientin gibt. Er erhält die Auskunft, dass dies der Fall ist, der Betreuer sich jedoch derzeit für einen Kurzurlaub auf einem Kreuzfahrtschiff in der Nordsee befindet. Er ist per Handy nicht erreichbar; die Reisedaten (Reederei etc.) sind nicht bekannt. Auch ein Vertreter ist nicht benannt.
5. **Was meinen die mit dem Fall gleichfalls betrauten Kollegen?**
   Der Oberarzt der Intensivstation empfiehlt, die Behandlung mit der Beatmungsmaschine kritisch zu überdenken. Er könne sich keinen Fall vorstellen, in dem ein Patient mit einem langjährigen komatösen Zustand es wünschen würde, nach fünf überstandenen Lungenentzündungen bei der nun sechsten Lungenentzündung nun noch beatmet zu werden. Trotz fehlender Rücksprache mit dem Betreuer hält es der Oberarzt für vertretbar, auf eine Beatmungstherapie zu verzichten und eine medikamentöse Weiterbehandlung auf der Normalstation durchzuführen.
6. **Was meint das Pflegeteam?**
   Das Pflegeteam der Station bekräftigt, dass die Patientin, die aus den Voraufenthalten bekannt ist, in den letzten Monaten zunehmend verfallen ist und eine Intensivtherapie von ihr eigentlich nur als Leidensverlängerung empfunden werden könne.
7. **Welcher Vorwurf könnte greifen, wenn man die Therapie zum jetzigen Zeitpunkt abbricht?**
   Eine aussichtsreiche Therapie für die bestehende akute Erkrankung der Patientin vorenthalten zu haben. Juristisch scheint es aber gut vertretbar, im konkreten Fall den Aspekt der Leidensverlängerung zu betonen und die Beatmung zu unterlassen.

▶ Patientenverfügung als Alternative

Hätte eine Patientenverfügung in der vorliegenden Situation zu einer anderen Entscheidung geführt?

Ja. Die Situation ist schwierig, weil zwar ein Betreuer benannt, dieser aber kurzfristig nicht erreichbar ist. In einem solchen Fall greifen die Regeln der mutmaßlichen Einwilligung mit all ihren Unwägbarkeiten, die zu Projektionen geradezu einladen.

Eine – allerdings schon sehr frühzeitig verfasste und ausdrücklich auf langandauernde Koma-Zustände bezogene – Patientenverfügung hätte hier Klarheit für die behandelnden Ärzte schaffen können.

Fallbeispiel Nr. 6: Herzinfarkt

Stichwort: Bettlägerig aufgrund Kraftlosigkeit, Lungenkrebsleiden in einem fortgeschrittenen Stadium

▶ A. Albers, 69 Jahre

▶ Ausgangssituation des Kranken:
Herr Albrecht Albers, 69 Jahre alt, war vor einem Jahr an Lungenkrebs erkrankt. Ihm musste der linke Lungenflügel entfernt werden. Seither war ihm Treppensteigen kaum noch möglich gewesen. Seit acht Wochen ging es ihm erneut schlechter. Es stellte sich eine Kraftlosigkeit ein, die ihm das Gehen unmöglich machte.

▶ Das aktuelle Problem:
Herr Albers wird mit einem Herzinfarkt ins Krankenhaus eingeliefert. Aufgrund des schweren und fortgeschrittenen Tumorleidens hält der behandelnde Arzt es für besser, auf eine intensive Behandlung mit blutverdünnenden Medikamenten zu verzichten. Am dritten Behandlungstag kommt es zu einer deutlichen Verschlechterung mit einem anhaltendem Blutdruckabfall (Schockzustand).

▶ Konfliktsituation:
Soll trotz des Tumorleidens bei einem Herzstillstand eine Wiederbelebungsbehandlung oder eine Elektroschocktherapie (Defibrillation) durchgeführt werden? Sollen starke Medikamente zur Herzstützung (sogenannte Katecholamine) gegeben werden?

Wie würden Sie für sich entscheiden?

Kommentieren Sie Ihre Entscheidung!

▶ 7-Stufen-Analyse

1. **Wie ist die medizinische Prognose?**
   Für den Herzinfarkt nicht ungünstig.
2. **Welchen Zustand kann der Patient erreichen, wenn es einen optimalen Heilverlauf gäbe?**
   Den, der er vor dem Herzinfarkt hatte.
3. **Ermittle den Patientenwillen:**
   Der Arzt bespricht mit Herrn Albers die Situation. Er teilt Herrn Albers mit, dass er eine lebensbedrohliche Herzschwäche durch den Herzinfarkt erlitten habe. Er will wissen, ob er eine Behandlung mit starken herzstützenden Medikamenten wünsche. Der Arzt schildert auch die Möglichkeit des Kammerflimmern. Er erläutert die Möglichkeit der Elektroschocktherapie (Defibrillation) als Behandlungsmaßnahme. Herr Albers überlegt und bespricht sich mit seiner Frau. Im Anschluss erklärt er dem Arzt, dass er um das schwere Krebsleiden wisse. Sein Ziel in den letzten Wochen sei gewesen, den Tag der goldenen Hochzeit im Kreise der Familie zu feiern. Aufgrund der Aussagen des Arztes sehe er auch bei günstigem Verlauf nicht, dass sich sein Zustand bis zum Termin ausreichend gebessert haben könnte. Deshalb wünsche er keine lebensverlängernden Maßnahmen. Der Arzt möge ihm etwas gegen Schmerzen geben. Er wünsche keine Behandlung mit herzstützenden Medikamenten und er wünsche keine Wiederbelebungsmaßnahmen. Der Arzt vereinbart mit dem Patienten, dass er nicht weiter auf der Intensivstation behandelt wird. Er wird in Begleitung der Ehefrau auf die Normalstation verlegt.
4. **Ermittle den mutmaßlichen Patientenwillen:**
   entfällt, da ansprechbar.
5. **Was meinen die mit dem Fall gleichfalls betrauten Kollegen?**
   Sie unterstützten die Patientenentscheidung.
6. **Was meint das Pflegeteam?**
   Will für ein ruhiges Zimmer sorgen.
7. **Welcher Vorwurf könnte greifen, wenn man die Therapie zum jetzigen Zeitpunkt abbricht?**
   Keiner. Dem eindeutigen Patientenwillen ist zu folgen. Dem Arzt ist juristisch kein Vorwurf zu machen.

▶ Patientenverfügung als Alternative

Hätte eine Patientenverfügung in der vorliegenden Situation zu einer anderen Entscheidung geführt?

Nein. Eine Patientenverfügung ist nicht erforderlich, weil sich der Patienten äußern kann und geäußert hat. Selbst wenn er eine Patientenverfügung verfasst und zur Patientenakte gegeben haben sollte, spielt dies keine Rolle, denn der aktuell geäußerte Wille des Patienten hat Vorrang vor einer Patientenverfügung, die ja nur für den Fall der Nicht-Ansprechbarkeit gelten soll.

Fallbeispiel Nr. 7: Herzinfarkt
Stichwort: Mobile Patientin mit deutlichen Zeichen des Hirnabbaues

▶ **B. Berger, 74 Jahre**

▶ **Ausgangssituation des Kranken:**

Frau Berta Berger, 74 Jahre alt, litt seit über fünf Jahren an einem zunehmenden Hirnabbau. Anfangs hatte eine rasch zunehmende Vergesslichkeit für Namen und für gerade Geschehenes im Vordergrund gestanden. Inzwischen war sie nicht mehr in der Lage, ihren Haushalt zu versorgen. Meist saß sie schweigsam in der Wohnung. Ihr Ehemann Berni umsorgte sie mit Unterstützung durch die Schwiegertochter liebevoll. Die einzige Aktivität, die Herr und Frau Berger noch gemeinschaftlich unternahmen, waren Spaziergänge in der näheren Umgebung. In letzter Zeit war eine weitere Verschlechterung eingetreten: Frau Berger erkannte selbst ihre Schwiegertochter nicht mehr. Nur ihr Mann war noch bis zu einem gewissen Grad eine Bezugsperson.

▶ **Das aktuelle Problem:**

Frau Berger fällt beim Frühstück plötzlich vom Stuhl. Ihr Mann Berni eilt zu ihr und stellt fest, dass seine Frau bewusstlos ist. Aufgeregt telefoniert er mit der Rettungsleitstelle der Feuerwehr. Wenige Minuten später trifft ein Rettungsteam, bestehend aus einem Notarzt und vier Rettungssanitätern, ein. Nach kurzer Untersuchung beginnt das Rettungsteam mit Wiederbelebungsmaßnahmen. Mehrfach muss eine Elektroschockbehandlung durchgeführt werden. Nach einer halben Stunde ist der Kreislauf so weit wiederhergestellt, dass Frau Berger in Begleitung des Rettungsteams in ein Krankenhaus gebracht werden kann. Im Krankenhaus wird ein EKG geschrieben und ein frischer Herzinfarkt diagnostiziert. Nachdem die Akutversorgung abgeschlossen ist, erfährt der Stationsarzt von Frau Bergers schwerem Hirnabbau.

▶ **Konfliktsituation:**

Soll Frau Berger trotz ihrer schweren Hirnabbauerkrankung wiederbelebt werden, wenn es erneut zu einem Herzstillstand oder Herzflimmern kommt?

Wie würden Sie für sich entscheiden?
_____
_____

Kommentieren Sie Ihre Entscheidung!
_____
_____
_____

▶ 7-Stufen-Analyse

1. **Wie ist die medizinische Prognose?**
   Frau Berger hat keine wesentlichen körperlichen Vorerkrankungen. Jedoch sind vom Zeitpunkt des Umkippens vom Stuhl bis zum Eintreffen des Rettungsteams mehr als fünf Minuten vergangen. Aufgrund dieser Zeitspanne ist es denkbar, dass es in dieser Zeit zu einer zusätzlichen Schädigung des Gehirns von Frau Berger gekommen ist.
2. **Welchen Zustand kann der Patient erreichen, wenn es einen optimalen Heilverlauf gäbe?**
   Sie kann den Stand erreichen, den sie vor der stationären Aufnahme hatte.
3. **Ermittle den Patientenwillen:**
   Eine Kontaktaufnahme ist nicht möglich, da Frau Berger aus ihrer Bewusstlosigkeit noch nicht erwacht ist.
4. **Ermittle den mutmaßlichen Patientenwillen:**
   Der Arzt befragt Herrn Berger, ob seine Frau früher mit ihm über lebensverlängernde Maßnahmen gesprochen hat oder ob er glaube sagen zu können, wie sich seine Frau entscheiden würde, wenn sie ihre Situation überschauen könnte. Herr Berger sieht sich zurzeit nicht in der Lage, die Frage über den mutmaßlichen Patientenwillen zu beantworten.
5. **Was meinen die mit dem Fall gleichfalls betrauten Kollegen?**
   Der gleichfalls mit dem Fall vertraute Oberarzt meint, dass er für sich selber keine Behandlung mit einer erneuten Wiederbelebung wünschen würde. Da eine solche Willenserklärung aber nicht von der Patientin abgegeben wurde, bestehe die Verpflichtung, die Behandlung in gewohnter Weise fortzusetzen.
6. **Was meint das Pflegeteam?**
   Im Pflegeteam bildet sich keine einheitliche Meinung aus, da die Patientin erst wenige Stunden auf der Station liegt.
7. **Welcher Vorwurf könnte greifen, wenn man die Therapie zum jetzigen Zeitpunkt abbricht?**
   Es könnte behauptet werden, man habe der Patientin eine anerkannte Therapie vorenthalten. Juristisch empfiehlt sich bis zur genaueren Klärung des mutmaßlichen Willens die Wiederbelebung.

▶ Patientenverfügung als Alternative

Hätte eine Patientenverfügung in der vorliegenden Situation zu einer anderen Entscheidung geführt?

Ja. Befragungen von Angehörigen sind häufig unergiebig, weil diese sich in einer extremen psychischen Belastungssituation befinden; sie können/wollen dann keine Auskünfte geben. Diese Unsicherheit führt vorliegend dazu, dass erst einmal zu therapieren ist.

Eine Patientenverfügung, in der absehbare Vorfälle wie der vorliegende hätten angesprochen werden müssen, hätte dies vermeiden können. Angesichts der lang andauernden Krankheit wäre es Frau Berger auch frühzeitig möglich gewesen, eine Verfügung abzufassen.

Fallbeispiel Nr. 8: Herzinfarkt

Stichwort: Pflegepatient mit Lähmung der rechten Körperhälfte und Sprachstörung

▶ C. Coppenrath, 84 Jahre

▶ Ausgangssituation des Kranken:

Herr Cornelius Coppenrath, 84 Jahre alt, war Lehrer für Latein, Biologie und Mathematik gewesen. Mit 81 Jahren hatte er einen Schlaganfall erlitten und war seither auf fremde Hilfe angewiesen. Seine Frau Christiane versorgte ihn, mit Unterstützung eines häuslichen Pflegedienstes in dem bescheidenen Haus am Rande des Stadtparks. Nach dem Schlaganfall hatte Herr Coppenrath lange apathisch im Bett gelegen. Erst kurz vor der geplanten Entlassung hatte er sich so weit erholt, dass er mit der linken Hand Nahrung zuführen konnte. Daraufhin war er in eine geriatrische Klinik verlegt worden, in der er sieben Wochen mit eisernem Willen an seiner Genesung mitgearbeitet hatte. Auch nach der Entlassung hatte er zweimal wöchentlich Krankengymnastik und Sprachtherapie erhalten. Mit einem Stock konnte er kurze Strecken in der Wohnung bewältigen. Mit seiner linken Hand konnte er den Elektrorasierer bedienen, sich kämmen und das Gesicht waschen. Beim Waschen des übrigen Körpers und beim Anziehen war er auf fremde Hilfe angewiesen.

▶ Das aktuelle Problem:

Wegen heftiger Brustschmerzen wird Herr Coppenrath ins Krankenhaus eingewiesen. Noch auf dem Weg ins Krankenhaus verschlechtert sich sein Zustand von Minute zu Minute. Als die Rettungssanitäter den Patienten in die Notaufnahme einliefern, ist der Patient nicht mehr ansprechbar. Der diensthabende Arzt stellt einen Herzkreislaufstillstand fest und beginnt mit dem Team der benachbarten Intensivstation die Wiederbelebungsmaßnahmen. Nach 35 Minuten kann Herr Coppenrath mit stabilem Kreislauf auf der Intensivstation aufgenommen werden. Da der Patient nicht selber atmet, wird er an eine Beatmungsmaschine angeschlossen.

▶ Konfliktsituation:

Als Frau Coppenrath ihren Mann auf der Intensivstation besucht, bricht sie in einen Weinkrampf aus. Sie beschimpft die Ärzte und fordert, dass man die Beatmungsmaschine sofort abstellen solle, da ihr Mann so etwas niemals gewollt habe.

Wie würden Sie für sich entscheiden?

Kommentieren Sie Ihre Entscheidung!

▶ 7-Stufen-Analyse

1. **Wie ist die medizinische Prognose?**
   Herr Coppenrath hat keine wesentliche Vorerkrankung des Herzens, jetzt jedoch lässt sich im geschriebenen EKG ein Herzinfarkt nachweisen. Der Zustand ist gegenwärtig kritisch, eine Erholung aber durchaus möglich.
2. **Welchen Zustand kann der Patient erreichen, wenn es einen optimalen Heilverlauf gäbe?**
   Er kann den Stand erreichen, den er vor der stationären Aufnahme hatte, denn selbst wenn es zu einer bleibenden Schwächung des Herzens kommt, so bewegt sich Herr Coppenrath bedingt durch den Schlaganfall so wenig, dass er wahrscheinlich auch mit einer geschwächten Herzleistung gut zurecht kommen wird.
3. **Ermittle den Patientenwillen:**
   Herr Coppenrath ist nicht ansprechbar. Der Patientenwille ist somit nicht feststellbar.
4. **Ermittle den mutmaßlichen Patientenwillen:**
   Der Arzt muss feststellen, dass ein geordnetes Gespräch mit der Ehefrau derzeit nicht möglich ist.
5. **Was meinen die mit dem Fall gleichfalls betrauten Kollegen?**
   Der Oberarzt der Intensivstation schätzt die Reaktion von Frau Coppenrath als Überforderung ein. Er ist der Meinung, die Behandlung solle in gleicher Weise zunächst fortgesetzt werden. Auf Wunsch von Frau Coppenrath wird ein katholischer Priester gerufen, der ihrem Mann die Krankensalbung gibt und der mit ihr ein langes Gespräch führt.
6. **Was meint das Pflegeteam?**
   Entfällt, da der Patient erst gerade aufgenommen wurde.
7. **Welcher Vorwurf könnte greifen, wenn man die Therapie zum jetzigen Zeitpunkt abbricht?**
   Es könnte der Vorwurf gemacht werden, dass dem Patienten eine aussichtsreiche Therapie vorenthalten wurde. Juristisch empfiehlt sich die Wiederbelebung.

▶ Patientenverfügung als Alternative

Hätte eine Patientenverfügung in der vorliegenden Situation zu einer anderen Entscheidung geführt?

Ja. Die Ermittlung des mutmaßlichen Willens durch Befragung der Ehefrau des Patienten ist unergiebig. Damit sind die behandelnden Ärzte gezwungen, vorerst der Vermutungsregel „in dubio pro vita" zu folgen.

Eine von Herrn Coppenrath frühzeitig abgefasste Patientenverfügung hätte für Klarheit sorgen können. Sie hätte die Ärzte davon befreit, emotional stark belastete Angehörige im Ergebnis erfolglos zu befragen, und sie hätte auch die Angehörigen (hier: die Ehefrau) davon entlastet, in kurzer Zeit weitreichende Bewertungen abgeben zu müssen. Eine passgenau auf die vorliegende Situation zugeschnittene Patientenverfügung hätte dafür gesorgt, dass Herr Coppenraths Wille zur Geltung gekommen wäre.

Fallbeispiel Nr. 9: Herzinfarkt

Stichwort: Bettlägerig aufgrund sehr schwerer Verlaufsform einer Multiplen Sklerose

▶ D. Deitermann, 51 Jahre

▶ Ausgangssituation des Kranken:

Herr Detlev Deitermann, 51 Jahre alt, war immer ein fröhlicher Mensch gewesen, der sich auch nicht aufgegeben hatte, als er an Multipler Sklerose erkrankte. Kurz vor seinem 50. Geburtstag hatte ein erneuter schwerer Schub seiner Erkrankung dazu geführt, dass er bettlägerig wurde und er nur noch mit ja und nein auf einfache Fragen antworten konnte. Reichte man ihm Essen und Trinken an, so nahm er es in ausreichender Menge auf. Bot man ihm nichts an, so gab er durch keine Äußerung bekannt, Durst oder Hunger zu haben. Trat jemand an sein Bett, so war er in der Lage, mit diesem Menschen Blickkontakt aufzunehmen. Er lächelte dann auf eine besonders herzliche Art.

▶ Das aktuelle Problem:

Herr Deitermann wird wegen eines frischen Herzinfarktes auf der Intensivstation des Krankenhauses aufgenommen. Aufgrund eines Kammerflimmern müssen Wiederbelebungsmaßnahmen durchgeführt werden und eine Behandlung mit einer Beatmungsmaschine wird erforderlich.

▶ Konfliktsituation:

Als Frau Deitermann ihren Mann nach der Wiederbelebung das erste Mal zu Gesicht bekommt, bricht sie in Weinen aus und fordert gegenüber dem Stationsarzt der Intensivstation, dass sämtliche Maschinen abgeschaltet werden, damit ihr Mann in Ruhe und Frieden sterben könne.

Wie würden Sie für sich entscheiden?
_____
_____

Kommentieren Sie Ihre Entscheidung!
_____
_____
_____
_____
_____

▶ **7-Stufen-Analyse**

1. **Wie ist die medizinische Prognose?**
   Mit einer Beatmungstherapie hat der Patient eine reale Chance die Lungenentzündung zu überstehen.
2. **Welchen Zustand kann der Patient erreichen, wenn es einen optimalen Heilverlauf gäbe?**
   Er kann den Stand erreichen, den er vor der stationären Aufnahme hatte.
3. **Ermittle den Patientenwillen:**
   Herr Deitermann ist nicht ansprechbar. Der Patientenwille ist somit nicht feststellbar.
4. **Ermittle den mutmaßlichen Patientenwillen:**
   Eine Vorsorgevollmacht existiert nicht. Auf die Frage, ob ihr Mann sich früher zu lebensverlängernden Maßnahmen geäußert habe, erklärt Frau Deitermann, dass sie ihren Mann vor ca. fünf Jahren erst geheiratet habe. Sie selbst habe mit ihm nie über solch ein Thema gesprochen. Eine verheiratete Tochter lebe in Australien.
5. **Was meinen die mit dem Fall gleichfalls betrauten Kollegen?**
   Der Oberarzt der Intensivstation empfiehlt, die Behandlung mit der Beatmungsmaschine auch gegen den Willen der Ehefrau fortzusetzen, da kein eindeutiger Patientenwille bekannt ist.
6. **Was meint das Pflegeteam?**
   Es bildet sich keine einheitliche Meinung heraus.
7. **Welcher Vorwurf könnte greifen, wenn man die Therapie zum jetzigen Zeitpunkt abbricht?**
   Eine aussichtsreiche Therapie sei dem Patienten vorenthalten worden. Juristisch empfiehlt sich – vorerst – die Fortsetzung der Behandlung und die weitere Klärung des mutmaßlichen Willens durch Gespräche auch mit der Tochter.

Zwei Tage später ruft Mrs. McDonald aus Australien an. Sie berichtet, dass ihre Stiefmutter sie erst an diesem Tag über den Krankenhausaufenthalt ihres Vaters informiert habe. Sie teilt dem Stationsarzt mit, dass die Stiefmutter mit der schweren Pflege völlig überfordert sei. Sie bittet den Stationsarzt für den Fall der Zustandsbesserung und einer absehbaren Entlassung, ihre Stiefmutter ausführlich durch den Sozialdienst des Krankenhauses beraten zu lassen bzw. darauf hinzuwirken, dass ihr Vater ggf. auch in einem Pflegeheim untergebracht wird, damit Frau Deitermann wenigstens nachts Ruhe bekomme.

▶ **Patientenverfügung als Alternative**

Hätte eine Patientenverfügung in der vorliegenden Situation zu einer anderen Entscheidung geführt?

Ja. Für die Ermittlung des mutmaßlichen Willens sind die Äußerungen der Ehefrau unergiebig. Das gilt auch für die Äußerungen der Tochter, die davon auszugehen scheint, dass eine Beatmungstherapie erfolgreich eingeleitet ist, ohne sich zum diesbezüglichen Willen des Vaters zu erklären; sie bezieht sich im übrigen nur auf Folgefragen einer gelingenden Beatmungstherapie (Pflegeheim). In dieser Lage, in der es an klaren Anzeichen für einen vom Patienten gewünschten Behandlungsverzicht fehlt, ist zu therapieren.

Eine Patientenverfügung, die Herr Deitermann angesichts des bei Multipler Sklerose absehbaren Krankheitsverlaufs sinnvollerweise frühzeitig hätte abfassen müssen, hätte eine verlässliche Entscheidungsgrundlage geschaffen.

Fallbeispiel Nr. 10: Herzinfarkt

Stichwort: Bettlägerige Patientin mit komatösem Zustand seit einer schweren Hirnblutung vor Jahren und fünfter Lungenentzündung in diesem Jahr

▶ **E. Ellermann, 69 Jahre**

▶ **Ausgangssituation des Kranken:**

Frau Elvira Ellermann, 69 Jahre alt, hatte als Folge eines schweren Verkehrsunfalls vor zehn Jahren eine Hirnblutung erlitten. Sie war seither im Koma. Eine Prüfung auf Hirntod hatte damals ergeben, dass Frau Ellermann nicht die notwendigen Kriterien erfüllte, die die Feststellung des Hirntodes erlaubten. Dennoch hatten die Ärzte nach etwa sechsmonatiger Krankenhausbehandlung keinen Zweifel daran gelassen, dass mit einem Erwachen aus dem Koma nicht zu rechnen sei. Seit neun Jahren war sie in einem Pflegeheim untergebracht. In den letzten neun Monaten hatte sie bereits fünfmal wegen einer Lungenentzündung im Krankenhaus gelegen.

▶ **Das aktuelle Problem:**

Frau Ellermann wird mit einer Allgemeinzustandsverschlechterung ins Krankenhaus eingeliefert. Zunächst wird eine erneute Lungenentzündung vermutet. Die weiteren Untersuchungen ergeben jedoch, dass diesmal keine Lungenentzündung sondern ein frischer Herzinfarkt die Zustandsverschlechterung bewirkt hat.

▶ **Konfliktsituation:**

Der Arzt der Notaufnahme muss entscheiden, ob er die Patientin in üblicher Weise auf der Intensivstation aufnimmt.

Wie würden Sie für sich entscheiden?
___
___
___

Kommentieren Sie Ihre Entscheidung!
___
___
___
___
___
___

▶ 7-Stufen-Analyse

1. **Wie ist die medizinische Prognose?**
   Mit einer Intensivbehandlung würde Frau Ellermann den Herzinfarkt mit höherer Wahrscheinlichkeit überleben.
2. **Welchen Zustand kann die Patientin erreichen, wenn es einen optimalen Heilverlauf gäbe?**
   Sie kann den Stand erreichen, den sie vor der stationären Aufnahme hatte, d. h. in diesem Falle, sie bliebe weiterhin komatös.
3. **Ermittle den Patientenwillen:**
   Frau Ellermann ist nicht ansprechbar. Der Patientenwille ist somit nicht feststellbar.
4. **Ermittle den mutmaßlichen Patientenwillen:**
   Frau Ellermann hat einen Betreuer. Er gibt die Anweisung, Frau Ellermann „in üblicher Weise" auf die Intensivstation aufzunehmen.
5. **Was meinen die mit dem Fall gleichfalls betrauten Kollegen?**
   Der Oberarzt der Intensivstation sieht in einer Behandlung auf der Intensivstation keinen Sinn, da dies keinen Einfluss auf den beklagenswerten Zustand haben wird, den die Patientin seit der Hirnblutung hat.
6. **Was meint das Pflegeteam?**
   Entfällt für die Intensivstation, da die Patientin erst gerade aufgenommen wurde.
7. **Welcher Vorwurf könnte greifen, wenn man die Therapie zum jetzigen Zeitpunkt abbricht?**
   Eine übliche Therapie der Patientin vorenthalten zu haben. Juristisch ist die Anweisung des Betreuers verbindlich. Ein Verstoß gegen das Patientenwohl ist nicht evident. Der Versuch des behandelnden Arztes, die Entscheidung des Betreuers gerichtlich zu Fall zu bringen, dürfte keinen Erfolg haben. Frau Ellermann ist auf die Intensivstation aufzunehmen.

▶ Patientenverfügung als Alternative

Hätte eine Patientenverfügung in der vorliegenden Situation zu einer anderen Entscheidung geführt?

Ja. Eine hinreichend passgenau formulierte Patientenverfügung hat Vorrang vor Entscheidungen des Betreuers. Soweit die Verfügung reicht, ist der Betreuer nicht entscheidungsbefugt; er kann die Patientenverfügung nicht außer Kraft setzen.

Fallbeispiel Nr. 11: Darmlähmung (Ileus)

Stichwort: Bettlägerig aufgrund Kraftlosigkeit, Lungenkrebsleiden in einem fortgeschrittenen Stadium

▶ A. Albers, 69 Jahre

▶ Ausgangssituation des Kranken:

Herr Albrecht Albers, 69 Jahre alt, war vor einem Jahr an Lungenkrebs erkrankt. Ihm musste der linke Lungenflügel entfernt werden. Seither war ihm Treppensteigen kaum noch möglich gewesen. Seit acht Wochen ging es ihm erneut schlechter. Es stellte sich eine Kraftlosigkeit ein, die ihm das Gehen unmöglich machte.

▶ Das aktuelle Problem:

Herr Albers wird mit starken Bauchschmerzen ins Krankenhaus eingeliefert. Die rasch eingeleiteten Untersuchungen bestätigen die Verdachtsdiagnose des Hausarztes, der eine Darmlähmung (Ileus) vermutete.

▶ Konfliktsituation:

Soll Herr Albers an dieser Darmlähmung (Ileus) operiert werden, obwohl er ein weit fortgeschrittenes Krebsleiden hat?

Wie würden Sie für sich entscheiden?

___

Kommentieren Sie Ihre Entscheidung!

___

▶ 7-Stufen-Analyse

1. **Wie ist die medizinische Prognose?**
   Schlecht, er wird mit und ohne Operation wahrscheinlich bald sterben.
2. **Welchen Zustand kann der Patient erreichen, wenn es einen optimalen Heilverlauf gäbe?**
   Allenfalls den stark geschwächten Zustand, der zuvor bestand.
3. **Ermittle den Patientenwillen:**
   Der Arzt informiert Herrn Albers über das Krankheitsbild. Er berichtet, dass eine solche Darmlähmung ohne Operation wahrscheinlich binnen weniger Tage zum Tode führen wird. Er stellt aber auch dar, dass bei der schweren Grundkrankheit eine Operation viele Probleme aufwerfen kann sowohl in der Operation als auch im späteren Heilverlauf. Herr Albers muss nicht lange nachdenken. Er teilt dem Arzt mit, dass er aufgrund der seit Wochen anhaltenden Schwäche sich nicht vorstellen kann, dass er den operativen Eingriff übersteht. Und selbst wenn er den Eingriff überstehen würde, so glaube er nicht, dass er sich soweit erholen werde, dass er das Krankenhaus lebend verlassen würde. Herr Albers informiert in gleicher Weise seine Ehefrau. Er verfügt, dass sollte er nicht mehr selber entscheiden können, seine Frau an seiner Stelle entscheiden soll. Der Arzt dokumentiert dies in der Krankenakte. Er erhält starke Schmerzmittel.
4. **Ermittle den mutmaßlichen Patientenwillen.**
   Entfällt, da Patient ansprechbar.
5. **Was meinen die mit dem Fall gleichfalls betrauten Kollegen?**
   Der Oberarzt glaubt, dass der Patient den Eingriff nicht überstehen wird.
6. **Was meint das Pflegeteam?**
   Kennt den Patienten nicht.
7. **Welcher Vorwurf könnte greifen, wenn man die Therapie zum jetzigen Zeitpunkt abbricht?**
   Keiner. Dem Patientenwillen ist zu folgen. Anzeichen, die auf eine Einwilligungsunfähigkeit hindeuten, fehlen. Dem Arzt ist, wenn er dem Willen von Herrn Albers folgt, kein Vorwurf zu machen.

▶ Patientenverfügung als Alternative

Hätte eine Patientenverfügung in der vorliegenden Situation zu einer anderen Entscheidung geführt?

Nein. Herr Albers ist ansprechbar. Für eine Patientenverfügung ist kein Raum. Vorrausschauend entschließt sich Herr Albers zu einer Vorsorgevollmacht für den Fall, dass er nicht mehr entscheiden kann. Der Arzt dokumentiert dies in der Krankenakte. Dies ist grundsätzlich ausreichend. Anzuraten wäre jedoch die Schriftform, da nur diese es der Ehefrau ermöglichen würde ggf. auch einen Therapieabbruch durchzusetzen.

Fallbeispiel Nr. 12: Darmlähmung (Ileus)
Stichwort: Mobile Patientin mit deutlichen Zeichen des Hirnabbaues

▶ B. Berger, 74 Jahre

▶ **Ausgangssituation des Kranken:**

Frau Berta Berger, 74 Jahre alt, litt seit über fünf Jahren an einem zunehmenden Hirnabbau. Anfangs hatte eine rasch zunehmende Vergesslichkeit für Namen und für gerade Geschehenes im Vordergrund gestanden. Inzwischen war sie nicht mehr in der Lage, ihren Haushalt zu versorgen. Meist saß sie schweigsam in der Wohnung. Ihr Ehemann Berni umsorgte sie mit Unterstützung durch die Schwiegertochter liebevoll. Die einzige Aktivität, die Herr und Frau Berger noch gemeinschaftlich unternahmen, waren Spaziergänge in der näheren Umgebung. In letzter Zeit war eine weitere Verschlechterung eingetreten: Frau Berger erkannte selbst ihre Schwiegertochter nicht mehr. Nur ihr Mann wurde noch mit Namen benannt und konnte sie zu einfachen Verrichtungen motivieren.

▶ **Das aktuelle Problem:**

Frau Berger bekommt einen Tag nach ihrem Geburtstag heftigste Bauchschmerzen. Gegen 22 Uhr bringt sie ihr Mann Berni mit seinem Auto zur Notaufnahme des Krankenhauses. Der Arzt stellt nach kurzer Untersuchung die Verdachtsdiagnose einer Darmlähmung (Ileus). Weitere Untersuchungen bestätigen den Verdacht.

▶ **Konfliktsituation:**

Soll Frau Berger operiert werden, obwohl sie unter einer Hirnabbauerkrankung leidet?

Wie würden Sie für sich entscheiden?
_____
_____

Kommentieren Sie Ihre Entscheidung!
_____
_____
_____
_____
_____
_____
_____
_____

▶ 7-Stufen-Analyse

1. **Wie ist die medizinische Prognose?**
   Frau Berger hat keine wesentlichen körperlichen Vorerkrankungen. Mit einer Notfalloperation hat sie eine reale Chance, die Darmlähmung zu überstehen.

2. **Welchen Zustand könnte die Patientin erreichen, wenn es einen optimalen Heilverlauf gäbe?**
   Sie könnte den Stand erreichen, den sie vor der stationären Aufnahme hatte.

3. **Ermittle den Patientenwillen:**
   Der Arzt überzeugt sich in einem Gespräch, dass Frau Bergers Hirnabbau soweit fortgeschritten ist, dass sie ihre Lage nicht beurteilen kann und somit auch keine Einwilligung abgeben oder verweigern kann.

4. **Ermittle den mutmaßlichen Patientenwillen:**
   Der Arzt befragt Herrn Berger, ob seine Frau früher mit ihm über lebensverlängernde Maßnahmen gesprochen hat oder ob er glaube sagen zu können, wie sich seine Frau entscheiden würde, wenn sie ihre Situation überschauen könnte. Herr Berger kann die Frage über den mutmaßlichen Patientenwillen nicht beantworten.

5. **Was meinen die mit dem Fall gleichfalls betrauten Kollegen?**
   Der hinzugezogene Oberarzt meint, dass er für sich selber in einer solchen Situation auch den operativen Eingriff wünschen würde, da eine Darmlähmung häufig mit Schmerzen verbunden sei. Insofern sei eine Notfalloperation auch eine Maßnahme zur Schmerzbekämpfung.

6. **Was meint das Pflegeteam?**
   Im Pflegeteam bildet sich keine Meinung aus, da man die Patientin nicht ausreichend kennt.

7. **Welcher Vorwurf könnte greifen, wenn man die Therapie zum jetzigen Zeitpunkt abbricht?**
   Eine aussichtsreiche Therapie der Patientin vorenthalten zu haben und Schmerzen nicht durch den notwendigen chirurgischen Eingriff gelindert zu haben. Juristisch empfiehlt sich die Vornahme der Operation.

▶ Patientenverfügung als Alternative

Hätte eine Patientenverfügung in der vorliegenden Situation zu einer anderen Entscheidung geführt?

Möglicherweise ja. Da der Ehemann von Frau Berger sich nicht in der Lage sieht, die tatsächlichen Grundlagen für die Ermittlung des mutmaßlichen Willens zu geben, müssen die behandelnden Ärzte sich an dem orientieren, was „man" tun würde, was praktisch heißt: sie orientieren sich an dem, was ihnen vor dem Hintergrund ihres medizinischen Wissens und ihrer ärztlichen Behandlungserfahrung vernünftig erscheint.

Es ist gut möglich, dass dies dem Willen von Frau Berger entsprechen würde, wenn sie sich äußern könnte. Aber es ist eben nur möglich. Eine rechtzeitig verfasste Patientenverfügung hätte hier für Klarheit gesorgt.

Fallbeispiel Nr. 13: Darmlähmung (Ileus)

Stichwort: Pflegepatient mit Lähmung der rechten Körperhälfte und Sprachstörung

▶ C. Coppenrath, 84 Jahre

▶ **Ausgangssituation des Kranken:**

Herr Cornelius Coppenrath, 84 Jahre alt, war Lehrer für Latein, Biologie und Mathematik gewesen. Mit 81 Jahren hatte er einen Schlaganfall erlitten und war seither auf fremde Hilfe angewiesen. Seine Frau Christiane versorgte ihn, mit Unterstützung eines häuslichen Pflegedienstes in dem bescheidenen Haus am Rande des Stadtparks. Nach dem Schlaganfall hatte Herr Coppenrath lange nur apathisch im Bett gelegen. Erst kurz vor der geplanten Entlassung hatte er sich so weit erholt, dass er mit der linken Hand Nahrung zuführen konnte. Daraufhin war er in eine geriatrische Klinik verlegt worden, in der er sieben Wochen mit eisernem Willen an seiner Genesung mitgearbeitet hatte. Auch nach der Entlassung hatte er zweimal wöchentlich Krankengymnastik und Sprachtherapie erhalten. Mit einem Stock konnte er kurze Strecken in der Wohnung bewältigen. Mit seiner linken Hand konnte er den Elektrorasierer bedienen, sich kämmen und das Gesicht waschen. Beim Waschen des übrigen Körpers und beim Anziehen war er auf fremde Hilfe angewiesen.

▶ **Das aktuelle Problem:**

Herr Coppenrath wird wegen starker Bauchschmerzen in die Notaufnahme des Krankenhauses eingeliefert. Der aufnehmende Arzt stellt die Verdachtsdiagnose einer Darmlähmung (Ileus). Die weiteren Untersuchungen bestätigen die Diagnose. Es wird eine Notfalloperation durchgeführt. In der Operation stellt sich heraus, dass ein großer Darmabschnitt durch ein verschlossenes Gefäß von jeglicher Blutversorgung abgeschnitten ist. Ein großer Anteil des Darm ist bereits schwarz verfärbt. Der Eingriff wird beendet, und der Patient wird auf die Intensivstation verlegt und mit einer Beatmungsmaschine künstlich beatmet, auch weil er derzeit durch die Narkosemittel bedingt noch nicht selber atmen kann.

▶ **Konfliktsituation:**

Nachdem Frau Coppenrath die Situation erklärt worden ist, befragt sie den Arzt, ob eine Heilungschance besteht. Der Arzt verneint dies. Daraufhin fordert Frau Coppenrath ruhig, aber mit Nachdruck, die Beatmungsmaschine solle abgestellt werden.

Wie würden Sie für sich entscheiden?

_____

Kommentieren Sie Ihre Entscheidung!

_____

▶ 7-Stufen-Analyse

1. **Wie ist die medizinische Prognose?**
   Die Ursache für die Darmlähmung ist so schwerwiegend, dass Herr Coppenrath nach Einschätzung der behandelnden Ärzte keine Aussicht hat, die nächsten Tage zu überleben.
2. **Welchen Zustand kann der Patient erreichen, wenn es einen optimalen Heilverlauf gäbe?**
   Herr Coppenrath wird in den nächsten Tagen sterben.
3. **Ermittle den Patientenwillen:**
   Herr Coppenrath ist nicht ansprechbar. Der Patientenwille ist somit nicht feststellbar.
4. **Ermittle den mutmaßlichen Patientenwillen:**
   Der Arzt will diesen Wunsch genauer beschrieben haben. Frau Coppenrath erzählt, dass der Bruder von Herrn Coppenrath seit einem Autounfall vor 10 Jahren in einem Wachkoma liege und in einer Spezialklinik gepflegt werde. Ihr Mann habe immer gewünscht, wenn er in eine ähnliche Situation kommen würde, möge man die Therapiemaßnahmen einstellen. Frau Coppenrath berichtet auch über den Schlaganfall und wie ihr Mann um die Genesung gekämpft habe.
5. **Was meinen die mit dem Fall gleichfalls betrauten Kollegen?**
   Der Oberarzt führt ein Gespräch mit Frau Coppenrath. Er berichtet, dass er sich derzeit außer Stande sehe, die Beatmungsmaschine abzustellen, da er sonst das Gefühl haben müsse, ihren Mann durch die Narkosemittel getötet zu haben. Er versucht Frau Coppenrath auch nahe zu bringen, dass das Sterben bei einer Darmlähmung sehr schmerzhaft sein kann. Er erklärt ihr, dass trotz der Beatmung ihr Mann nicht mehr lange zu leben habe und er ihr versichern könne, dass ihr Mann sicher keine Schmerzen erleiden werde.
6. **Was meint das Pflegeteam?**
   Es teilt aus seiner Berufserfahrung die Ansicht der Ärzte.
7. **Welcher Vorwurf könnte greifen, wenn man die Therapie zum jetzigen Zeitpunkt abbricht?**
   Der Patient sei an der Folge der Narkose verstorben.

▶ Patientenverfügung als Alternative

Hätte eine Patientenverfügung in der vorliegenden Situation zu einer anderen Entscheidung geführt?

Ja. – Die Auskünfte von Frau Coppenrath sind nicht so präzise, dass der behandelnde Arzt davon ausgehen kann, Herr Coppenrath wolle in der vorliegenden Situation nicht weiter behandelt werden. Auch enthalten sie keine Informationen dazu, ob aus Sicht ihres Mannes Schmerzen, die mit dem Versterben nach Beatmungsabbruch einhergehen, durch schmerzlindernde Mittel bekämpft werden dürfen. In dieser unklaren Lage spricht mehr dafür, bei Herrn Coppenrath die Beatmung ohne Schmerzen fortzuführen, bis der Tod eintritt. Psychologisch verständlich, aber rechtlich unerheblich ist das „Gefühl" des Arztes, bei einem Beatmungsabbruch hätte er Herrn Coppenrath getötet. Stünde fest (was vorliegend aber nicht der Fall ist), dass der mutmaßliche Wille von Herrn Coppenrath den sofortigen Beatmungsabbruch verlangt, dann wäre die Weigerung des Arztes rechtswidrig, weil sie den Willen von Herrn Coppenrath missachtet. – Eine Patientenverfügung hätte für alle Beteiligten Eindeutigkeit hergestellt.

Fallbeispiel Nr. 14: Darmlähmung (Ileus)

Stichwort: Bettlägerig aufgrund sehr schwerer Verlaufsform einer Multiplen Sklerose

▶ D. Deitermann, 51 Jahre

▶ Ausgangssituation des Kranken:

Herr Detlev Deitermann, 51 Jahre alt, war immer ein fröhlicher Mensch gewesen, der sich auch nicht aufgegeben hatte, als er an Multipler Sklerose erkrankte. Kurz vor seinem 50. Geburtstag hatte ein erneuter schwerer Schub seiner Erkrankung dazu geführt, dass er bettlägerig wurde und er nur noch mit ja und nein auf einfache Fragen antworten konnte. Reichte man ihm Essen und Trinken an, so nahm er es in ausreichender Menge auf. Bot man ihm nichts an, so gab er durch keine Äußerung bekannt, Durst oder Hunger zu haben. Trat jemand an sein Bett, so war er in der Lage, mit diesem Menschen Blickkontakt aufzunehmen. Er lächelte dann auf eine besonders herzliche Art.

▶ Das aktuelle Problem:

Herr Deitermann wird mit offensichtlich starken Bauchschmerzen in die Notaufnahme des Krankenhauses eingeliefert. Der diensthabende Arzt stellt eine Darmlähmung fest. Im rechten Unterbauch findet sich ein Druckschmerz. Unter der Verdachtsdiagnose Darmlähmung durch eine Blinddarmentzündung bereitet der Arzt alles für eine Notfalloperation vor.

▶ Konfliktsituation:

Frau Deitermann zückt ein mit dem Wort „Patiententestament" übertiteltes Schriftstück und erklärt, dass sie danach für ihren Mann entscheiden könne. In dem Schriftstück habe ihr Mann ihr Vollmacht für alle medizinischen wie finanziellen Belange gegeben. Er habe darin angeordnet, dass er unter keinen Umständen eine „künstliche Verlängerung" seines Lebens wünsche. Deshalb lehne sie die Operation ab.

Wie würden Sie für sich entscheiden?
___
___

Kommentieren Sie Ihre Entscheidung!
___
___
___
___

▶ 7-Stufen-Analyse

1. **Wie ist die medizinische Prognose?**
   Mit einer Operation hat der Patient eine reale Chance die Darmlähmung zu überstehen.
2. **Welchen Zustand kann der Patient erreichen, wenn es einen optimalen Heilverlauf gäbe?**
   Er kann den Stand erreichen, den er vor der stationären Aufnahme hatte.
3. **Ermittle den Patientenwillen:**
   Herr Deitermann ist nicht ansprechbar. Der Patientenwille ist somit nicht feststellbar.
4. **Ermittle den mutmaßlichen Patientenwillen:**
   Der Arzt schaut sich das „Patiententestament" genauer an. Ein operativer Eingriff wird darin nicht ausdrücklich abgelehnt. Er sieht keine konkrete Angabe in der Vollmacht, die auf den speziellen Fall passt. Andererseits muss er einsehen, dass Frau Deitermann von ihrem Mann gerade bevollmächtigt wurde, um die Sachverhalte, die mit „künstlicher Verlängerung" des Lebens gemeint sind, im Einzelfall zu bestimmen.
5. **Was meinen die mit dem Fall gleichfalls betrauten Kollegen?**
   Der Oberarzt akzeptiert die Ablehnung von Frau Deitermann nicht, da Herr Deitermann Operationen zu seinem Wohle nicht ausdrücklich untersagt.
6. **Was meint das Pflegeteam?**
   Entfällt, da der Patient erst gerade aufgenommen wurde.
7. **Welcher Vorwurf könnte greifen, wenn man die Therapie zum jetzigen Zeitpunkt abbricht?**
   Eine aussichtsreiche Therapie dem Patienten vorenthalten zu haben. – Juristisch könnte man sich auf den Standpunkt stellen, dass Frau Deitermann am besten weiß, was ihr Mann mit „künstlicher Verlängerung" des Lebens gemeint haben wird. Andererseits ist zu bedenken, dass der Wortsinn von „künstlicher Verlängerung" des Lebens eher auf andere Sachverhalte hinzudeuten scheint (insb. Beatmung), nicht aber auf lebensrettende Operationen. Die Situation scheint danach unklar zu sein. „Im Zweifel" ist für das (Über-)Leben zu entscheiden. Die Ärzte sollten operieren.

▶ Patientenverfügung als Alternative

Hätte eine Patientenverfügung in der vorliegenden Situation zu einer anderen Entscheidung geführt?

Eine genauer verfasste Patientenverfügung hätte hier zu einer anderen Entscheidung geführt. Um Auslegungsstreitigkeiten am Krankenbett möglichst zu vermeiden, sollten vage Begriffe wie „künstliche Lebensverlängerung" durch Beispiele illustriert werden („Damit sind insbesondere auch lebenserhaltende Operationen jeglicher Art gemeint.").

Fallbeispiel Nr. 15: Darmlähmung (Ileus)

Stichwort: Bettlägerige Patientin mit komatösem Zustand seit einer schweren Hirnblutung vor Jahren und fünfter Lungenentzündung in diesem Jahr

▶ E. Ellermann, 69 Jahre

▶ Ausgangssituation des Kranken:

Frau Elvira Ellermann, 69 Jahre alt, hatte als Folge eines schweren Verkehrsunfalls vor zehn Jahren eine Hirnblutung erlitten. Sie war seither im Koma. Eine Prüfung auf Hirntod hatte damals ergeben, dass Frau Ellermann nicht die notwendigen Kriterien erfüllte, die die Feststellung des Hirntodes erlaubten. Dennoch hatten die Ärzte nach etwa sechsmonatiger Krankenhausbehandlung keinen Zweifel daran gelassen, dass mit einem Erwachen aus dem Koma nicht zu rechnen sei. Seit neun Jahren war sie in einem Pflegeheim untergebracht. In den letzten 9 Monaten hatte sie bereits fünfmal wegen einer Lungenentzündung im Krankenhaus gelegen.

▶ Das aktuelle Problem:

Seit Tagen wölbte sich der Bauch von Frau Ellermann weiter vor. Als bei der Mitpatientin im Zimmer deren Hausarzt zum Hausbesuch kommt, bittet die Heimleiterin den Arzt, Frau Ellermann wegen des stark geblähten Bauches zu untersuchen. Der Arzt stellt die Verdachtsdiagnose einer Darmlähmung. Er verordnet Krankenhausbehandlung, damit durch weitere Untersuchungen festgestellt werden kann, ob eine Darmlähmung vorliegt oder nicht.

In der Notaufnahme des Krankenhauses wird eine Röntgenaufnahme des Bauchraumes angefertigt. Es finden sich dabei die typischen Zeichen einer Darmlähmung (Ileus).

▶ Konfliktsituation:

Der hinzugezogene Arzt der Chirurgie schlägt eine Notfalloperation vor, um den Zustand der Darmlähmung zu beseitigen. Als er von dem langjährigen komatösen Zustand hört, zweifelt er, ob eine Operation die richtige Entscheidung ist.

Wie würden Sie für sich entscheiden?

_____

_____

Kommentieren Sie Ihre Entscheidung!

_____

_____

▶ 7-Stufen-Analyse

1. **Wie ist die medizinische Prognose?**
   Die Patientin ist seit Monaten geschwächt, dafür sprechen auch die mehrfach aufgetretenen Lungenentzündungen in der letzten Zeit. Wahrscheinlich wird die Patientin mit und ohne Operation in den nächsten Tagen sterben.
2. **Welchen Zustand könnte die Patientin erreichen, wenn es einen optimalen Heilverlauf gäbe?**
   Sie kann den Stand erreichen, den sie vor der stationären Aufnahme hatte.
3. **Ermittle den Patientenwillen:**
   Frau Ellermann ist nicht ansprechbar. Der Patientenwille ist somit nicht feststellbar.
4. **Ermittle den mutmaßlichen Patientenwillen:**
   Da die Patientin keine Angehörigen hat und da andere Vertrauenspersonen, insb. der Betreuer, nicht auffindbar sind, lässt sich der (mutmaßliche) Patientenwille nicht ermitteln.
5. **Was meinen die mit dem Fall gleichfalls betrauten Kollegen?**
   Die Meinung der anderen beteiligten Ärzte ist gespalten. Einige meinen, man sollte die Patientin in Frieden sterben lassen, andere meinen, dass sie ohne operativen Eingriff möglicherweise durch die Darmlähmung starke Schmerzen haben werde und der Tod nur langsam und qualvoll komme.
6. **Was meint das Pflegeteam?**
   Entfällt, da die Patientin erst gerade aufgenommen wurde.
7. **Welcher Vorwurf könnte greifen, wenn man die Therapie zum jetzigen Zeitpunkt abbricht?**
   Eine angemessene Therapie der Patientin vorenthalten zu haben. – Juristisch ist die Nicht-Vornahme der Operation grundsätzlich vertretbar, sofern auf andere Weise für die Schmerzfreiheit des Sterbeprozesses gesorgt wird. Allerdings bestehen Zweifel, und wegen des Grundsatzes „im Zweifel für das (Über-)Leben" wäre zu operieren.

▶ Patientenverfügung als Alternative

Hätte eine Patientenverfügung in der vorliegenden Situation zu einer anderen Entscheidung geführt?

Ja. Hätte Frau Ellermann vor Jahren eine Verfügung verfasst, in der sie für den Fall eines Langzeit-Komas eine künstliche Lebensverlängerung, insbesondere lebenserhaltende Operationen und sonstige Eingriffe, ausschließt, dann wäre die Lage eindeutig: Frau Ellermann hätte nicht operiert werden dürfen.

Fallbeispiel Nr. 16: Ernährungssonde

Stichwort: Bettlägerig aufgrund Kraftlosigkeit, Lungenkrebsleiden in einem fortgeschrittenen Stadium

▶ A. Albers, 69 Jahre

▶ Ausgangssituation des Kranken:

Herr Albrecht Albers, 69 Jahre alt, war vor einem Jahr an Lungenkrebs erkrankt. Ihm musste der linke Lungenflügel entfernt werden. Seither war ihm Treppensteigen kaum noch möglich gewesen. Seit acht Wochen ging es ihm erneut schlechter. Es stellte sich eine Kraftlosigkeit ein, die ihm das Gehen unmöglich machte.

▶ Das aktuelle Problem:

Herr Albers wird komatös mit Zeichen des Flüssigkeitsmangels ins Krankenhaus eingeliefert. Nach einem Tag Infusionstherapie hat sich sein Zustand erkennbar verbessert. Aufgrund des durch das Tumorleiden verminderten Appetits und aufgrund der Angabe einer geringen Trinkmenge, empfiehlt der Stationsarzt die Anlage einer Ernährungssonde durch die Bauchhaut (PEG)

Die Ehefrau ist im Zweifel, ob das denn noch Sinn macht.

▶ Konfliktsituation:

Ist es gerechtfertigt, einem unheilbar Kranken, dessen Tumorleiden weit fortgeschritten ist, eine Ernährungssonde anzulegen?

Wie würden Sie für sich entscheiden?

Kommentieren Sie Ihre Entscheidung!

▶ 7-Stufen-Analyse

1. Wie ist die medizinische Prognose?
Durch das schwere Tumorleiden längerfristig schlecht, kurzfristig gesehen dürfte unter Ernährungstherapie die Entlassung aus dem Krankenhaus möglich sein.

2. Welchen Zustand kann der Patient erreichen, wenn es einen optimalen Heilverlauf gäbe?
Der Zustand, der bestand, bevor der Patient ins Krankenhaus kam, könnte erreicht oder ggf. sogar einige Zeit übertroffen werden, da der Patient besser ernährt werden kann.

3. Ermittle den Patientenwillen:
Herr Albers ist ansprechbar. Er ist über sein schweres Leiden gut informiert. Der Arzt teilt ihm mit, dass sein Zustand sich verschlechtert hat. Er erklärt dem Patienten, dass er wegen einer beginnenden Austrocknung ins Krankenhaus gebracht worden ist und nur Infusionen seinen Zustand stabilisieren konnten. Herr Albers kommt zu dem Entschluss, dass er in die Ernährungstherapie einwilligt. Er erklärt dem Arzt, dass er die Ernährungstherapie als Chance sieht, längere Zeit zu Hause zu leben und nicht auf ärztliche Hilfe angewiesen zu sein. Er weist den Arzt allerdings auch an, sollte er im Rahmen der nächsten Wochen nochmals in ein Koma fallen, sollen keine medizinischen Maßnahmen ergriffen werden, ihn aus diesem Zustand heraus zu bekommen. Der Arzt dokumentiert dies in der Krankenakte.

4. Ermittle den mutmaßlichen Patientenwillen.
Entfällt.

5. Was meinen die mit dem Fall gleichfalls betrauten Kollegen?
Empfehlen die Ernährungstherapie.

6. Was meint das Pflegeteam?
Pro- und Contra-Meinungen halten sich die Waage.

7. Welcher Vorwurf könnte greifen, wenn man die Therapie zum jetzigen Zeitpunkt abbricht?
Eine angemessene Therapie nicht durchgeführt zu haben. – Juristisch ist der Arzt verpflichtet, die Ernährungssonde zu legen, denn diese – in der konkreten Situation – auch ärztlicherseits als sinnvoll bewertete Maßnahme entspricht dem Willen des Patienten Herrn Albers.

▶ Patientenverfügung als Alternative

Hätte eine Patientenverfügung in der vorliegenden Situation zu einer anderen Entscheidung geführt?
Nein. Herr Albers ist ansprechbar, er hat seinen Willen geäußert. Herr Albers hat jedoch auf Grundlage seiner jetzigen Erfahrung mit seiner Äußerung, falls er nochmals komatös werde, dieser Zustand medizinisch nicht angegangen werden soll, eine mündliche Vorausverfügung getroffen. Der Arzt dokumentiert dies richtigerweise in der Krankenakte. Allerdings wäre die Schriftform zu empfehlen, um bei einem Arztwechsel auch diesem klare Behandlungsweisungen geben zu können.

Fallbeispiel Nr. 17: Ernährungssonde
Stichwort: Mobile Patientin mit deutlichen Zeichen des Hirnabbaues

▶ **B. Berger, 74 Jahre**

▶ **Ausgangssituation des Kranken:**

Frau Berta Berger, 74 Jahre alt, litt seit über fünf Jahren an einem zunehmenden Hirnabbau. Anfangs hatte eine rasch zunehmende Vergesslichkeit für Namen und für gerade Geschehenes im Vordergrund gestanden. Inzwischen war sie nicht mehr in der Lage, ihren Haushalt zu versorgen. Meist saß sie schweigsam in der Wohnung. Ihr Ehemann Berni umsorgte sie mit Unterstützung durch die Schwiegertochter liebevoll. Die einzige Aktivität, die Herr und Frau Berger noch gemeinschaftlich unternahmen, waren Spaziergänge in der näheren Umgebung. In letzter Zeit war eine weitere Verschlechterung eingetreten: Frau Berger erkannte selbst ihre Schwiegertochter nicht mehr. Nur ihr Mann war noch bis zu einem gewissen Grad eine Bezugsperson.

▶ **Das aktuelle Problem:**

Vor drei Tagen wurde Frau Berger wegen einer neu aufgetretenen Nahrungsverweigerung ins Krankenhaus eingewiesen. Ihr Zustand verschlechterte sich von Tag zu Tag. Der Arzt erklärt Herrn Berger, dass seine Frau austrocknen und verhungern werde, wenn sie keine Ernährungssonde erhalte.

▶ **Konfliktsituation:**

Soll Frau Berger trotz ihres fortgeschrittenen Hirnabbaus eine Ernährungstherapie über eine Sonde erhalten?

Wie würden Sie für sich entscheiden?
_____
_____

Kommentieren Sie Ihre Entscheidung!
_____
_____
_____
_____
_____
_____

▶ **7-Stufen-Analyse**

1. **Wie ist die medizinische Prognose?**
   Frau Berger hat keine wesentlichen körperlichen Vorerkrankungen. Mit einer Ernährungstherapie könnte sie eine Reihe von Jahren überleben.
2. **Welchen Zustand kann die Patientin erreichen, wenn es einen optimalen Heilverlauf gäbe?**
   Sie kann den Stand erreichen, den sie vor der stationären Aufnahme hatte.
3. **Ermittle den Patientenwillen:**
   Der Arzt überzeugt sich in einem Gespräch, dass Frau Bergers Hirnabbau soweit fortgeschritten ist, dass sie ihre Lage nicht beurteilen kann.
4. **Ermittle den mutmaßlichen Patientenwillen:**
   Der Arzt fragt Herrn Berger, ob seine Frau früher mit ihm über lebensverlängernde Maßnahmen gesprochen hat oder ob er glaube sagen zu können, was sie wolle. Herr Berger kann die Frage über den mutmaßlichen Patientenwillen nicht beantworten.
5. **Was meinen die mit dem Fall gleichfalls betrauten Kollegen?**
   Der gleichfalls mit dem Fall vertraute Oberarzt meint, dass er für sich selber keine Behandlung mit einer Ernährungssonde wünschen würde. Da eine solche Erklärung aber nicht von der Patientin abgegeben wurde, bestehe die Verpflichtung, die Patient auch mittels Ernährungstherapie zu behandeln.
6. **Was meint das Pflegeteam?**
   Im Pflegeteam bildet sich keine einheitliche Meinung aus.
7. **Welcher Vorwurf könnte greifen, wenn man die Therapie zum jetzigen Zeitpunkt abbricht?**
   Eine aussichtsreiche Therapie der Patientin vorenthalten zu haben. – Juristisch ist nach dem Grundsatz „im Zweifel für das (Über-)Leben" die Ernährungstherapie einzuleiten, denn es fehlt an verlässlichen Anzeichen für einen Behandlungsverzicht.

▶ **Patientenverfügung als Alternative**

Hätte eine Patientenverfügung in der vorliegenden Situation zu einer anderen Entscheidung geführt?

Ja. – Da es an verlässlichen Anzeichen für einen Behandlungsverzicht fehlt, besteht die Gefahr, dass Frau Berger ein Wille als eigener zugeschrieben, den sie womöglich gar nicht hegen würde, könnte sie sich aktuell äußern. Eine rechtzeitig abgefasste Patientenverfügung hätte hier für Klarheit sorgen können.

Fallbeispiel Nr. 18: Ernährungssonde

Stichwort: Pflegepatient mit Lähmung der rechten Körperhälfte und Sprachstörung

▶ C. Coppenrath, 84 Jahre

▶ Ausgangssituation des Kranken:

Herr Cornelius Coppenrath, 84 Jahre alt, war Lehrer für Latein, Biologie und Mathematik gewesen. Mit 81 Jahren hatte er einen Schlaganfall erlitten und war seither auf fremde Hilfe angewiesen. Seine Frau Christiane versorgte ihn, mit Unterstützung eines häuslichen Pflegedienstes in dem bescheidenen Haus am Rande des Stadtparks. Nach dem Schlaganfall hatte Herr Coppenrath lange nur apathisch im Bett gelegen. Erst kurz vor der geplanten Entlassung hatte er sich so weit erholt, dass er mit der linken Hand Nahrung zuführen konnte. Daraufhin war er in eine geriatrische Klinik verlegt worden, in der er sieben Wochen mit eisernem Willen an seiner Genesung mitgearbeitet hatte. Auch nach der Entlassung hatte er zweimal wöchentlich Krankengymnastik und Sprachtherapie erhalten. Mit einem Stock konnte er kurze Strecken in der Wohnung bewältigen. Mit seiner linken Hand konnte er den Elektrorasierer bedienen, sich kämmen und das Gesicht waschen. Beim Waschen des übrigen Körpers und beim Anziehen war er auf fremde Hilfe angewiesen.

▶ Das aktuelle Problem:

Eine Woche lang hatte Herr Coppenrath bereits kaum etwas gegessen. Husten und Schnupfen hatten ihm in den letzten zwei Tagen erheblich zugesetzt, so dass der Hausarzt die Einweisung in ein Krankenhaus für erforderlich hielt. Herr Coppenrath war zu diesem Zeitpunkt nicht mehr recht ansprechbar. Die Untersuchungen in der Notaufnahme ergaben, dass er an einem schweren Flüssigkeitsmangel litt.

▶ Konfliktsituation:

Frau Coppenrath lehnt die Ernährungstherapie mit der Begründung ab, dass ihr Mann sich immer gewünscht habe, nicht künstlich am Leben erhalten zu werden.

Wie würden Sie für sich entscheiden?

_____
_____

Kommentieren Sie Ihre Entscheidung!

_____
_____
_____
_____

▶ 7-Stufen-Analyse

1. **Wie ist die medizinische Prognose?**
   Herr Coppenrath könnte mit einer Ernährungssonde noch Jahre überstehen.
2. **Welchen Zustand kann der Patient erreichen, wenn es einen optimalen Heilverlauf gäbe?**
   Er kann den Stand erreichen, den er vor der stationären Aufnahme hatte.
3. **Ermittle den Patientenwillen:**
   Herr Coppenrath ist nicht ansprechbar. Der Patientenwille ist somit nicht feststellbar.
4. **Ermittle den mutmaßlichen Patientenwillen:**
   Der Arzt will den Wunsch, nicht durch Maschinen künstlich am Leben erhalten zu werden, genauer beschrieben haben. Frau Coppenrath erzählt, dass der Bruder von Herrn Coppenrath seit einem Autounfall vor 10 Jahren in einem Wachkoma liege und in einer Spezialklinik gepflegt werden. Der Bruder werde über eine Ernährungssonde mit Nahrung versorgt. Ihr Mann habe immer besondere Lebensfreude aus dem Essen gezogen und für sich gewünscht, wenn er in eine ähnliche Situation kommen würde, möge man ihn ohne eine so künstliche Maßnahme wie Sondenernährung lieber sterben lassen.
5. **Was meinen die mit dem Fall gleichfalls betrauten Kollegen?**
   Der Oberarzt lässt sich von der Ehefrau nochmals die Äußerungen über die Ernährungstherapie seines Bruders vortragen. Eine hinzugekommene Tochter des Patienten bestätigt und bekräftigt den Standpunkt ihres Vaters. Der Oberarzt erklärt, dass er eine überbrückende Infusionsbehandlung vorschlägt und sich alle Beteiligten nach einer Woche nochmals zusammensetzen sollten, um das weitere Vorgehen zu besprechen.
6. **Was meint das Pflegeteam?**
   Unterstützt die Meinung des Oberarztes.
7. **Welcher Vorwurf könnte greifen, wenn man die Therapie zum jetzigen Zeitpunkt abbricht?**
   Eine aussichtsreiche Therapie dem Patienten vorenthalten zu haben. – Juristisch ist *keine* Ernährungstherapie einzuleiten. Der mutmaßliche Patientenwillen spricht dafür, dass Herr Coppenrath auch die Ernährungstherapie gemeint hat, als er es ablehnte, durch Maschinen künstlich am Leben erhalten zu werden.

▶ Patientenverfügung als Alternative

Hätte eine Patientenverfügung in der vorliegenden Situation zu einer anderen Entscheidung geführt?

Ja. Obwohl die Anzeichen für den mutmaßlichen Willen von Herrn Coppenrath sehr verlässlich erscheinen, handelt es sich gleichwohl nur um Mutmaßungen. Es ist nicht ausgeschlossen, dass Herr Coppenrath selbst für seine Situation etwas anderes vorausverfügt hätte. Eine Patientenverfügung hätte also auch hier der Eindeutigkeit gedient.

Fallbeispiel Nr. 19: Ernährungssonde

Stichwort: Bettlägerig aufgrund sehr schwerer Verlaufsform einer Multiplen Sklerose

▶ **D. Deitermann, 51 Jahre**

▶ **Ausgangssituation des Kranken:**

Herr Detlev Deitermann, 51 Jahre alt, war immer ein fröhlicher Mensch gewesen, der sich auch nicht aufgegeben hatte, als er an Multipler Sklerose erkrankte. Kurz vor seinem 50. Geburtstag hatte ein erneuter schwerer Schub seiner Erkrankung dazu geführt, dass er bettlägerig wurde und er nur noch mit ja und nein auf einfache Fragen antworten konnte. Reichte man ihm Essen und Trinken an, so nahm er es in ausreichender Menge auf. Bot man ihm nichts an, so gab er durch keine Äußerung bekannt, Durst oder Hunger zu haben. Trat jemand an sein Bett, so war er in der Lage, mit diesem Menschen Blickkontakt aufzunehmen. Er lächelte dann auf eine besonders herzliche Art.

▶ **Das aktuelle Problem:**

Herr Deitermann wurde mit Verschlechterung des Allgemeinzustandes stationär aufgenommen. Er nahm die ihm angebotene Nahrung nicht mehr wie sonst auf. Der Stationsarzt schlug vor eine Ernährungssonde zu legen.

▶ **Konfliktsituation:**

Die Ehefrau teilt dem Stationsarzt mit, dass sie eine Ernährungstherapie als künstliche Verlängerung des Leidens und ethisch nicht vertretbare Quälerei betrachte. Sie verbiete eine solche Therapie bei ihrem Mann. Sie droht mit einer Strafanzeige wegen „Misshandlung" für den Fall, dass ihr Mann eine Ernährungsbehandlung über eine Sonde erhalte.

Wie würden Sie für sich entscheiden?

Kommentieren Sie Ihre Entscheidung!

▶ 7-Stufen-Analyse

1. **Wie ist die medizinische Prognose?**
   Mit einer Ernährungstherapie hat Herr Deitermann eine reale Chance, die neu aufgetretene Verschlechterung zu überstehen.
2. **Welchen Zustand kann der Patient erreichen, wenn es einen optimalen Heilverlauf gäbe?**
   Er kann den Stand erreichen, den er vor der stationären Aufnahme hatte.
3. **Ermittle den Patientenwillen:**
   Herr Deitermann kann keine Aussage über seine Behandlungswünsche machen.
4. **Ermittle den mutmaßlichen Patientenwillen:**
   Der Arzt fragt Frau Deitermann, ob ihr Mann eine Vorsorgevollmacht oder eine andere Art von Patientenverfügung verfasst habe. Frau Deitermann verneint dies. Der Arzt befragt Frau Deitermann, ob es noch andere Angehörige gibt. Frau Deitermann antwortet, dass eine Tochter aus erster Ehe in Australien lebe.
5. **Was meinen die mit dem Fall gleichfalls betrauten Kollegen?**
   Der Oberarzt empfiehlt eine Ernährungstherapie, soweit eine Patientenverfügung nichts anderes vorschreibt.
6. **Was meint das Pflegeteam?**
   Im Pflegeteam der bisher betreuenden Station gibt es mehrere Pflegekräfte, die sich erinnern, dass der Patient vor einem Jahr eine Phase mit stark verminderter Nahrungsaufnahme hatte. Diese habe sich nach ca. 10 Tagen wieder gegeben.
7. **Welcher Vorwurf könnte greifen, wenn man die Therapie zum jetzigen Zeitpunkt abbricht?**
   Eine aussichtsreiche Therapie sei Herrn Deitermann vorenthalten worden. – Weil aus ärztlicher Sicht keine ausreichenden Gründe gegen eine Ernährungstherapie sprechen, wird diese Therapieform eingeleitet.

Zwei Tage nach Beginn dieser Therapie meldet sich telefonisch Mrs. McDonald, geborene Deitermann, aus Australien. Sie berichtet, dass sie erst an diesem Tage durch einen Anruf einer Schulfreundin vom Krankenhausaufenthalt ihres Vaters erfahren habe. Sie beklagt sich über die jetzige Ehefrau von Herrn Deitermann, die ihn nur wegen seines Geldes geheiratet habe und ihn lieber heute als Morgen los werden wolle. Es gehe dieser Frau nur um das große Vermögen von mehreren Millionen Euro. Sie fordert die Ärzte auf, das Leben ihres Vaters um jeden Preis zu retten. Sie erwägt, ihren Vater bei sich in Australien weiter zu pflegen und prüft die Kosten für eine Verlegung nach Australien.

Juristisch ist die Ernährungstherapie fortzuführen, und beim Vormundschaftsgericht ist schnellstens die Bestellung eines – neutralen – Betreuers anzuregen.

▶ Patientenverfügung als Alternative

Hätte eine Patientenverfügung in der vorliegenden Situation zu einer anderen Entscheidung geführt?

Ja. Die Auskünfte der Angehörigen über den Willen von Herrn Deitermann sind widersprüchlich, an der Glaubhaftigkeit der Informationen bestehen Zweifel. Mit Hilfe einer Patientenverfügung hätte Herr Deitermann dies vermeiden können.

Fallbeispiel Nr. 20: Ernährungssonde

Stichwort: Bettlägerige Patientin mit komatösem Zustand seit einer schweren Hirnblutung vor Jahren und fünfter Lungenentzündung in diesem Jahr

> ▶ E. Ellermann, 69 Jahre
>
> ▶ **Ausgangssituation des Kranken:**
>
> Frau Elvira Ellermann, 69 Jahre alt, hatte als Folge eines schweren Verkehrsunfalls vor zehn Jahren eine Hirnblutung erlitten. Sie war seither im Koma. Eine Prüfung auf Hirntod hatte damals ergeben, dass Frau Ellermann nicht die notwendigen Kriterien erfüllte, die die Feststellung des Hirntodes erlaubten. Dennoch hatten die Ärzte nach etwa sechsmonatiger Krankenhausbehandlung keinen Zweifel daran gelassen, dass mit einem Erwachen aus dem Koma nicht zu rechnen sei. Seit neun Jahren war sie in einem Pflegeheim untergebracht. In den letzten 9 Monaten hatte sie bereits fünfmal wegen einer Lungenentzündung im Krankenhaus gelegen.
>
> ▶ **Das aktuelle Problem:**
>
> Frau Ellermann wurde unter dem Verdacht auf eine sechste Lungenentzündung im Krankenhaus aufgenommen. Der Verdacht bestätigte sich nicht. Es wurde stattdessen eine Austrocknung festgestellt. Rasch wurde klar, dass die Patientin, die über Jahre mittels Ernährungssonde ernährt wurde, eine defekte Ernährungssonde hatte.
>
> Nachdem sich der Zustand unter Infusionstherapie stabilisiert hatte, überlegt der Stationsarzt, ob eine neue Ernährungssonde gelegt werden soll.
>
> ▶ **Konfliktsituation:**
>
> Der Stationsarzt fragt sich, ob es zu rechtfertigen ist, die Patientin durch die Neuanlage einer Ernährungssonde weiterhin am Leben zu erhalten.
>
> **Wie würden Sie für sich entscheiden?**
>
> _____
> _____
>
> **Kommentieren Sie Ihre Entscheidung!**
>
> _____
> _____
> _____
> _____
> _____
> _____

▶ 7-Stufen-Analyse

1. Wie ist die medizinische Prognose?
Frau Ellermann hat in diesem Jahr fünf Lungenentzündungen gehabt und überstanden. Ohne Ernährungstherapie wird sie innerhalb weniger Tage sterben, mit Therapie kann sie noch Monate bis Jahre überstehen.

2. Welchen Zustand kann die Patientin erreichen, wenn es einen optimalen Heilverlauf gäbe?
Sie kann den Stand erreichen, den sie vor der stationären Aufnahme hatte.

3. Ermittle den Patientenwillen:
Frau Ellermann ist nicht ansprechbar. Der Patientenwille ist somit nicht ermittelbar.

4. Ermittle den mutmaßlichen Patientenwillen:
Der Arzt telefoniert mit dem Pflegeheim und erfragt, ob es einen Betreuer mit dem Merkmal Gesundheitsfürsorge für die Patientin gibt. Er erhält die Auskunft, dass eine Gesundheitsfürsorge besteht, der Betreuer sich jedoch derzeit für einen Kurzurlaub auf einem Kreuzfahrtschiff in der Nordsee befindet. Ein Vertreter ist nicht benannt.

5. Was meinen die mit dem Fall gleichfalls betrauten Kollegen?
Der Oberarzt empfiehlt, die Behandlung mit der Ernährungstherapie kritisch zu überdenken. Er könne sich nur schwer vorstellen, dass ein Patient mit einem langjährigen komatösen Zustand es wünschen würde, eine neue Ernährungssonde angelegt zu bekommen.

6. Was meint das Pflegeteam?
Das Pflegeteam der Station bekräftigt, dass die Patientin, die aus den Voraufenthalten bekannt ist, in den letzten Monaten zunehmend verfallen ist und nach menschlichem Ermessen eine Ernährungstherapie nur als Leidensverlängerung empfunden wird.

7. Welcher Vorwurf könnte greifen, wenn man die Therapie zum jetzigen Zeitpunkt abbricht?
Eine aussichtsreiche Therapie für die bestehende akute Verschlechterung der Patientin vorenthalten zu haben. – Juristisch empfiehlt sich entweder die einstweilige Einleitung der Ernährungstherapie oder eine überbrückende Infusionsbehandlung bis zur Rückkehr des Betreuers – oder bis zur Entscheidung des Vormundschaftsgerichts, das wegen der Abwesenheit des Betreuers angerufen wird.

▶ Patientenverfügung als Alternative

Hätte eine Patientenverfügung in der vorliegenden Situation zu einer anderen Entscheidung geführt?

Ja. – Durch eine (freilich sehr frühzeitig verfasste) Patientenverfügung hätte Frau Ellermann verhindern können, dass nunmehr Mutmaßungen über ihren Willen angestellt werden, die möglicherweise mit ihrem wirklichen Willen wenig gemein haben. An die Patientenverfügung wäre auch der Betreuer gebunden; sie hätte gegenüber dem Betreuer Vorrang.

Teil E: 10-Punkte-Checkliste Patientenverfügung mit einem konkreten Formulierungsbeispiel

Die Beispiele in Teil D haben gezeigt, dass sich viele Konfliktsituationen vermeiden ließen, wenn die betroffenen Patienten eine Patientenverfügung verfasst hätten, die genau ihrer konkreten Situation entspricht. Außerdem gibt es bestimmtes Krankengeschichten, die es angezeigt erscheinen lassen, rechtzeitig über eine Patientenverfügung nachzudenken.

In Deutschland sind eine Vielzahl von Mustern für Patientenverfügungen im Umlauf. Allein auf der Homepage des Zentrums für Medizinische Ethik der Ruhr-Universität Bochum findet sich eine Liste, die auf mehrere Hundert Muster verweist (http://www.medizinethik.de). Nicht alle Muster entsprechen den oben (Teil B) erläuterten Forderungen nach Bestimmtheit und Konkretheit der Vorgaben an den Arzt. Deshalb muss man sich immer fragen, ob ein Muster diesen Anforderungen gerecht wird.

Im Folgenden soll eine „Checkliste Patientenverfügung" mit Formulierungshilfen vorgestellt werden. Sie enthält die wesentlichen Gesichtspunkte, die beim Verfassen einer Patientenverfügung zu beachten sind.

▶ 10-Punkte-Checkliste Patientenverfügung

	Frage	Antwort	
1.	Wie lautet der erste Satz der (möglichst handschriftlich verfassten) Patientenverfügung?	Überschrift und einleitende Formulierung mit Angaben zur Person: Vor- und Zuname Geburtsdatum Adresse (Straße, Wohnort)	
2.	Empfehlenswert, aber nicht zwingend erforderlich: Warum verfasse ich die Patientenverfügung? Auf welchem Wissen und welchen Informationen beruht die Patientenverfügung?	Angaben zu den Motiven, zu den Werthaltungen des Verfassers zur Krankengeschichte zu den Informationsquellen	
3.	Für welche Situationen soll die Patientenverfügung gelten?	Beschreibung der konkreten Situation: zum Beispiel vorrübergehende oder dauerhafte Entscheidungsunfähigkeit	
4.	Welche Maßnahmen werden verboten? Welche Maßnahmen werden gewünscht?	Möglichst genaue Beschreibung, z.B. Wiederbelebung: ja/nein Legen einer Ernährungssonde: ja/nein Behandlung auf einer Intensivstation mit Apparaten, z.B. Beatmungsmaschine: ja/nein Soll operiert werden: ja/nein ggf. mit Begründung	
5.	Empfehlenswert, aber nicht zwingend erforderlich: Wird ein Bevollmächtigter benannt? Wie soll eine ggf. notwendige Vertretung des Bevollmächtigten geregelt werden?	Vor- und Zuname Geburtsdatum, Adresse (Straße, Wohnort, Tel.-Nr.) Ergänzend empfehlenswert: Grund für die Auswahl (z. B. familiäre Bindung, lange Freundschaft, persönliche Erfahrungen des Bevollmächtigten) Soll diese Person bei Bedarf gerichtlich zum Betreuer bestellt werden? Ggf. Vertretungsregelung festlegen (Namen, Adresse, Telefon)	

Beispiel einer Patientenverfügung

Patientenverfügung

Ich, Erna Schulze, geb. am 23. 9. 1928, wohnhaft Meierstr. 100 in Berlin-Charlottenburg, erkläre Folgendes:

Ich habe das Siechtum meines Mannes vor Augen, der an der Alzheimer-Krankheit litt und schließlich vollständig bettlägerig über drei Jahre in einem Altenpflegeheim versorgt wurde und möchte, dass mir ein solches Schicksal erspart bleibt. Ich bin im christlichen Glauben verwurzelt und sehe den Tod nicht als Ende, sondern als neuen Anfang. Ich fürchte den Tod daher nicht.

Vor drei Jahren hatte ich einen Schlaganfall, im letzten Jahr habe ich mehrere Bypässe gelegt bekommen. Das alles hat mir noch einmal eindringlich bewusst gemacht, wie hinfällig das Leben ist und dass es besser ist, auf den Tod gut vorbereitet zu sein.
Ich habe mein Leben bislang gern gelebt und möchte gerne noch weiterleben – allerdings nicht um jeden Preis. Es gibt Bedingungen, unter denen mir ein Weiterleben nicht erträglich erscheint. Mir war Selbständigkeit und Unabhängigkeit von fremder Hilfe immer wichtig. Ich möchte nicht in einen Zustand geraten, in dem ein eigenständiges Leben dauerhaft nicht mehr möglich ist. Auch möchte ich, wenn mein Körper aus eigener Kraft nicht mehr funktioniert, ungehindert aus dieser Welt gehen dürfen.

Ich habe mich mit meinem Hausarzt ausführlich ausgetauscht; er hat mich genau über die Folgen einer Patientenverfügung informiert.

Für den Fall, dass ich vorübergehend oder dauerhaft nicht einwilligungsfähig bin, sollen meine Beauftragten diese Verfügung umsetzen.

Ich lege folgendes fest:

Ich will, dass keine medizinische Wiederbelebung ausgeführt wird, weil mir bekannt ist, dass wahrscheinlich mit bleibenden Hirnschädigungen zu rechnen ist.

Eine Behandlung mittels Ernährungssonde kann ich nur akzeptieren, wenn sich mit überwiegender Wahrscheinlichkeit ausschließen lässt, dass lediglich eine jahrelange Pflege als bettlägeriger Patient in einem Pflegeheim die Folge sein würde.

Für die Behandlung auf einer Intensivstation oder auch eine Operation gilt das Gleiche. (weiteres siehe Textbausteine im Teil F)

Zu meiner Bevollmächtigten bestelle ich meine Tochter, Hilde Meier, geb. Schulze, Torstr. … in Berlin-Mitte (Tel.: privat 030/…, dienstlich 030/… mobil 0172/…)
Sollte vom Vormundschaftsgericht ein Betreuer bestellt werden, so soll sie zur Betreuerin bestellt werden.
Wenn meine Tochter die Aufgaben einer Bevollmächtigten oder einer Betreuerin nicht wahrnehmen kann (Urlaub, Krankheit), soll einer meiner Söhne (Hans Schulze, Meinstr. … in Potsdam, Tel.: 0331/…, und Werner Schulze, Kohlenallee … in Pasewalk, Tel.: 0173/… die entsprechende Aufgabe übernehmen.

Frage	Antwort
6. Welche Aufgaben soll der Bevollmächtigte erfüllen? Soll der Bevollmächtigte auch über einen Behandlungsabbruch entscheiden dürfen? Soll der Bevollmächtigte in eine medizinisch notwendige Fixierung einwilligen dürfen?	Möglichst genaue Auflistung der Aufgaben (Unterscheidung nach Gesundheits- und Vermögensangelegenh., Aufenthaltsbestimmung, Behandlungsabbruch, Fixierung Im Gesundheitsbereich: Entscheidungsrecht bei auftretenden Zweifeln, u. U. auch bei medizinischen Situationen oder Maßnahmen, die nicht ausdrücklich genannt sind); Entbindung von der Schweigepflicht
7. Wie bestätige ich, dass die Erklärung meinem Willen entspricht?	Datum, Ort, eigenhändige Unterschrift
8. Empfehlenswert, aber nicht zwingend erforderlich: Wer bestätigt, dass der Verfasser einsichts- und urteilsfähig ist?	Ein Zeuge oder mehrere Zeugen, z.B. ein Angehöriger, der Hausarzt, ein Rechtsanwalt (Vor- und Zuname, Adresse, Tel.-Nummer Unterschrift, ggf. Praxis-Stempel) Ggf. auch Bestätigung der durchgeführten Aufklärung des Hausarztes

Mit diesen Erklärungen liegt eine vollständige Patientenverfügung vor. Es sollte jedoch beachtet werden, dass die Patientenverfügung regelmäßig überprüft und ggf. veränderten Rahmenbedingungen angepasst wird (z.B. Veränderungen im Krankheitsbild, Adressenänderungen, Veränderung der Bewertung einzelner Krankheitssituationen). Darüber hinaus muss überlegt werden, wie z.B. der Arzt oder andere Menschen, die diese Verfügung betrifft, Kenntnis von der Patientenverfügung erhalten. Dazu folgende Ergänzung:

	Beispiel einer Patientenverfügung
	Sie hat in allen gesundheitlichen Fragen, ggf. einschl. Behandlungsabbruch und medizinisch notwendiger Fixierung, in Vermögensangelegenheiten und auch im Bereich der Aufenthaltsbestimmung meine Interessen zu vertreten. Sie hat insbesondere über eventuell auftretende Zweifel, die sich bei der Handhabung der Patientenverfügung ergeben, zu entscheiden.
	Berlin, den 3. 3. 2004, gez. Erna Schulze
	Als Zeuge, dass ich bei klarem Verstande bin, unterschreibt mein langjähriger Hausarzt Dr. Nowitzki, Bonner Platz 12 in Berlin-Charlottenburg, Tel.: 030/... (Unterschrift und Praxisstempel des Hauarztes).

	Frage	Antwort	
9.	Nicht zwingend, aber empfehlenswert: Wie oft sollte die Vorsorgevollmacht überprüft werden?	Einmal im Jahr sollte die Pat.-Verf. durchgelesen und durchdacht werden. Wenn keine Änderungen erforderlich sind, die Gültigkeit durch Datum und Unterschrift bekräftigen.	
10.	Wie erfährt der Arzt oder eine andere Person, die es angeht, von der Patientenverfügung?	Hausarzt persönlich informieren, Kopie beim Hausarzt hinterlegen im Krankenhaus: behandelnden Arzt möglichst bei der Aufnahmeuntersuchung informieren, ggf. Kopie zur Patientenakte geben	

	Beispiel einer Patientenverfügung
	Ich habe die Patientenverfügung erneut durchgelesen und durchdacht und bestätige sie hiermit. (Datum, Ort, Unterschrift)
	Fotokopien bereithalten oder mehrere gleichlautende Originale erstellen

Teil F: Beispiele für Formulierungen – Textbausteine

I. Grundeinstellungen zum Leben und zum Sterben

(Vergleiche Punkt 2 der 10-Punkte-Checkliste)

Stichworte	Mögliche Formulierungen
Lebensbejahend, christliche Grundhaltung	Mein Leben ist bestimmt im festen christlichen Glauben. Die wenige Zeit, die mir auf Erden noch bleibt, und insbesondere mein Sterben, sollen würdig sein. Dabei ist Sterben für mich der Übergang in eine bessere Welt. Aus dieser Haltung heraus bestimme ich folgendes:
Humanistische Grundhaltung	Mein Weltbild ist durch eine humanistische Erziehung und ein Leben mit diesen Werten geprägt. Lange Jahre habe ich mich im Tierschutzverein für die bedrohte und misshandelte Kreatur eingesetzt. Aus dieser Erfahrung heraus ist es mir wichtig, Quälerei am Lebensende für mich selber auszuschließen. Dementsprechend bestimme ich folgendes:
Weiterleben als fortgesetzte Qual	Ich bin jetzt ___ Jahre alt. Meine ausgeprägte Schwerhörigkeit, meine starke Sehbeeinträchtigung, meine weitreichende Hilfsbedürftigkeit, meine eingeschränkte Fähigkeit mich fortzubewegen und damit verbundene Schmerzen, machen mir das Weiterleben zur Qual. Deshalb erwarte ich den Tod mit Zuversicht, da dies das Ende meines Leidens bedeutet. Entsprechend sollen alle Maßnahmen, die mein Leiden verlängern, unterlassen werden. Im einzelnen bestimme ich folgendes:

II. Weisungen für besondere medizinische Maßnahmen

(vgl. Punkt 4 der 10-Punkte-Checkliste)

Stichworte	Mögliche Formulierungen
Dialyse	Einer **Dialyse-Behandlung**, also die vorrübergehende oder dauerhafte Reinigung des Blutes von Stoffwechselprodukten, stimme ich zu, auch wenn wenig Hoffnung auf eine Genesung besteht. Ich akzeptiere auch, dass ich drei Mal in der Woche mehrstündige Dialysebehandlungen auf lange Sicht benötige.
	Einer **Dialyse-Behandlung** stimme ich in keinem Falle zu, weil die Vorstellung dreimal in der Woche über Stunden an einem Apparat angeschlossen zu sein, der mein Leben künstlich aufrecht erhält, für mich nicht mehr lebenswert ist.
Langzeit-Beatmungsbehandlung	Einer **Langzeit-Beatmungsbehandlung**, also der Ersatz der Lungenfunktion zur Versorgung des Körpers mit Sauerstoff, stimme ich in jedem Falle zu, weil ich gern lebe.
	Einer **Langzeit-Beatmungsbehandlung**, die mich zu Hause oder in einem Pflegeheim an eine Maschine (Heimbeatmungsgerät) fesselt, stimme ich in keinem Falle zu. Lediglich die Beatmungstherapie zur Überbrückung einer voraussichtlich vorrübergehenden Zustandsverschlechterung meiner Lungenfunktion gestatte ich, zum Beispiel bei einer Lungenentzündung
	Eine **Beatmungsbehandlung** mit einer Maschine gestatte ich in keinem Falle.
Koronarangiographie	Eine **Koronarangiographie**, das heißt ein Herzkatheter mit Einspritzung eines Kontrastmittels, wünsche ich in jedem Falle, da ich bereits in früheren Jahren sehr von einer solchen Untersuchung profitiert habe.
	Eine **Koronarangiographie**, das heißt ein Herzkatheter mit Einspritzung eines Kontrastmittels, wünsche ich nicht, da ich mir hiervon keinen Nutzen vorstellen kann, weil mein Allgemeinzustand seit längerem durch andere Erkrankungen bereits sehr schlecht ist.

Stichworte	Mögliche Formulierungen
Wiederbelebung	Eine **künstliche Wiederbelebung**, mit der Chance weiterzuleben möchte ich – trotz meines Alters und Vorerkrankungen – ausdrücklich bejahen und annehmen, wenn auch nur eine geringe Chance eines gesunden Weiterlebens besteht.
	Eine **künstliche Wiederbelebung** lehne ich in jedem Falle ab, weil mir diese Maßnahme künstlich und als Eingriff in den göttlichen Ratschluss erscheint. Eine solche Maßnahme sehe ich als unwürdiges Hinausschieben des Todes an.
Operation	**Operationen**, die der Arzt zu meinem Wohl vorschlägt, sollen durchgeführt werden.
	Operationen sollen unterbleiben, es sei denn sie sind zur Schmerz- bzw. Leidenslinderung unbedingt erforderlich.
	Operationen lehne ich in jedem Falle ab.
Ernährungsbehandlung	Einer **Ernährungsbehandlung** – ob über Infusion oder Ernährungssonde – stimme ich in jedem Falle zu.
	Wenn keine Hoffnung auf ein eigenbestimmtes Leben mehr besteht – insbesondere bei Bettlägerigkeit oder im Falle der dauerhaften Denkunfähigkeit – soll dieser Zustand nicht durch **Infusionen oder Ernährungssonden** verlängert werden. Lediglich Wasser oder Tee erlaube ich, auch unter Inkaufnahme von Abmagerung und schließlich Sterben.
Anlage einer Ernährungssonde	Einer Behandlung mit einer vorrübergehenden oder dauerhaften **Ernährungssonde** stimme ich ausdrücklich zu.
	Eine **Ernährungssonde** wünsche ich nicht, wenn hierdurch ein Dauerpflegezustand als bettlägriger Mensch künstlich verlängert wird.
Blutübertragungen	**Blutübertragungen** lehne ich als Zeugin Jehovas strikt ab.
	Blutübertragungen stimme ich zu, wenn dies zur Behandlung von Luftnot oder Herzschmerzzuständen notwendig ist.

Stichworte	Mögliche Formulierungen
Behandlung auf der Intensivstation	Behandlungsmaßnahmen einer **Intensivstation** stimme ich in jedem Falle uneingeschränkt zu.
	Behandlungsmaßnahmen einer **Intensivstation** wünsche ich nur, wenn diese erforderlich ist um ein klar definiertes Behandlungsziel zu erreichen, welches nach menschlichem Ermessen innerhalb von einer Woche erreichbar ist.
	Behandlungsmaßnahmen einer **Intensivstation** wünsche ich nur, wenn diese erforderlich ist um ein klar definiertes Behandlungsziel zu erreichen, welches nach menschlichem Ermessen innerhalb eines Monats erreichbar ist.
	Behandlungsmaßnahmen einer **Intensivstation** wünsche ich unter keinen Umständen und in keinem Falle.
Behandlung bei Koma oder Wachkoma	Wenn nach Ablauf von 6 Monaten in einem Zustand des **Komas oder Wachkomas** keine Besserung nachweisbar ist, verbiete ich jede Behandlung auf einer Intensivstation. Sollte ich unter diesen Umständen eine Lungenentzündung erleiden, so soll keine Antibiotikatherapie durchgeführt werden.
Wohin entlassen?	Wenn eine weitere Versorgung im häuslichen Bereich nicht mehr möglich ist, soll alles daran gesetzt werden, dass ich im **Pflege-/Altenheim** _____ gepflegt werde. Die Wohnungsauflösung soll wie folgt geschehen (Person benennen, besondere Weisungen geben)

III. Weisungen für die Schmerztherapie

(vgl. Punkt 4 der 10-Punkte-Checkliste)

Stichworte	Mögliche Formulierungen
Schmerztherapie bis zur Schmerzfreiheit, auch unter in Kaufnehmen eines rascher eintretenden Todes	Ich wünsche Schmerzbehandlung bis zur Schmerzfreiheit. Dieses Ziel soll auch gelten, wenn meine Lebensspanne durch eine hochdosierte Schmerzbehandlung verkürzt wird.
Schmerztherapie so gestalten, dass keine völlige Benommenheit eintritt	Schmerzen sollen wirksam behandelt werden. Schmerzmittel sollen nach Möglichkeit nicht so stark dosiert werden, dass ich dadurch völlig benommen bin.

IV. Situationen, die für mich nicht mehr lebenswert erscheinen

(vgl. Punkt 4 der 10-Punkte-Checkliste)

Stichworte	Mögliche Formulierungen
Situationen in denen die Therapie begrenzt werden soll …Hirnabbauerkrankung	Eine fortgeschrittene Hirnabbauerkrankung (Demenz), die mir ein eigenbestimmtes Leben und Handeln verwehrt und auf Dauer unmöglich macht, ist für mich ein Zustand, der nicht mehr lebenswert erscheint. Für diesen Fall bestimme ich, dass medizinische Maßnahmen, die mein Leiden verlängern, nicht durchgeführt werden dürfen.
…andauernde Bettlägerigkeit	Ein Zustand andauernder Bettlägerigkeit erscheint mir unwürdig und bedeutet für mich, dass ich keine medizinischen Maßnahmen mehr wünsche, die mein Leben in diesem Zustand verlängern.
…mangelnde Beweglichkeit und Eigenständigkeit bei schwerster Lungenerkrankung	Wenn meine Lungenerkrankung soweit fortgeschritten ist, dass ich mich nicht mehr aus dem Bett begeben kann, sollen Bronchitis oder Lungenentzündungen nicht mehr mit Antibiotika behandelt werden, auch wenn ich hierdurch bedingt versterbe.

V. Sonstige Weisungen

Sterbeort	Mein Gesundheitszustand zeigt, dass es auf das Sterben zugeht. Mir ist es wichtig, in der mir gewohnten Umgebung zu sterben.
Ärztliche Behandlung	In den kommenden Monaten und insbesondere wenn ich keine Entscheidung mehr treffen kann, soll deshalb niemals ein Notarzt gerufen werden, denn die Aufgabe des Notarztes ist es, Leben zu retten und den Kranken ins Krankenhaus zu bringen. Seine Aufgabe ist es nicht, Kranke zu Hause im Sterben zu begleiten. Stattdessen soll im Bedarfsfalle mein Hausarzt oder sein Vertreter verständigt werden.
Fixierung	Soweit zur Sicherstellung meiner Behandlung eine Fixierung oder andere Maßnahmen nach § 1906 BGB notwendig sind, darf mein Bevollmächtigter in die Maßnahme einwilligen.

VI. Sonstige Bemerkungen

Weitere Anweisungen	Bei meinem Testament liegt ein besonderer Umschlag, in dem ich meine Vorstellung zu einem würdigen Begräbnis aufgeschrieben habe.
Entscheidung bei Zweifeln in der Auslegung	Der Bevollmächtigte hat insbesondere über eventuell auftretende Zweifel, die sich bei der Handhabung der Patientenverfügung ergeben, an meiner Statt zu entscheiden.

VII. Öffnungsklausel

Außerkraftsetzung durch beauftragte Personen	Für den Fall, dass einzelne Bestimmungen aus meiner Verfügung in einer konkreten Situation von meinen drei Kindern gemeinschaftlich als den Umständen nach falsch gewertet werden, können sie diese gemeinschaftlich außer Kraft setzen. Dies soll so geschehen, als hätte ich dies selbst entschieden.

Teil G: Schlussbemerkung

▶ Arzt oder Patient: Wer entscheidet über die Behandlung?

Das vorliegende Buch hat zu vermitteln versucht, dass verlässliche Entscheidungen am Lebensende auch beim nicht einwilligungsfähigen Patienten möglich sind. Ein besonders **geeignetes Mittel**, für alle Beteiligten, **Verlässlichkeit herzustellen**, ist die **Patientenverfügung**. Sie sollte möglichst konkret und präzise formuliert sein. Die Checklisten-unterstützte Formulierungshilfe in diesem Buch zeigt, dass dies so schwierig nicht ist. Betroffene, die eine Patientenverfügung formulieren oder überprüfen wollen, müssen nur einige wenige Gesichtspunkte beachten; diese sind allerdings unverzichtbar. Eine Patientenverfügung, die diesen Standards gerecht wird, schafft mehr Sicherheit für alle Beteiligten. Sie verwirklicht die Selbstbestimmung des Patienten und reduziert die Haftungsrisiken der betroffenen Ärzte und Pflegenden.

Auch wenn ein Patient keine Patientenverfügung verfasst hat, sind tragfähige Antworten möglich. Die Fallbeispiele haben gezeigt, dass eine „**7-Stufen-Analyse**" der jeweiligen Behandlungssituation die Entscheidungsfindung des Arztes systematisch zu einem Ziel führt. Sie verdeutlichen aber auch, dass eine Patientenverfügung manche Unsicherheit leichter beseitigen kann als der Versuch, den mutmaßlichen Willen des Patienten zu bestimmen; der mutmaßliche Wille kann zu oft zur Fiktion werden.

Das vorliegende Buch liefert keine „Patentrezepte" oder „Schnittmuster". Die Beispiele und Formulierungshilfen dürfen nicht unbesehen auf die Situation eines Patienten angewandt werden, der an den oben zugrunde gelegten Grundkrankheiten leidet und dessen Zustand sich in der oben erläuterten Weise verschlechtert, denn die **Lage von Patienten** ist – bei aller Ähnlichkeit in medizinischer Hinsicht – menschlich gesehen **immer einzigartig**. Gleichwohl: Das Buch schafft Orientierung. Es ist ein Kompass, der in einem schwierigen Bereich helfen will, die Richtung zu finden und zu halten. Wenn das Buch dazu beitragen kann, dass Patienten und Ärzte, Angehörige, Pflegende, Seelsorger, Juristen sowie die Mitarbeiter(innen) der sozialen Dienste in den Krankenhäusern und in den Gesundheitsfachberufen etwas besser orientiert sind und sich mit Patientenverfügungen befassen, wäre aus Sicht der Autoren viel gewonnen.

Teil H: Anhang

Der Anhang enthält ergänzende Informationen, insbesondere zur Rechtslage und zu aktuellen Rechtsentwicklungen. Er will nur auf wesentliche Aspekte hinweisen. Vertiefungen sind anhand des Literaturverzeichnisses (Teil I) und mithilfe der Internet-Adressen (genannt im Anschluss an Teil H) möglich.

Soweit im Folgenden „Anmerkungen" eingefügt sind, stammen sie von den Autoren des „Casebook".

I. Rechtsnormen

1. Grundgesetz (GG)

Art. 1

(1) Die Würde des Menschen ist unantastbar. Sie zu achten und zu schützen ist Verpflichtung aller staatlichen Gewalt.

Art. 2

(1) Jeder hat das Recht auf die freie Entfaltung seiner Persönlichkeit, soweit er nicht die Rechte anderer verletzt und nicht gegen die verfassungsmäßige Ordnung oder das Sittengesetz verstößt.

(2) Jeder hat das Recht auf Leben und körperliche Unversehrtheit. Die Freiheit der Person ist unverletzlich. In diese Rechte darf nur auf Grund eines Gesetzes eingegriffen werden.

Anmerkung! **Die in der Verfassung („Grundgesetz") garantierten Grundrechte entfalten, wie das Bundesverfassungsgericht sagt, Richtlinien und Impulse für die Handhabung aller anderen Rechtsregeln. Das gilt auch für das Recht der Arzt-Patienten-Beziehung, das in vielen Normen unterhalb der Verfassung näher geregelt wird. Art. 1 und 2 GG markieren die zentralen Rechtswerte, an denen sich auch das ärztliche Verhalten orientieren muss.**

2. Strafgesetzbuch (StGB)

§ 212 Totschlag (1) Wer einen Menschen tötet, ohne Mörder zu sein, wird als Totschläger mit Freiheitsstrafe nicht unter fünf Jahren bestraft.

(2) In besonders schweren Fällen ist auf lebenslange Freiheitsstrafe zu erkennen.

Anmerkung! Ein Totschlag kann auch durch Unterlassen begangen werden, etwa dann, wenn der behandelnde Arzt als sog. Garant die Verantwortung dafür übernommen hat, das Leben zu erhalten (vgl. § 13 Abs. 1 StGB). Das strafrechtlich bewehrte Verbot, die Lebenserhaltung zu unterlassen, wird begrenzt durch den Patientenwillen, der z.B. in einer Patientenverfügung geäußert wird. Das Abstellen z.B. einer Beatmungsmaschine gilt, wenn dies dem Patientenwillen entspricht, nicht als aktives Tun, sondern als zulässiges Unterlassen einer (Weiter-)Behandlung.

§ 211 Mord (1) Der Mörder wird mit lebenslanger Freiheitsstrafe bestraft.

(2) Mörder ist, wer
aus Mordlust, zur Befriedigung des Geschlechtstriebs, aus Habgier oder sonst aus niedrigen Beweggründen,
heimtückisch oder grausam oder mit gemeingefährlichen Mitteln oder
um eine andere Straftat zu ermöglichen oder zu verdecken,
einen Menschen tötet.

§ 216 Tötung auf Verlangen (1) Ist jemand durch das ausdrückliche und ernstliche Verlangen des Getöteten zur Tötung bestimmt worden, so ist auf Freiheitsstrafe von sechs Monaten bis zu fünf Jahren zu erkennen.

(2) Der Versuch ist strafbar.

Anmerkung! Der Patient darf vom Arzt keine Tötung auf Verlangen fordern. Der Patientenautonomie wird durch § 216 StGB eine Grenze gesetzt. – Dazu auch oben Teil B. Nr. 4.

§ 222 Fahrlässige Tötung Wer durch Fahrlässigkeit den Tod eines Menschen verursacht, wird mit Freiheitsstrafe bis zu fünf Jahren oder mit Geldstrafe bestraft.

Anmerkung! Auch eine fahrlässige Tötung kann durch Unterlassen begangen werden (dazu die Anmerkung zu § 212 StGB).

§ 223 Körperverletzung (1) Wer eine andere Person körperlich mißhandelt oder an der Gesundheit schädigt, wird mit Freiheitsstrafe bis zu fünf Jahren oder mit Geldstrafe bestraft.

(2) Der Versuch ist strafbar

§ 229 Fahrlässige Körperverletzung Wer durch Fahrlässigkeit die Körperverletzung einer anderen Person verursacht, wird mit Freiheitsstrafe bis zu drei Jahren oder mit Geldstrafe bestraft.

Anmerkung! Auch die Körperverletzungsdelikte können durch Unterlassen begangen werden (vgl. die Anmerkung zu § 212 StGB), wenn der behandelnde Arzt z.B. eine vom Patienten erwünschte Schmerztherapie unterlässt bzw. verspätet einleitet.

3. Bürgerliches Gesetzbuch (BGB)

▶ **Allgemeine Bestimmungen:**

§ 104 Geschäftsunfähigkeit Geschäftsunfähig ist:

1. wer nicht das siebente Lebensjahr vollendet hat,

2. wer sich in einem die freie Willensbestimmung ausschließenden Zustand krankhafter Störung der Geistestätigkeit befindet, sofern nicht der Zustand seiner Natur nach ein vorübergehender ist.

§ 164 Wirkung der Erklärung des Vertreters (1) Eine Willenserklärung, die jemand innerhalb der ihm zustehenden Vertretungsmacht im Namen des Vertretenen abgibt, wirkt unmittelbar für und gegen den Vertretenen. Es macht keinen Unterschied, ob die Erklärung ausdrücklich im Namen des Vertretenen erfolgt oder ob die Umstände ergeben, dass sie in dessen Namen erfolgen soll.

(2) Tritt der Wille, in fremdem Namen zu handeln, nicht erkennbar hervor, so kommt der Mangel des Willens, im eigenen Namen zu handeln, nicht in Betracht.

(3) Die Vorschriften des Absatzes 1 finden entsprechende Anwendung, wenn eine gegenüber einem anderen abzugebende Willenserklärung dessen Vertreter gegenüber erfolgt.

§ 167 Erteilung der Vollmacht (1) Die Erteilung der Vollmacht erfolgt durch Erklärung gegenüber dem zu Bevollmächtigenden oder dem Dritten, dem gegenüber die Vertretung stattfinden soll.

(2) Die Erklärung bedarf nicht der Form, welche für das Rechtsgeschäft bestimmt ist, auf das sich die Vollmacht bezieht.

▶ **Vorschriften zum Betreuungsrecht:**

§ 1896 Voraussetzungen (1) Kann ein Volljähriger auf Grund einer psychischen Krankheit oder einer körperlichen, geistigen oder seelischen Behinderung seine Angelegenheiten ganz oder teilweise nicht besorgen, so bestellt das Vormundschaftsgericht auf seinen Antrag oder von Amts wegen für ihn einen Betreuer. Den Antrag kann auch ein Geschäftsunfähiger stellen. Soweit der Volljährige auf Grund einer körperlichen Behinderung seine Angelegenheiten nicht besorgen kann, darf der Betreuer nur auf Antrag des Volljährigen bestellt werden, es sei denn, dass dieser seinen Willen nicht kundtun kann.

(2) Ein Betreuer darf nur für Aufgabenkreise bestellt werden, in denen die Betreuung erforderlich ist. Die Betreuung ist nicht erforderlich, soweit die Angelegenheiten des Volljährigen durch einen Bevollmächtigten, der nicht zu den in § 1897 Abs. 3 bezeichneten Personen gehört, oder durch andere Hilfen, bei denen kein gesetzlicher Vertreter bestellt wird, ebenso gut wie durch einen Betreuer besorgt werden können.

(3) Als Aufgabenkreis kann auch die Geltendmachung von Rechten des Betreuten gegenüber seinem Bevollmächtigten bestimmt werden. (4) Die Entscheidung über den Fernmeldeverkehr des Betreuten und über die Entgegennahme, das Öffnen und das Anhalten seiner Post werden vom Aufgabenkreis des Betreuers nur dann erfasst, wenn das Gericht dies ausdrücklich angeordnet hat.

§ 1897 Bestellung einer natürlichen Person (1) Zum Betreuer bestellt das Vormundschaftsgericht eine natürliche Person, die geeignet ist, in dem gerichtlich bestimmten Aufgabenkreis die Angelegenheiten des Betreuten rechtlich zu besorgen und ihn in dem hierfür erforderlichen Umfang persönlich zu betreuen.

(2) Der Mitarbeiter eines nach § 1908f anerkannten Betreuungsvereins, der dort ausschließlich oder teilweise als Betreuer tätig ist (Vereinsbetreuer), darf nur mit Einwilligung des Vereins bestellt werden. Entsprechendes gilt für den Mitarbeiter einer in Betreuungsangelegenheiten zuständigen Behörde, der dort ausschließlich oder teilweise als Betreuer tätig ist (Behördenbetreuer).

(3) Wer zu einer Anstalt, einem Heim oder einer sonstigen Einrichtung, in welcher der Volljährige untergebracht ist oder wohnt, in einem Abhängigkeitsverhältnis oder in einer anderen engen Beziehung steht, darf nicht zum Betreuer bestellt werden.

(4) Schlägt der Volljährige eine Person vor, die zum Betreuer bestellt werden kann, so ist diesem Vorschlag zu entsprechen, wenn es dem Wohl des Volljährigen nicht zuwiderläuft. Schlägt er vor, eine bestimmte Person nicht zu bestellen, so soll hierauf Rücksicht genommen werden. Die Sätze 1 und 2 gelten auch für Vorschläge, die der Volljährige vor dem Betreuungsverfahren gemacht hat, es sei denn, dass er an diesen Vorschlägen erkennbar nicht festhalten will.

(5) Schlägt der Volljährige niemanden vor, der zum Betreuer bestellt werden kann, so ist bei der Auswahl des Betreuers auf die verwandtschaftlichen und sonstigen persönlichen Bindungen des Volljährigen, insbesondere auf die Bindungen zu Eltern, zu Kindern, zum Ehegatten und zum Lebenspartner, sowie auf die Gefahr von Interessenkonflikten Rücksicht zu nehmen.

(6) Wer Betreuungen im Rahmen seiner Berufsausübung führt, soll nur dann zum Betreuer bestellt werden, wenn keine andere geeignete Person zur Verfügung steht, die zur ehrenamtlichen Führung der Betreuung bereit ist. Werden dem Betreuer Umstände bekannt, aus denen sich ergibt, dass der Volljährige durch eine oder mehrere andere geeignete Personen außerhalb einer Berufsausübung betreut werden kann, so hat er dies dem Gericht mitzuteilen.

(7) Wird eine Person unter den Voraussetzungen des Absatzes 6 Satz 1 erstmals in dem Bezirk des Vormundschaftsgerichts zum Betreuer bestellt, soll das Gericht zuvor die zuständige Behörde zur Eignung des ausgewählten Betreuers und zu den nach § 1836 Abs. 1 Satz 3 zweite Alternative zu treffenden Feststellungen anhören.

§ 1898 Übernahmepflicht

(1) Der vom Vormundschaftsgericht Ausgewählte ist verpflichtet, die Betreuung zu übernehmen, wenn er zur Betreuung geeignet ist und ihm die Übernahme unter Berücksichtigung seiner familiären, beruflichen und sonstigen Verhältnisse zugemutet werden kann.

(2) Der Ausgewählte darf erst dann zum Betreuer bestellt werden, wenn er sich zur Übernahme der Betreuung bereit erklärt hat.

§ 1899 Mehrere Betreuer

(1) Das Vormundschaftsgericht kann mehrere Betreuer bestellen, wenn die Angelegenheiten des Betreuten hierdurch besser besorgt werden können. In diesem Fall bestimmt es, welcher Betreuer mit welchem Aufgabenkreis betraut wird.

(2) Für die Entscheidung über die Einwilligung in eine Sterilisation des Betreuten ist stets ein besonderer Betreuer zu bestellen.

(3) Soweit mehrere Betreuer mit demselben Aufgabenkreis betraut werden, können sie die Angelegenheiten des Betreuten nur gemeinsam besorgen, es sei denn, dass das Gericht etwas anderes bestimmt hat oder mit dem Aufschub Gefahr verbunden ist.

(4) Das Gericht kann mehrere Betreuer auch in der Weise bestellen, dass der eine die Angelegenheiten des Betreuten nur zu besorgen hat, soweit der andere verhindert ist oder ihm die Besorgung überträgt.

Anmerkung! Zum Betreuer kann auch ein anerkannter Betreuungsverein bestellt werden; die ihm obliegende Betreuungsaufgabe muss aber durch einzelne, vom Verein benannte Personen wahrgenommen werden (§ 1900 Abs. 1 und 2 BGB).

§ 1901a Schriftliche Betreuungswünsche

Wer ein Schriftstück besitzt, in dem jemand für den Fall seiner Betreuung Vorschläge zur Auswahl des Betreuers oder Wünsche zur Wahrnehmung der Betreuung geäußert hat, hat es unverzüglich an das Vormundschaftsgericht abzuliefern, nachdem er von der Einleitung eines Verfahrens über die Bestellung eines Betreuers Kenntnis erlangt hat.

§ 1902 Vertretung des Betreuten

In seinem Aufgabenkreis vertritt der Betreuer den Betreuten gerichtlich und außergerichtlich

§ 1903 Einwilligungsvorbehalt

(1) Soweit dies zur Abwendung einer erheblichen Gefahr für die Person oder das Vermögen des Betreuten erforderlich ist, ordnet das Vormundschaftsgericht an, dass der Betreute zu einer Willenserklärung, die den Aufgabenkreis des Betreuers

betrifft, dessen Einwilligung bedarf (Einwilligungsvorbehalt). Die §§ 108 bis 113, 131 Abs. 2 und § 210 gelten entsprechend.

(2) Ein Einwilligungsvorbehalt kann sich nicht erstrecken auf Willenserklärungen, die auf Eingehung einer Ehe oder Begründung einer Lebenspartnerschaft gerichtet sind, auf Verfügungen von Todes wegen und auf Willenserklärungen, zu denen ein beschränkt Geschäftsfähiger nach den Vorschriften des Buches vier und fünf nicht der Zustimmung seines gesetzlichen Vertreters bedarf.

(3) Ist ein Einwilligungsvorbehalt angeordnet, so bedarf der Betreute dennoch nicht der Einwilligung seines Betreuers, wenn die Willenserklärung dem Betreuten lediglich einen rechtlichen Vorteil bringt. Soweit das Gericht nichts anderes anordnet, gilt dies auch, wenn die Willenserklärung eine geringfügige Angelegenheit des täglichen Lebens betrifft.

(4) § 1901 Abs. 5 gilt entsprechend.

§ 1904 Genehmigung des Vormundschaftsgerichts bei ärztlichen Maßnahmen

(1) Die Einwilligung des Betreuers in eine Untersuchung des Gesundheitszustands, eine Heilbehandlung oder einen ärztlichen Eingriff bedarf der Genehmigung des Vormundschaftsgerichts, wenn die begründete Gefahr besteht, dass der Betreute auf Grund der Maßnahme stirbt oder einen schweren und länger dauernden gesundheitlichen Schaden erleidet. Ohne die Genehmigung darf die Maßnahme nur durchgeführt werden, wenn mit dem Aufschub Gefahr verbunden ist.

(2) Absatz 1 gilt auch für die Einwilligung eines Bevollmächtigten. Sie ist nur wirksam, wenn die Vollmacht schriftlich erteilt ist und die in Absatz 1 Satz 1 genannten Maßnahmen ausdrücklich umfasst

§ 1906 Genehmigung des Vormundschaftsgerichts bei der Unterbringung

(1) Eine Unterbringung des Betreuten durch den Betreuer, die mit Freiheitsentziehung verbunden ist, ist nur zulässig, solange sie zum Wohl des Betreuten erforderlich ist, weil

1. auf Grund einer psychischen Krankheit oder geistigen oder seelischen Behinderung des Betreuten die Gefahr besteht, dass er sich selbst tötet oder erheblichen gesundheitlichen Schaden zufügt, oder

2. eine Untersuchung des Gesundheitszustands, eine Heilbehandlung oder ein ärztlicher Eingriff notwendig ist, ohne die Unterbringung des Betreuten nicht durchgeführt werden kann und der Betreute auf Grund einer psychischen Krankheit oder geistigen oder seelischen Behinderung die Notwendigkeit der Unterbringung nicht erkennen oder nicht nach dieser Einsicht handeln kann.

(2) Die Unterbringung ist nur mit Genehmigung des Vormundschaftsgerichts zulässig. Ohne die Genehmigung ist die Unterbringung nur zulässig, wenn mit dem Aufschub Gefahr verbunden ist; die Genehmigung ist unverzüglich nachzuholen.

(3) Der Betreuer hat die Unterbringung zu beenden, wenn ihre Voraussetzungen wegfallen. Er hat die Beendigung der Unterbringung dem Vormundschaftsgericht anzuzeigen.

(4) Die Absätze 1 bis 3 gelten entsprechend, wenn dem Betreuten, der sich in einer Anstalt, einem Heim oder einer sonstigen Einrichtung aufhält, ohne untergebracht zu sein, durch mechanische Vorrichtungen, Medikamente oder auf andere Weise über einen längeren Zeitraum oder regelmäßig die Freiheit entzogen werden soll.

(5) Die Unterbringung durch einen Bevollmächtigten und die Einwilligung eines Bevollmächtigten in Maßnahmen nach Absatz 4 setzt voraus, dass die Vollmacht schriftlich erteilt ist und die in den Absätzen 1 und 4 genannten Maßnahmen ausdrücklich umfasst. Im Übrigen gelten die Absätze 1 bis 4 entsprechend.

Anmerkung! **An dieser Regelung ist insbesondere Absatz 4 interessant. Ob auch Maßnahmen zu Heilzwecken erfasst sind (und damit gerichtlich genehmigt werden müssen, vgl. Absatz 3, auf den Absatz 4 verweist), ist umstritten. Mit der Entstehungsgeschichte der Vorschrift scheint es kaum vereinbar, Maßnahmen zu Heilzwecken auszuschließen. Das wäre auch nicht sinnvoll, schon wegen der schwierigen Abgrenzung zu anderen Maßnahmen (man denke an einen Demenzkranken, der wegen einer interkurrenten Erkrankung behandelt wird). Es geht um die Verhinderung von Gesundheitsbeeinträchtigungen, die eben auch im Zuge einer Heilbehandlung entstehen können. Im Zweifel sollte der Betreuer eine Genehmigung einholen. Hinsichtlich des „längeren Zeitraums" wird eine Frist von einem bis zu drei Tagen diskutiert; überwiegend vertreten und vielfach praktiziert wird eine 24-Stunden-Frist. Die Frage sollte in der Praxis so schnell wie möglich geklärt werden (z.B. nach Fixierung in der Nacht [aufgrund einer mutmaßlichen Einwilligung, dazu Teil B, Nr. 13/14] am nächsten Morgen). Die Frage kann in einer Patientenverfügung durch den Patienten im voraus geregelt werden; eine Genehmigung durch das Gericht ist dann nicht erforderlich.**

§ 1908b Entlassung des Betreuers

(1) Das Vormundschaftsgericht hat den Betreuer zu entlassen, wenn seine Eignung, die Angelegenheiten des Betreuten zu besorgen, nicht mehr gewährleistet ist oder ein anderer wichtiger Grund für die Entlassung vorliegt. Das Gericht soll den nach § 1897 Abs. 6 bestellten Betreuer entlassen, wenn der Betreute durch eine oder mehrere andere Personen außerhalb einer Berufsausübung betreut werden kann.

(2) Der Betreuer kann seine Entlassung verlangen, wenn nach seiner Bestellung Umstände eintreten, auf Grund derer ihm die Betreuung nicht mehr zugemutet werden kann.

(3) Das Gericht kann den Betreuer entlassen, wenn der Betreute eine gleich geeignete Person, die zur Übernahme bereit ist, als neuen Betreuer vorschlägt.

(4) Der Vereinsbetreuer ist auch zu entlassen, wenn der Verein dies beantragt. Ist die Entlassung nicht zum Wohl des Betreuten erforderlich, so kann das Vormundschaftsgericht statt dessen mit Einverständnis des Betreuers aussprechen, dass dieser die Betreuung künftig als Privatperson weiterführt. Die Sätze 1 und 2 gelten für den Behördenbetreuer entsprechend.

(5) Der Verein oder die Behörde ist zu entlassen, sobald der Betreute durch eine oder mehrere natürliche Personen hinreichend betreut werden kann.

§ 1908c Bestellung eines neuen Betreuers

Stirbt der Betreuer oder wird er entlassen, so ist ein neuer Betreuer zu bestellen.

§ 1908d Aufhebung oder Änderung von Betreuung und Einwilligungsvorbehalt

(1) Die Betreuung ist aufzuheben, wenn ihre Voraussetzungen wegfallen. Fallen diese Voraussetzungen nur für einen Teil der Aufgaben des Betreuers weg, so ist dessen Aufgabenkreis einzuschränken.

(2) Ist der Betreuer auf Antrag des Betreuten bestellt, so ist die Betreuung auf dessen Antrag aufzuheben, es sei denn, dass eine Betreuung von Amts wegen erforderlich ist. Den Antrag kann auch ein Geschäftsunfähiger stellen. Die Sätze 1 und 2 gelten für die Einschränkung des Aufgabenkreises entsprechend.

4. (Muster-)Berufsordnung der Ärztinnen und Ärzte

> Quelle: Bundesärztekammer, abrufbar unter www.baek.de. – Die Muster-Berufsordnung der Bundesärztekammer muss von den Ärztekammern in den Ländern erst umgesetzt werden, um verbindlich zu sein, sie ist eben nur ein Muster. Die Ärztekammern dürfen die Muster-Regelungen auch ändern bzw. ergänzen (siehe nachfolgend unter 5. die Regelungen der Berliner Ärztekammer zur Patientenverfügung).

§ 1 Aufgaben des Arztes

(1) Der Arzt dient der Gesundheit des einzelnen Menschen und der Bevölkerung. Der ärztliche Beruf ist kein Gewerbe. Er ist seiner Natur nach ein freier Beruf.

(2) Aufgabe des Arztes ist es, das Leben zu erhalten, die Gesundheit zu schützen und wiederherzustellen, Leiden zu lindern, Sterbenden Beistand zu leisten und an der Erhaltung der natürlichen Lebensgrundlagen im Hinblick auf ihre Bedeutung für die Gesundheit der Menschen mitzuwirken.

§ 7 Behandlungsgrundsätze und Verhaltensregeln

(1) Jede medizinische Behandlung hat unter Wahrung der Menschenwürde und unter Achtung der Persönlichkeit, des Willens und der Rechte des Patienten, insbesondere des Selbstbestimmungsrechts, zu erfolgen.

§ 16 Beistand für den Sterbenden

Der Arzt darf – unter Vorrang des Willens des Patienten – auf lebensverlängernde Maßnahmen nur verzichten und sich auf die Linderung der Beschwerden beschränken, wenn ein Hinausschieben des unvermeidbaren Todes für die sterbende Person lediglich eine unzumutbare Verlängerung des Leidens bedeuten würde.

Der Arzt darf das Leben des Sterbenden nicht aktiv verkürzen. Er darf weder sein eigenes noch das Interesse Dritter über das Wohl des Patienten stellen.

5. Berufsordnung der Berliner Ärzte

Quelle: Ärztekammer Berlin, www.aerztekammer-berlin.de. – Die Regelung ergänzt die Vorgaben der Muster-Berufsordnung, die sich nicht zu Patientenverfügungen äußert (vgl. oben 4.).

§ 16 Beistand für den Sterbenden – Patientenverfügung (Patiententestament)

(1) Der Arzt darf – unter Vorrang des Willens des Patienten – auf lebensverlängernde Massnahmen nur verzichten und sich auf die Linderung der Beschwerden beschränken, wenn ein Hinausschieben des unvermeidbaren Todes für die sterbende Person lediglich eine unzumutbare Verlängerung des Leidens bedeuten würde. Der Arzt darf das Leben des Sterbenden nicht aktiv verkürzen. Er darf weder sein eigenes noch das Interesse Dritter über das Wohl des Patienten stellen.

(2) Eine Patientenverfügung (Patiententestament) mit Selbstbestimmung im Vorfeld des Todes, die der Patient im Vollbesitz seiner geistigen Kräfte verfasst hat, ist für den Arzt verbindlich, es sei denn, es sind konkrete Anzeichen erkennbar, dass der Wille des Patienten sich geändert haben könnte. Soweit möglich, soll der Arzt Erklärungen von Bezugspersonen berücksichtigen.

Unbeachtlich sind Verfügungen und Erklärungen, die

a) dem Arzt ein rechtswidriges Verhalten zumuten oder

b) den Abbruch lebenserhaltender Massnahmen verlangen, obwohl der Zustand des Patienten nach allgemeiner Erfahrung eine Besserung im Sinne eines umweltbezogenen Lebens, die Wiederkehr der zwischenmenschlichen Kommunikation und ein Wiedererstarken des Lebenswillen erwarten lässt.

II. Die Entscheidung des Bundesgerichtshofs vom 17. März 2003

Die Rechtslage im Spannungsfeld von Behandlungsabbruch (Behandlungsbegrenzung), Sterbehilfe und Patientenverfügung ist durch die Entscheidung des Bundesgerichtshofs (BGH) vom 17. März 2003 in Bewegung geraten. Zum Teil hat der BGH bisher in Rechtsprechung und Rechtslehre vertretene Grundsätze bestätigt, zum Teil hat er sie (und sei es auch nur behutsam und kaum erkennbar) fortgebildet, insbesondere hat er die Diskussion auch um neue Ansätze ergänzt. Die Entscheidung hat Verwunderung und Verwirrung ausgelöst – und doch ist sie zum vorerst maßgeblichen Bezugspunkt jeder weiteren Diskussion des Themas „Behandlungsbegrenzung/Patientenverfügung" geworden. Deshalb sei sie hier abgedruckt (nachfolgend 1.). Im Anschluss werden wesentliche Kritikpunkte der Entscheidung des BGH benannt (nachfolgend 2.).

1. Entscheidungstext

Quelle: www.bundesgerichtshof.de

Bundesgerichtshof, Beschluss v. 17. März 2003, Az.: XII ZB 2/03

(Vorinstanzen: OLG Schleswig, AG Lübeck)

Hinweis! Die Fußnoten stammen von den Autoren des „Casebook".

Leitsätze des BGH:

1. Ist ein Patient einwilligungsunfähig und hat sein Grundleiden einen irreversiblen tödlichen Verlauf angenommen, so müssen lebenserhaltende oder -verlängernde Maßnahmen unterbleiben, wenn dies seinem zuvor – etwa in Form einer sog. Patientenverfügung – geäußerten Willen entspricht. Dies folgt aus der Würde des Menschen, die es gebietet, sein in einwilligungsfähigem Zustand ausgeübtes Selbstbestimmungsrecht auch dann noch zu respektieren, wenn er zu eigenverantwortlichem Entscheiden nicht mehr in der Lage ist. Nur wenn ein solcher erklärter Wille des Patienten nicht festgestellt werden kann, beurteilt sich die Zulässigkeit solcher Maßnahmen nach dem mutmaßlichen Willen des Patienten, der dann individuell – also aus dessen Lebensentscheidungen, Wertvorstellungen und Überzeugungen – zu ermitteln ist.

2. Ist für einen Patienten ein Betreuer bestellt, so hat dieser dem Patientenwillen gegenüber Arzt und Pflegepersonal in eigener rechtlicher Verantwortung und nach Maßgabe des § 1901 BGB Ausdruck und Geltung zu verschaffen. Seine Einwilligung in eine ärztlicherseits angebotene lebenserhaltende oder -verlängernde Behandlung kann der Betreuer jedoch nur mit Zustimmung des Vormundschaftsgerichts wirksam verweigern. Für eine Einwilligung des Betreuers und eine Zustimmung des Vormundschaftsgerichts ist kein Raum, wenn ärztlicherseits eine solche Behandlung oder Weiterbehandlung nicht angeboten wird – sei es daß sie von vornherein medizinisch nicht indiziert, nicht mehr sinnvoll oder aus sonstigen Gründen nicht möglich ist. Die Entscheidungszuständigkeit des Vormundschaftsgerichts ergibt sich nicht aus einer analogen Anwendung des § 1904 BGB, sondern aus einem unabweisbaren Bedürfnis des Betreuungsrechts.

3. Zu den Voraussetzungen richterlicher Rechtsfortbildung.

Der XII. Zivilsenat des Bundesgerichtshofs hat am 17. März 2003 (...) beschlossen: Auf die weitere Beschwerde des Betreuers werden die Beschlüsse des Amtsgerichts Lübeck vom 30. Mai 2002 und des Landgerichts Lübeck vom 25. Juni 2002 aufgehoben. Die Sache wird zur erneuten Behandlung und Entscheidung an das Amtsgericht zurückverwiesen.

Gründe:

I.

Der Betroffene erlitt am 29. November 2000 infolge eines Myocardinfarktes einen hypoxischen Gehirnschaden im Sinne eines apallischen Syndroms. Seither wird er über eine PEG-Sonde[4] ernährt; eine Kontaktaufnahme mit ihm ist nicht möglich. Auf Anregung der Klinik, in welcher der Betroffene behandelt wurde, bestellte das Amtsgericht mit Beschluß vom 18. Januar 2001 den Sohn des Betroffenen – den Beteiligten – u.a. für die Aufgabenkreise „Sorge für die Gesundheit des Betroffenen, ... Vertretung gegenüber Behörden ... und Einrichtungen (z.B. Heimen) ..." zum Betreuer; die Betreuung wurde mit Beschluß vom 18. Dezember 2001 verlängert. Am 8. April 2002 hat der Beteiligte beim Amtsgericht „die Einstellung der Ernährung über die PEG-Sonde" für seinen Vater beantragt, da eine Besserung des Zustandes seines Vaters nicht zu erwarten sei und die Einstellung dem früher geäußerten Wunsch seines Vaters entspreche. Der Beteiligte verweist hierzu auf eine maschinenschriftliche und vom Betroffenen handschriftlich unter Angabe von Ort und Datum unterzeichnete Verfügung mit folgendem Wortlaut:

„Verfügung"

Für den Fall, daß ich zu einer Entscheidung nicht mehr fähig bin, verfüge ich: Im Fall meiner irreversiblen Bewußtlosigkeit, schwerster Dauerschäden meines Gehirns oder des dauernden Ausfalls lebenswichtiger Funktionen meines Körpers oder im Endstadium einer zum Tode führenden Krankheit, wenn die Behandlung nur noch dazu führen würde, den Vorgang des Sterbens zu verlängern, will ich:

– keine Intensivbehandlung,
– Einstellung der Ernährung,
– nur angst- oder schmerzlindernde Maßnahmen, wenn nötig,
– keine künstliche Beatmung,
– keine Bluttransfusionen,
– keine Organtransplantation,
– keinen Anschluß an eine Herz-Lungen-Maschine.

Meine Vertrauenspersonen sind ... (es folgen die Namen und Adressen der Ehefrau sowie des Sohnes und der Tochter). Diese Verfügung wurde bei klarem Verstand und in voller Kenntnis der Rechtslage unterzeichnet. Lübeck, den 27. November 1998, H. S."

Die Ehefrau und die Tochter des Betroffenen haben erklärt, mit dem Antrag des Beteiligten einverstanden zu sein und ihn voll zu unterstützen.

---

[4] Dazu oben Teil D, I. 5.

Das Amtsgericht hat den Antrag abgelehnt, da er keine Rechtsgrundlage habe. Die hiergegen gerichtete Beschwerde hat das Landgericht zurückgewiesen. Die weitere Beschwerde des Beteiligten möchte das Schleswig-Holsteinische Oberlandesgericht zurückweisen. Es sieht sich daran durch die Beschlüsse des Oberlandesgerichts Frankfurt vom 15. Juli 1998 – 20 W 224/98 – FamRZ[5] 1998, 1137 und vom 20. November 2001 – 20 W 419/01 – FamRZ 2002, 575 sowie des Oberlandesgerichts Karlsruhe vom 29. Oktober 2001 – 19 Wx 21/01 – FamRZ 2002, 488 gehindert. In diesen Entscheidungen haben die Oberlandesgerichtes ausgesprochen, daß die Einwilligung des Betreuers eines selbst nicht mehr entscheidungsfähigen, irreversibel hirngeschädigten Betroffenen in den Abbruch der Ernährung mittels einer PEG-Magensonde anlog § 1904 BGB der vormundschaftsgerichtlichen Genehmigung bedarf. Das Schleswig-Holsteinische Oberlandesgericht ist demgegenüber der Ansicht, daß die Einwilligung des Betreuers in einem solchen Fall nicht genehmigungsbedürftig sei; es hat deshalb die Sache gemäß § 28 Abs. 2 FGG dem Bundesgerichtshof zur Entscheidung vorgelegt.

II.

Die Vorlage ist zulässig. Aus dem Vorlagebeschluß ergibt sich, daß das vorlegende Oberlandesgericht zu einer anderen als der von ihm beabsichtigten Entscheidung gelangen würde, wenn es sich der abweichenden Ansicht der Oberlandesgerichte Frankfurt und Karlsruhe anschlösse, und daß es nach seiner Ansicht für die zu treffende Entscheidung auf die streitige Rechtsfrage ankommt. An diese Ansicht ist der Senat – soweit die Zulässigkeit der Vorlage in Frage steht – gebunden (Senatsbeschluß BGHZ[6] 121, 305, 308). Das vorlegende Gericht geht – insoweit in Übereinstimmung mit den Oberlandesgerichten Frankfurt und Karlsruhe – davon aus, daß für den Behandlungsabbruch bei nicht einwilligungsfähigen Patienten die Bestellung eines Betreuers und dessen Einwilligung erforderlich ist. Die Einwilligung in den Behandlungsabbruch sei nicht höchstpersönlich; denn ohne Betreuer ließe sich das dem nicht einwilligungsfähigen Betroffenen zustehende Selbstbestimmungsrecht nach Art. 2 Abs. 1 GG in Bezug auf die aktuelle Beendigung der Behandlung rechtlich nicht verwirklichen. Die Einwilligung unterfalle auch dem Aufgabenkreis „Gesundheitsfürsorge", der alle im Bereich der medizinischen Behandlung anstehenden Entscheidungen umfasse, und zwar auch dann, wenn eine Wiederherstellung der Gesundheit nicht mehr zu erreichen sei. Für eine vormundschaftsgerichtliche Genehmigung dieser Einwilligung fehle es – entgegen der Auffassung der Oberlandesgerichte Frankfurt und Karlsruhe – allerdings an einer rechtlichen Grundlage: Eine Analogie zu § 1904 BGB scheitere, da eine „planwidrige Unvollständigkeit" des Gesetzes nicht vorliege. Es sei davon auszugehen, daß der Gesetzgeber mit dem Betreuungsgesetz das gesamte Betreuungsrecht geregelt habe. Dabei habe er, wie sich aus den Materialien ergebe, auch den Fall des zum Tode führenden Abbruchs einer lebenserhaltenden Maßnahme bei einem einwilligungsunfähigen

---

[5] Die Abkürzung steht für: „Zeitschrift für das gesamte Familienrecht".
[6] Amtliche Sammlung der Entscheidungen des Bundesgerichtshofs in Zivilsachen.

Betreuten bedacht. Gleichwohl habe er davon abgesehen, diesen Fall in den „Kanon" der ausnahmsweise einer vormundschaftsgerichtlichen Genehmigung bedürftigen Maßnahmen aufzunehmen. Jedenfalls sei § 1904 Abs. 1 BGB nicht geeignet, eine Gesetzeslücke zu begründen oder zu schließen; denn die dort geregelten Tatbestände seien wertungsmäßig dem hier zu behandelnden Fall des Behandlungsabbruchs nicht gleich. So gehe es bei der nach § 1904 Abs. 1 BGB genehmigungsbedürftigen Einwilligung des Betreuers um ärztliche Maßnahmen, die unter Abwägung der Risiken darauf gerichtet seien, die Gesundheit des Betroffenen wiederherzustellen; die Genehmigung der Einwilligung zu einem Behandlungsabbruch würde dagegen auf die Lebensbeendigung des Betroffenen abzielen. Beide Ziele stünden nicht in einem Verhältnis von „weniger" und „mehr"; vielmehr habe die absichtliche Lebensbeendigung eine andere Qualität, die auch einer besonderen rechtlichen Würdigung und Behandlung bedürfe. Außerdem regele § 1904 Abs. 1 BGB die Genehmigung der Einwilligung in ein ärztliches Tun, während bei der Genehmigung der Einwilligung in den Behandlungsabbruch ein ärztliches Unterlassen im Vordergrund stehe. Genau genommen gehe es hier nicht um eine Einwilligung des Betreuers in eine medizinische Maßnahme, sondern um den Widerruf oder die Verweigerung einer solchen Einwilligung; diese seien aber nach § 1904 BGB gerade genehmigungsfrei. Selbst wenn aber eine Gesetzeslücke anzunehmen wäre, so wäre eine Ergänzung durch Gerichte ausgeschlossen, weil die staatliche Mitwirkung bei einem auf Lebensbeendigung eines Menschen gerichteten Verhalten so wesentlich sei, daß sie einer Regelung durch den Gesetzgeber bedürfte. Dies gelte insbesondere für die Frage, ob ein Sachverständigengutachten einzuholen sei und ob, wie es der Bundesgerichtshof formuliert habe, dann, wenn sich bei der Prüfung Umstände für die Feststellung des individuellen mutmaßlichen Willens des Betreuten nicht finden ließen, auf „Kriterien zurückgegriffen werden" müsse, die „allgemeinen Wertvorstellungen" entsprächen. Solche „Kriterien" dürften geeignet sein, die Meinung zu fördern, im Vormundschaftsrichter „den Richter über Leben und Tod" zu sehen oder „den Schritt in eine andere Republik" befürchten zu lassen. Ferner machte ein möglicherweise religiös oder sonst ethisch beeinflußtes „Kriterium" die Entscheidung des gesetzlichen – und damit unentrinnbaren – Richters unberechenbar.

III.

Da die Voraussetzungen für eine Vorlage nach § 28 Abs. 2 FGG[7] erfüllt sind, hat der beschließende Senat gemäß § 28 Abs. 3 FGG anstelle des Schleswig-Holsteinischen Oberlandesgerichts über die weitere Beschwerde zu entscheiden.

1. Die weitere Beschwerde ist nach § 27 Abs. 1 FGG statthaft; der Beteiligte ist gemäß § 20 Abs. 1 FGG auch beschwerdeberechtigt.

---

[7] Gesetz über die Angelegenheiten der freiwilligen Gerichtsbarkeit; es handelt sich um das Gesetz, das u.a. das gerichtliche Verfahren bei Betreuungsangelegenheiten regelt.

2. Das Rechtsmittel ist auch begründet. Der Beteiligte hat beantragt, die künstliche Ernährung des Betroffenen einzustellen. Damit möchte er erreichen, daß das Vormundschaftsgericht seiner Entscheidung, nicht länger in die künstliche Ernährung des Betroffenen einzuwilligen, zustimmt. Die Vorinstanzen haben es zu Unrecht abgelehnt, in der Sache tätig zu werden.

a) Die gegen eine weitere künstliche Ernährung des Betroffenen gerichtete Entscheidung des Beteiligten ist nicht schon deshalb einer Zustimmung des Vormundschaftsgerichts entzogen, weil sie sich rechtlich als ein Unterlassen darstellt. Die Beibehaltung einer Magensonde und die mit ihrer Hilfe ermöglichte künstliche Ernährung sind fortdauernde Eingriffe in die körperliche Integrität des Patienten (Hufen NJW[8] 2001, 849, 853 m.w.N.[9]). Solche Eingriffe bedürfen – ebenso wie das ursprüngliche Legen der Sonde – grundsätzlich der Einwilligung des Patienten. Ist der Patient im Zeitpunkt der Maßnahme nicht einwilligungsfähig, so gilt: Eine frühere Willensbekundung, mit welcher der Patient seine Einwilligung in Maßnahmen der in Frage stehenden Art für eine Situation, wie sie jetzt eingetreten ist, erklärt oder verweigert hat, wirkt, falls der Patient sie nicht widerrufen hat, fort (V. Lipp in May et al. Passive Sterbehilfe 2002, 37, 43 und Fn. 37 m.w.N.; Taupitz Verhandlungen des 63. DJT[10] 2000 Gutachten A 41); die inzwischen eingetretene Einwilligungsunfähigkeit ändert nach dem Rechtsgedanken des § 130 Abs. 2 BGB an der fortdauernden Maßgeblichkeit des früher erklärten Willens nichts. Ist eine solche frühere Willensbekundung nicht bekannt, beurteilt sich die Zulässigkeit der Maßnahme, falls unaufschiebbar, nach dem mutmaßlichen Willen des Patienten, bis für diesen ein Betreuer bestellt ist (MünchKomm/Schwab[11] BGB 4. Aufl. § 1904, 38). Ist – wie hier – für den einwilligungsunfähigen Patienten ein Betreuer bestellt und erreichbar, vermag der mutmaßliche Patientenwille allein einen Eingriff in die persönliche Integrität des Patienten nicht länger zu rechtfertigen (Taupitz aaO A 71). Mit der Bestellung des Betreuers ist die rechtliche Handlungsfähigkeit des Betroffenen wiederhergestellt; Arzt und Pflegepersonal können deshalb nicht mehr unmittelbar auf den Willen des einwilligungsunfähigen Patienten „durchgreifen" (Taupitz aaO A 70 f.). Eine Willensbekundung, mit welcher der Betroffene seine Einwilligung in die in Frage stehenden Maßnahmen und für die jetzt eingetretene Situation erklärt oder verweigert hat, wirkt weiterhin – als Ausfluß seines Selbstbestimmungsrechts – fort. Als gesetzlicher Vertreter hat der Betreuer die exklusive Aufgabe, dem Willen des Betroffenen gegenüber Arzt und Pflegepersonal in eigener rechtlicher Verantwortung und nach Maßgabe des § 1901 BGB Ausdruck und Geltung zu verschaffen. Daraus ergibt sich für den vorliegenden Fall: Die Beibehaltung der Sonde und die Fortführung der über sie ermöglichten künstlichen Ernährung bedürfen, da eine Einwilligung des Betroffenen nicht vorliegt, der Einwilligung des Beteiligten. Mit dem Verlangen, diese Behandlung nicht fortzusetzen, hat der Betei-

---

[8] Neue Juristische Wochenschrift (sozusagen das Deutsche Ärzteblatt der Juristen).
[9] mit weiteren Nachweisen.
[10] Deutscher Juristentag (zu ihm oben Teil B, Nr. 1).
[11] Gemeint ist ein Beitrag von Dieter Schwab im Münchener Kommentar zum BGB.

ligte die erforderliche Einwilligung verweigert. Ob der Beteiligte früher zumindest konkludent in die Behandlung eingewilligt hat und sich das Verlangen nach Abbruch der Behandlung deshalb (auch) als Widerruf dieser Einwilligung darstellt, mag dahinstehen. Bereits das Unterlassen der erforderlichen Einwilligungserklärung kann – für sich genommen – auf seine Rechtmäßigkeit hin überprüft werden; es ist damit einer vormundschaftsgerichtlichen Entscheidung nicht schon per se entzogen. Soweit in der Literatur nur der Widerruf einer einmal erteilten Einwilligung, nicht aber die erstmalige Verweigerung der Einwilligung (Fröschle JZ[12] 2000, 72, 80: „nullum") als „an sich" genehmigungsfähig angesehen wird, vermag der Senat dem nicht zu folgen. Denn das Unterlassen des Betreuers, in eine lebensverlängernde oder -erhaltende Behandlung einzuwilligen, kann nicht anders beurteilt werden als das Unterlassen, in die Weiterbehandlung einzuwilligen. Zwar liegt im zweiten Fall unter Umständen auch ein aktives Handeln – nämlich der Widerruf einer zuvor erteilten Einwilligung – vor. Die Abgrenzung ist jedoch – etwa im Hinblick auf die Frage, ob eine Einwilligung vom Betreuer konkludent erteilt worden ist oder ob eine einmal erteilte Einwilligung die in Frage stehenden Maßnahmen für die jetzt eingetretene Situation noch abdeckt – fließend; sie rechtfertigt jedenfalls keine rechtliche Differenzierung. Wollte man nur den Widerruf einem vormundschaftsgerichtlichen Kontrollvorbehalt unterstellen, bestünde im übrigen die Gefahr, daß von lebenserhaltenden Maßnahmen nur noch zögerlich Gebrauch gemacht wird, um deren späteren – an die vormundschaftsgerichtliche Kontrolle gebundenen – Abbruch zu vermeiden; der mit dem Kontrollvorbehalt (auch) verfolgte Lebensschutz würde in sein Gegenteil verkehrt. Auch kann ein Kontrollerfordernis nach Auffassung des Senats sinnvoll nicht davon abhängig gemacht werden, ob der Betreuer die Erteilung der Einwilligung in eine medizinische Behandlung nur schlechthin unterlassen oder ob er seine Einwilligung verweigert und damit aktiv gehandelt hat (so aber wohl – jedenfalls für die analoge Anwendbarkeit des § 1904 BGB – Taupitz aaO A 87 und Lipp aaO 51). Da für eine die körperliche Integrität verletzende medizinische Behandlung oder Weiterbehandlung eine Einwilligung notwendig ist, ist deren Verweigerung nichts anderes als eine Bekräftigung des Unterlassens, die Einwilligung zu erteilen. Hinge die vormundschaftsgerichtliche Kontrolle von einer solchen Bekräftigung ab, wäre das Erfordernis dieser Kontrolle beliebig manipulierbar.

b) Ein Tätigwerden des Vormundschaftsgerichts wird, wie das vorlegende Oberlandesgericht zutreffend ausführt, auch nicht dadurch ausgeschlossen, daß eine Entscheidung gegen die Fortführung der künstlichen Ernährung des Betroffenen höchstpersönlicher Natur ist. In der Rechtsprechung und Literatur wird zwar zum Teil die Auffassung vertreten, daß dem Betreuer die Entscheidung gegen eine lebensverlängernde oder -erhaltende Behandlung des Betroffenen, weil höchstpersönlich, nicht zustehe und deshalb auch einer Überprüfung durch das den Betreuer kontrollierende Vormundschaftsgericht entzogen sei (vgl. etwa LG München I

---

[12] Juristenzeitung.

FamRZ 1999, 742; Landgericht Augsburg FamRZ 2000, 320, 321; Lilie in Wienke/ Lippert, Der Wille des Menschen zwischen Leben und Sterben 2001, 75, 83, Seitz ZRP[13] 1998, 417, 420; Soergel/Zimmermann[14] BGB 13. Aufl. § 1904 Rdn. 42). Diese Ansicht würde es jedoch, recht verstanden, nicht hindern, das Verlangen des Beteiligten nach Abbruch der künstlichen Ernährung einer vormundschaftsgerichtlichen Überprüfung zu unterwerfen. Da der Beteiligte sein Verlangen auf den erklärten und fortgeltenden Willen des Betroffenen stützt, trifft er insoweit keine eigene Entscheidung; er setzt vielmehr nur eine im voraus getroffene höchstpersönliche Entscheidung des Betroffenen um. Die richtige Umsetzung des Willens des Betroffenen und die damit einhergehende Unterlassung einer eigenen, den Willen des Betroffenen ersetzenden Einwilligung des Beteiligten in die Weiterbehandlung des Betroffenen ist – wie dargelegt – aber ein tauglicher Gegenstand einer vormundschaftsgerichtlichen Überprüfung. Auch generell läßt sich aus der Höchstpersönlichkeit einer Entscheidung kein zwingendes Argument gegen die Entscheidungszuständigkeit eines Betreuers und die Überprüfung seiner Entscheidung durch das Vormundschaftsgericht herleiten; denn einem Betreuer werden vom Gesetz – etwa bei der Sterilisation (§ 1905 BGB) – durchaus höchstpersönliche Entscheidungskompetenzen übertragen. Zudem ergäbe sich, wenn man die Entscheidung gegen eine lebensverlängernde oder -erhaltende Maßnahme oder die Durchsetzung einer solchen Entscheidung generell von der Aufgabenzuweisung an den Betreuer ausnähme, eine mißliche Wahl: Entweder würde damit ein striktes Gebot zur Durchführung lebensverlängernder oder -erhaltender medizinischer Maßnahmen statuiert – also auch gegen einen vom Betroffenen früher geäußerten Willen. Oder die Entscheidung über die Frage der Behandlung oder Weiterbehandlung bliebe dem Arzt und/oder den nahen Angehörigen überlassen – dies allenfalls mit der Auflage, den wirklichen oder mutmaßlichen Willen des Patienten zu ermitteln. An die Stelle der Willensbestimmung durch den Betreuer als den gesetzlichen Vertreter träte die Willensbestimmung durch den Arzt oder die Angehörigen, die sich aus dem Selbstbestimmungsrecht des Patienten nicht mehr legitimieren würde, unter Umständen mit Eigeninteressen kollidieren könnte und im System des geltenden Rechts einer vormundschaftsgerichtlichen Kontrolle von vornherein nicht zugänglich wäre (vgl. zum Ganzen Taupitz aaO A 89; Fröschle aaO 74).

Eine andere Frage ist, ob das Vormundschaftsgericht dem Beteiligten mit der Übertragung des Aufgabenkreises „Sorge für die Gesundheit des Betroffenen" auch die Entscheidung über lebenserhaltende Maßnahmen der hier in Frage stehenden Art übertragen hat. Da sowohl das Amtsgericht wie auch das Beschwerdegericht die Bestellung des Beteiligten nicht einschränkend ausgelegt haben, kann auch für das Verfahren der weiteren Beschwerde von einer umfassenden Zuständigkeit des Beteiligten für die medizinischen Belange des Betroffenen ausgegangen werden. Dies gilt um so mehr, als bei einer einschränkenden Auslegung des Aufgabenkreises

---

[13] Zeitschrift für Rechtspolitik.
[14] Gemeint ist ein Beitrag von Zimmermann im „Soergel", einem Kommentar zum BGB.

die lebenserhaltenden Maßnahmen nicht fortgeführt, sondern von den behandelnden Ärzten im Hinblick auf ihre Vereinbarkeit mit dem vom Betroffenen früher erklärten und als maßgebend fortdauernden Willen überprüft und, falls der Aufgabenkreis des Beteiligten nicht erweitert oder ein weiterer Betreuer bestellt würde, gegebenenfalls eingestellt werden müßten.

c) Gegen eine Entscheidung des Vormundschaftsgerichts läßt sich auch nicht anführen, daß es an Kriterien fehle, anhand derer das Verlangen des Beteiligten, die künstliche Ernährung des Betroffenen einzustellen, rechtlich überprüft werden könne, daß die Entscheidung des Beteiligten mithin nicht justiziabel sei.

aa) Die Frage, unter welchen medizinischen Voraussetzungen die Rechtsordnung gestattet, lebensverlängernde Maßnahmen zu unterlassen oder nicht fortzuführen, hat der Bundesgerichtshof in einer Strafsache dahin entschieden, daß das Grundleiden des Kranken nach ärztlicher Überzeugung unumkehrbar (irreversibel) sein und einen tödlichen Verlauf angenommen haben müsse (Urteil vom 13. September 1994 – 1 StR 357/94 – NJW 1995, 204). Werde in einem solchen Fall der Tod in kurzer Zeit eintreten, so rechtfertige die unmittelbare Todesnähe es, von einer Hilfe für den Sterbenden und „Hilfe beim Sterben", kurz von Sterbehilfe zu sprechen und dem Arzt den Abbruch lebensverlängernder Maßnahmen zu erlauben. In Fällen, in denen das Grundleiden zwar einen irreversiblen tödlichen Verlauf angenommen habe, das Merkmal der unmittelbaren Todesnähe aber nicht gegeben sei und der Sterbevorgang somit noch nicht eingesetzt habe, liege eine Sterbehilfe im eigentlichen Sinne nicht vor. Auch wenn der Abbruch lebenserhaltender Maßnahmen (auch im damals entschiedenen Fall: einer künstlichen Ernährung über eine Magensonde) unter solchen Umständen zum Teil bereits als Sterbehilfe im weiteren Sinne oder als „Hilfe zum Sterben" bezeichnet werde und bei entsprechendem Patientenwillen als Ausdruck der allgemeinen Entscheidungsfreiheit und des Rechts auf körperliche Unversehrtheit grundsätzlich anzuerkennen sei, seien doch an die Annahme des mutmaßlichen Willens erhöhte Anforderungen insbesondere im Vergleich zur eigentlichen Sterbehilfe zu stellen. Diese objektive Eingrenzung zulässiger Sterbehilfe ist auch für das Zivilrecht verbindlich; denn die Zivilrechtsordnung kann nicht erlauben, was das Strafrecht verbietet. Aus ihr folgt, daß für das Verlangen des Betreuers, eine medizinische Behandlung einzustellen, kein Raum ist, wenn das Grundleiden des Betroffenen noch keinen irreversiblen tödlichen Verlauf angenommen hat und durch die Maßnahme das Leben des Betroffenen verlängert oder erhalten wird. Richtig ist zwar, daß der Arzt das Selbstbestimmungsrecht des einwilligungsfähigen Patienten zu achten hat und deshalb keine – auch keine lebenserhaltenden – Maßnahmen gegen dessen Willen vornehmen darf (vgl. etwa Taupitz aaO A 19 ff.). Die Entscheidungsmacht des Betreuers ist jedoch mit der aus dem Selbstbestimmungsrecht folgenden Entscheidungsmacht des einwilligungsfähigen Patienten nicht deckungsgleich, sondern als gesetzliche Vertretungsmacht an rechtliche Vorgaben gebunden; nur soweit sie sich im Rahmen dieser Bindung hält, kann sie sich gegenüber der Verpflichtung des Arztes, das Leben des Patienten zu erhalten, durchsetzen. Das bedeutet: Die medizinischen Voraussetzungen, unter denen das Recht eine vom gesetzlichen Vertreter konsentierte Sterbehilfe (auch im weiteren Sinne) gestattet, binden den Arzt ebenso wie den gesetzlichen Vertreter. Liegen sie nicht vor, ist die Sterbehilfe rechtswidrig; sie wird nicht dadurch rechtmäßig, daß der gesetzliche Vertreter in sie – und sei es auch mit Billigung des Vormundschaftsgerichts – einwilligt. Deshalb ist die Verweigerung der Einwilligung hier insoweit ebenso irrelevant wie eine etwaige Billigung dieser Verweigerung durch das Vormundschaftsgericht. Daraus läßt sich indes nicht herleiten, daß das Verlangen des Beteiligten, die künstliche Ernährung des Betroffenen einzustellen, jedenfalls insoweit einer vormundschaftsgerichtlichen Überprüfung entzogen sei, als die medizinischen Voraussetzungen, unter denen ein solches Verlangen rechtlich überhaupt erst zulässig wäre, in Frage stünden. Ein vormundschaftsgerichtliches Verfahren böte vielmehr – im Gegenteil – die Möglichkeit, verantwortlich zu prüfen, ob der rechtliche Rahmen für das Verlangen des Beteiligten überhaupt eröffnet ist. Dies wäre immer dann zu verneinen, wenn eine letzte Sicherheit, dass die Krankheit des Betroffenen einen irreversiblen und tödlichen Verlauf angenommen habe, nicht zu gewinnen wäre.

bb) Der Bundesgerichtshof hat in seinem Urteil vom 13. September 1994 (aaO 204 f.) das Unterlassen oder den Abbruch lebensverlängernder oder lebenserhaltender Maßnahmen – bei Vorliegen der medizinischen Voraussetzungen – allerdings nur dann als rechtmäßig erachtet, wenn das Unterlassen oder der Abbruch der Maßnahmen dem – im entschiedenen Fall: mutmaßlichen – Willen des Patienten entspricht. Diese Ausrichtung auf den Willen des Betroffenen korrespondiert mit den Vorgaben, die auch § 1901 BGB für das Betreuerhandeln normiert. Maßgebend sind nach § 1901 Abs. 3 Satz 1, 2 BGB die – auch früher geäußerten (§ 1901 Abs. 3 Satz 2 Halbs. 1 BGB) – Wünsche des Betroffenen, sofern sie sich feststellen lassen, nicht durch entgegenstehende Bekundungen widerrufen sind (§ 1901 Abs. 3 Satz 2 Halbs. 2 BGB) und dem Wohl des Betreuten nicht zuwiderlaufen (§ 1901 Abs. 3 Satz 1 Halbs. 2 BGB). Das Wohl des Betreuten ist dabei nicht nur objektiv, sondern – im Grundsatz sogar vorrangig (MünchKomm/Schwab aaO § 1901 Rdn. 14) – subjektiv zu verstehen; denn „zum Wohl des Betreuten gehört auch die Möglichkeit, ... sein Leben nach seinen eigenen Vorstellungen und Wünschen zu gestalten" (§ 1901 Abs. 2 Satz 2 BGB). Nichts anderes gilt, wenn sich – auf die vorliegende Situation bezogene – Wünsche des Betroffenen nicht feststellen lassen: Dann hat sich der Betreuer nach § 1901 Abs. 2 Satz 1 BGB am „Wohl des Betreuten" zu orientieren, dies aber nach § 1901 Abs. 2 Satz 2 BGB aus der Sicht des Betreuten – d.h. nach dessen Lebensentscheidungen, Wertvorstellungen und Überzeugungen – zu bestimmen (vgl. zum Ganzen G. Fischer, FS Deutsch 1999, 545, 548 ff., 555; Fröschle aaO 76; einschränkend Taupitz aaO 41 „objektive Interessenabwägung mit subjektivem Korrekturvorbehalt"; in diese Richtung auch Lipp aaO 48 f.); man kann insoweit von einem (individuell-) mutmaßlichen Willen des Betroffenen sprechen (kritisch zu dieser Rechtsfigur Höfling JuS[15] 2000, 111, 116). Allerdings kommt die Berücksichtigung eines solchen (individuell-)mutmaßlichen Willens nur hilfsweise in Betracht, wenn und soweit nämlich eine im einwilligungsfähigem Zustand getrof-

---

[15] Juristische Schulung (Zeitschrift).

fene „antizipative" Willensbekundung des Betroffenen – mag sie sich als Einwilligung in oder als Veto gegen eine bestimmte medizinische Behandlung darstellen – nicht zu ermitteln ist. Liegt eine solche Willensäußerung, etwa – wie hier – in Form einer sogenannten „Patientenverfügung", vor, bindet sie als Ausdruck des fortwirkenden Selbstbestimmungsrechts, aber auch der Selbstverantwortung des Betroffenen den Betreuer; denn schon die Würde des Betroffenen (Art. 1 Abs. 1 GG) verlangt, daß eine von ihm eigenverantwortlich getroffene Entscheidung auch dann noch respektiert wird, wenn er die Fähigkeit zu eigenverantwortlichem Entscheiden inzwischen verloren hat. Die Willensbekundung des Betroffenen für oder gegen bestimmte medizinische Maßnahmen darf deshalb vom Betreuer nicht durch einen „Rückgriff auf den mutmaßlichen Willen" des Betroffenen „korrigiert" werden, sei denn, daß der Betroffene sich von seiner früheren Verfügung mit erkennbarem Widerrufswillen distanziert oder die Sachlage sich nachträglich so erheblich geändert hat, daß die frühere selbstverantwortlich getroffene Entscheidung die aktuelle Sachlage nicht umfaßt (Taupitz aaO A 41: Die in eigenverantwortlichem Zustand getroffene Entscheidung dürfe nicht „unter spekulativer Berufung darauf unterlaufen werden ..., daß der Patient vielleicht in der konkreten Situation doch etwas anderes gewollt hätte"; vgl. auch aaO A 106 ff.). Auch wenn der Beteiligte somit strikt an den wirklichen und (nur) hilfsweise an den mutmaßlichen Willen des Betroffenen gebunden ist, so spricht dies ebenfalls nicht gegen die Möglichkeit, das Verlangen des Beteiligten, die künstliche Ernährung des Betroffenen einzustellen, einer vormundschaftsgerichtlichen Kontrolle zu unterziehen. Ein vormundschaftsgerichtliches Verfahren böte nicht nur den Rahmen für eine Prüfung, ob der Beteiligte den Willen des Betroffenen mit der Vorlage der von diesem getroffenen Verfügung erschöpfend ermittelt hat oder ob die Umstände des Einzelfalles weitere Erkundungen geboten erscheinen lassen. Sie eröffnete auch die Möglichkeit, für alle Beteiligten verbindlich festzustellen, daß die vom Beteiligten gewünschte Einstellung der Behandlung in der nunmehr vorliegenden Situation dem in der Verfügung zum Ausdruck gelangten Willen des Betroffenen entspricht (vgl. etwa G. Fischer in Medicus et al. Schadensrecht, Arztrecht ... 2001, 37, 50). cc) Keiner Entscheidung bedarf die Frage, ob und unter welchen Gegebenheiten ein Betreuer seine Einwilligung in eine lebensverlängernde oder -erhaltende Weiterbehandlung des Betroffenen verweigern darf, wenn zwar die medizinischen Voraussetzungen für eine zulässige Hilfe beim oder auch zum Sterben vorliegen, Wünsche des Betroffenen aber nicht geäußert oder nicht ersichtlich sind und sich auch bei der gebotenen sorgfältigen Prüfung konkrete Umstände für die Feststellung des individuellen mutmaßlichen Willens des Betroffenen nicht finden lassen. In einem solchen Fall soll nach der zitierten Entscheidung des Bundesgerichtshofs (aaO 205) auf Kriterien zurückgegriffen werden, die allgemeinen Wertvorstellungen entsprechen. Diese Auffassung ist auf – zum Teil sehr engagierte – Kritik (vgl. etwa Dörner ZRP 1996, 93, 95 f.;

Laufs NJW 1998, 3399, 3400) gestoßen, die sich das vorlegende Oberlandesgericht zu eigen macht und deren sachliche Berechtigung hier nicht im einzelnen zu erörtern ist. Die Diskussion um die Zulässigkeit und die Grenzen der Hilfe im oder auch zum Sterben wird gerade durch das Fehlen verbindlicher oder doch allgemeiner Wertmaßstäbe geprägt (Taupitz aaO A 38, allerdings mit dem Versuch einer „objektiven" Interessenabwägung aaO 41 ff., 46 ff.; Knittel Betreuungsgesetz § 1904 BGB Anm. 9 f.). Auch die Verfassung bietet keine sichere Handhabe, die im Widerstreit der Schutzgüter von Leben und Menschenwürde eine dem jeweiligen Einzelfall gerecht werdende, rechtlich verläßliche und vom subjektiven Vorverständnis des Beurteilers unabhängige Orientierung ermöglicht (vgl. etwa Hufen aaO 850). Soweit vor diesem Hintergrund für ein von keinem nachgewiesenen (wirklichen oder mutmaßlichen) Willen des Betroffenen getragenes Verlangen des Betreuers nach Abbruch lebenserhaltender Maßnahmen überhaupt Raum bleibt (verneinend OLG Düsseldorf FamRZ 2000, 1556, 1557; OLG Karlsruhe aaO 492; OLG Frankfurt FamRZ 1998 aaO 1138 und 2002 aaO 577), böte sich als Richtschnur möglicherweise ein Verständnis des Wohls des Betroffenen an, das einerseits eine ärztlich für sinnvoll erachtete lebenserhaltende Behandlung gebietet, andererseits aber nicht jede medizinisch-technisch mögliche Maßnahme verlangt. Ein solches, einem objektiv zu mutmaßenden Willen des Betroffenen angenähertes Verständnis (in diese Richtung Lipp aaO 48 f.; vgl. aus medizinethischer Sicht auch Schöne-Seifert Verhandlungen des 63. DJT 2000 Referat K 41, 48 mit der Forderung, „Behandlungsstandards" – unter Offenlegung ihrer notwendigen ethischen Prämissen – zu entwickeln) böte jedenfalls einen zumindest objektivierbaren Maßstab, der – außerhalb der Spannbreite einer immer möglichen Divergenz in der ärztlichen Indikation – für die Betreuerentscheidung auch in diesem vom Willen des Betroffenen nicht determinierten Grenzbereich menschlichen Lebens eine vormundschaftsgerichtliche Nachprüfung eröffnet.

d) Das Oberlandesgericht hat allerdings mit Recht angenommen, daß § 1904 BGB für eine vormundschaftsgerichtliche Überprüfung des Verlangens des Beteiligten, die künstliche Ernährung des Betroffenen einzustellen, keine Rechtsgrundlage hergibt. Auch eine analoge Anwendung dieser Einzelvorschrift kann, worauf das Oberlandesgericht zutreffend hinweist, für sich genommen eine solche Aufgabenzuweisung an das Vormundschaftsgericht schwerlich begründen. So läßt sich bereits bezweifeln, ob die Vorschriften des Betreuungsrechts, in denen einzelne Handlungen des Betreuers einem Genehmigungsvorbehalt unterstellt werden, ein geschlossenes gedankliches System darstellen, das es erlaubt, andere, von der legislativen Problemselektion nicht aufgegriffene Konfliktsituationen als eine „planwidrige" Unvollständigkeit (vgl. Larenz/Canaris Methodenlehre der Rechtswissenschaft 3. Aufl., 196 f.: „Gesetzeslücke im engeren Sinn") zu verstehen. Jedenfalls ist § 1904 BGB für sich genommen nicht geeignet, im Wege analoger Anwendung Entscheidungen des Betreuers gegen eine lebensverlängernde oder -erhaltende medizinische Behandlung dem Erfordernis einer vormundschaftsgerichtlichen Prüfung zu unterziehen. Zum einen fehlt insoweit bereits die Gleichheit der Problemlage: Der Schutz eines heilungsfähigen Patienten vor dem Einsatz riskanter medizinischer Mittel ist etwas völlig anderes als die medizinische Versorgung eines tödlich und unheilbar erkrankten Menschen (Schwab FS[16] Henrich 2000 511, 524; ders. Münch-

Komm aaO § 1904 Rdn. 38). § 1904 BGB will – anders ausgedrückt – dem Betroffenen Leben und Gesundheit erhalten, der geforderte Behandlungsabbruch will sein Leben gerade beenden. Beide Ziele stehen sich nicht im Verhältnis von „maius" und „minus" gegenüber; sie sind miteinander inkomparabel und deshalb einem „erst recht"-Schluß nicht zugänglich (LG München aaO). Auch eine Gesamtanalogie (Rechtsanalogie) zu den §§ 1904 bis 1907 BGB kommt nicht in Betracht. Zum einen läßt sich diesen schon tatbestandlich ganz unterschiedlichen Genehmigungsvorbehalten kein „allgemeiner Grundsatz" unterlegen, dessen folgerichtige Entfaltung auch Antworten auf die Frage nach der Zulässigkeit des Abbruchs einer lebenserhaltenden Behandlung bereithält. Zum anderen läßt sich diese Frage mit der in diesen Genehmigungsvorbehalten vorgesehenen Rechtsfolge auch nicht erschöpfend beantworten: Lehnt das Vormundschaftsgericht es ab, eine nach den §§ 1904 bis 1907 BGB genehmigungspflichtige Erklärung oder Maßnahme des Betreuers zu genehmigen, so ist die Erklärung unwirksam und die Maßnahme unterbleibt. Verweigert der Betreuer die notwendige Einwilligung in die lebensverlängernde oder -erhaltende Behandlung des Betreuten, so wird diese Behandlung damit allein noch nicht zulässig. Das Vormundschaftsgericht müßte, falls es nicht einen anderen Betreuer bestellt, die Einwilligung des Betreuers in die Behandlung ersetzen (vgl. Steffen NJW 1996, 1581; Engers/Wagenitz FamRZ 1988, 1256, 1257). Eine solche willensersetzende Entscheidungsmacht des Vormundschaftsgerichts ist dem geltenden Recht strukturell nicht fremd, aber auf eng begrenzte Tatbestände beschränkt (vgl. § 1810 Satz 1 Halbs. 2, § 1837 Abs. 4 i.V. mit § 1666 Abs. 3 BGB, arg. e contr.[17] § 1908 i Abs. 1 BGB; vgl. Staudinger/Engler BGB 13. Bearb., § 1837 Rdn. 2, 47; MünchKomm/Wagenitz BGB 4. Aufl. § 1837 Rdn. 4 ff., 35). Die §§ 1904 bis 1907 BGB bieten für sie keine Grundlage. Die fehlende Möglichkeit einer analogen Heranziehung der §§ 1904 bis 1907 BGB schließt freilich die Befugnis des Senats nicht aus, für die verweigerte Einwilligung des Betreuers in eine lebensverlängernde oder -erhaltende Behandlung oder Weiterbehandlung eines nicht einwilligungsfähigen Betroffenen im Wege einer Fortbildung des Betreuungsrechts eine vormundschaftsgerichtliche Prüfungszuständigkeit zu eröffnen. Die Fortbildung des Rechts ist eine Pflicht der obersten Gerichtshöfe des Bundes und wird ständig geübt (grundlegend BVerfGE 34, 296, 287 ff.; BGHZ 3, 308, 315; zu den Voraussetzungen im einzelnen Larenz Methodenlehre 6. Aufl., 366 ff., insbes. 413 ff.; Larenz/Canaris aaO 187 ff., insbes. 232 ff.). Sie ergibt sich vorliegend aus einer Gesamtschau des Betreuungsrechts und dem unabweisbaren Bedürfnis, mit den Instrumenten dieses Rechts auch auf Fragen im Grenzbereich menschlichen Lebens und Sterbens für alle Beteiligten rechtlich verantwortbare Antworten zu finden.

aa) Der Vorrang des Gesetzes hindert eine solche Rechtsfortbildung nicht (dazu allgemein etwa BVerfGE[18] 96, 56, 62). Zwar ist richtig, daß der Gesetzgeber des

---

[16] FS = Festschrift.
[17] argumentum e contrario (Umkehrschluss).
[18] Amtliche Entscheidungssammlung des Bundesverfassungsgerichts.

Betreuungsgesetzes – wie sich aus dessen Materialien ergibt – dem Wunsch eines nicht einwilligungsfähigen Betreuten auch insoweit Beachtung zuerkennen wollte, als „dieser darauf gerichtet ist, in der letzten Lebensphase nicht sämtliche denkbaren lebens-, aber auch schmerzverlängernden medizinischen Möglichkeiten einzusetzen" (BT-Drucks.[19] 11/4528 S. 128). Richtig ist auch, daß der Gesetzgeber ein Verhalten des Betreuers, das auf Durchsetzung eines solchen Wunsches gerichtet ist, keinem Genehmigungsvorbehalt unterworfen hat. Daraus läßt sich jedoch nicht auf ein „beredtes Schweigen" des Gesetzes schließen, das es verbieten könnte, im Wege der Rechtsfortbildung die unterlassene Einwilligung des Betreuers in lebensverlängernde oder -erhaltende Maßnahmen einer vormundschaftsgerichtlichen Kontrolle zu unterwerfen. Zum einen lassen die in den §§ 1904 bis 1907 BGB aufgegriffenen Konfliktsituationen kein geschlossenes Konzept erkennen, das einer rechtsfortbildenden Erweiterung nicht zugänglich wäre; zum andern ist – wie ausgeführt – der in diesen Vorschriften normierte Genehmigungsvorbehalt schon strukturell nicht geeignet, die Frage nach der Zulässigkeit des Abbruchs einer lebenserhaltenden Behandlung einer erschöpfenden Regelung zuzuführen; aus der Nichterstreckung der im Gesetz vorgesehenen Genehmigungserfordernisse auf diese Frage läßt sich deshalb nicht schließen, der Gesetzgeber habe diese Frage generell einer vormundschaftsgerichtlichen Überprüfung entziehen wollen. Auch die weitere Entwicklung des Betreuungsrechts rechtfertigt einen solchen Schluß nicht. Das Betreuungsrechtsänderungsgesetz vom 25. Juni 1998 (BGBl. I 1580)[20] verhält sich zur Frage eines Genehmigungserfordernisses nicht; das war nach der vorrangig auf eine Neuordnung des Rechts der Betreuervergütung gerichteten Zielsetzung dieses Gesetzes allerdings auch nicht anders zu erwarten (Knieper NJW 1998, 2720, 2721). Auch für die Folgezeit läßt sich das Schweigen des Gesetzgebers nicht als eine legislative Entscheidung gegen eine vormundschaftsgerichtliche Prüfungszuständigkeit für das Verlangen des Betreuers nach Abbruch lebenserhaltender Maßnahmen deuten. Die Bundesregierung sah, wie auch ihre Antwort auf die Anfrage des Abgeordneten Hüppe belegt, keinen unmittelbaren Handlungsbedarf: Danach wirft die Entscheidung des Oberlandesgerichts „nicht nur tiefgreifende juristisch-ethische Fragen, sondern auch vielfältige forensisch-praktische Fragen auf, die einer gründlichen Aufarbeitung bedürfen, bevor die Frage nach der Notwendigkeit einer gesetzgeberischen Maßnahme ... beantwortet werden kann" (BT-Drucks. 13/11345 Frage Nr. 14 S. 11). Die höchstrichterliche Rechtsprechung ist berufen, hierzu ihren Beitrag zu leisten und damit zugleich mögliche Wege für die vielfach geforderte (vgl. etwa Vormundschaftsgerichtstag e.V. BTPrax[21] 1998, 161, 162; Taupitz aaO A 92; Scheffen ZRP 2000, 313, 316 f.; Hufen aaO 857) und auch nach Auffassung des Senats wünschenswerte gesetzliche Regelung aufzuzeigen.

---

[19] Bundestags-Drucksache.
[20] Bundesgesetzblatt Teil I Seite 1580.
[21] Betreuungsrechtliche Praxis (Zeitschrift).

bb) Der Gesetzesvorbehalt des Art. 2 Abs. 2 Satz 3 GG steht einer solchen Rechtsfortbildung nicht entgegen (so aber wohl Vormundschaftsgerichtstag e.V. BTPrax 98, 161, 162; Jürgens BTPrax 98, 159, 160; Alberts NJW 1999, 835, 836). Denn durch die Prüfungszuständigkeit des Vormundschaftsgerichts wird nicht in die Rechte des Betroffenen auf Leben und körperliche Unversehrtheit eingegriffen, der Vormundschaftsrichter – entgegen einer gelegentlich gebrauchten plakativen Formulierung – also nicht zum „Herrn über Leben und Tod" ernannt (so aber AG Hanau BTPrax 1997, 82, 83; Deichmann MDR[22] 1995, 983, 984; mit Recht kritisch Verrel JR[23] 1999, 5, 6). Vielmehr werden – im Gegenteil – die Grundrechte des Betroffenen geschützt, indem die Entscheidung des Betreuers, nicht in eine lebensverlängernde oder -erhaltende Behandlung oder Weiterbehandlung des Betroffenen einzuwilligen, einer gerichtlichen Kontrolle unterzogen und dabei auf ihre Übereinstimmung mit dem Willen des Betroffenen – als Ausfluß seiner fortwirkenden Selbstbestimmung und Selbstverantwortung – überprüft wird (OLG Karlsruhe aaO 490).

cc) Eine im Wege der Fortbildung des Betreuungsrechts zu begründende Prüfungszuständigkeit des Vormundschaftsgerichts findet ihre natürliche Grenze dort, wo der Regelungsbereich des Betreuungsrechts, dessen Handhabung den Vormundschaftsgerichten anvertraut ist, endet. Das Betreuungsrecht regelt, soweit medizinische Maßnahmen für den Betroffenen in Frage stehen, zwar nicht nur das Verhältnis des Betreuers zum Betroffenen; es schreibt auch vor, inwieweit der Betreuer die dem Betroffenen zustehenden Rechte gegenüber Ärzten oder Pflegekräften wahrnehmen kann. Der Umfang dieser Rechte selbst ist jedoch nicht Gegenstand des Betreuungsrechts und deshalb von vornherein einer isolierten vormundschaftsgerichtlichen Überprüfung entzogen. Daraus ergibt sich, daß auch die Frage, welche lebensverlängernden oder -erhaltenden Maßnahmen der Betroffene beanspruchen und der Betreuer folglich als sein gesetzlicher Vertreter für ihn einfordern kann, nicht vom Betreuungsrecht zu beantworten ist. Auch dem Selbstbestimmungsrecht des Betroffenen läßt sich eine Antwort nicht entnehmen; denn dieses Recht läßt sich nur als Abwehrrecht gegen, nicht aber als Anspruch auf eine bestimmte Behandlung begreifen (Taupitz aaO A 23; Verrel JZ 1996, 224, 226; einschränkend Lilie FS Steffen 1995, 273, 276). Im Grundsatz gesichert erscheint, daß der Arzt – gestützt auf sein Grundrecht der Berufsfreiheit und seine allgemeine Handlungsfreiheit – jedenfalls solche Maßnahmen verweigern kann, für die keine medizinische Indikation besteht (Taupitz aaO 23 f. m.w.N.). Die medizinische Indikation, verstanden als das fachliche Urteil über den Wert oder Unwert einer medizinischen Behandlungsmethode in ihrer Anwendung auf den konkreten Fall (Opderbecke MedR[24] 1985, 23, 25), begrenzt insoweit den Inhalt des ärztlichen Heilauftrags (Taupitz aaO 23 ff.; vgl. auch Lilie in Wienke/Lippert aaO 80). Diese – im Schnittfeld naturwissenschaftlicher und medizinethischer Überlegungen nicht immer scharfe – Begrenzung

---

[22] Monatsschrift für deutsches Recht.
[23] Juristische Rundschau (Zeitschrift).
[24] Medizinrecht (Zeitschrift).

(vgl. etwa die Umschreibung in den Grundsätzen der Bundesärztekammer zur ärztlichen Sterbebegleitung NJW 1998, 3406; w.N.[25] bei Taupitz aaO Fn. 4) ist dem Betreuungsrecht vorgegeben; denn die rechtliche Betreuungsbedürftigkeit eines Patienten verändert den Rahmen, in dem er ärztliche Behandlung beanspruchen kann, nicht (Taupitz aaO 40; Lipp aaO 53; Opderbecke/Weißauer MedR 1998, 395, 397). Die Frage, ob eine lebensverlängernde oder -erhaltende Behandlung medizinisch indiziert ist und ihre Durchführung deshalb vom ärztlichen Heilauftrag geboten wird, kann deshalb für das Betreuungsrecht nur als Vorfrage – d.h. im Zusammenhang mit der dem Vormundschaftsgericht obliegenden Beurteilung eines Verhaltens des Betreuers bei der Wahrnehmung von Patienteninteressen des Betroffenen – Bedeutung erlangen. Für sich genommen – also losgelöst von der Prüfung eines derartigen Betreuerverhaltens – kann diese Frage nicht zum Gegenstand eines vormundschaftsgerichtlichen Verfahrens erhoben werden.

dd) Für das Betreuungsrecht kann der Inhalt des ärztlichen Heilauftrags und das aus ihm resultierende Behandlungsangebot danach allerdings mittelbar relevant werden, und zwar in zweifacher Hinsicht: Für eine Einwilligung des Betreuers in eine lebensverlängernde oder -erhaltende Behandlung ist von vornherein kein Raum, wenn ärztlicherseits eine solche Behandlung nicht angeboten wird – sei es, daß sie nach Auffassung der behandelnden Ärzte von vornherein nicht indiziert, sinnlos geworden oder aus sonstigen Gründen nicht möglich ist (Lipp aaO 52 f.). Das Unterlassen (erst recht die Weigerung) des Betreuers, in eine lebensverlängernde oder -erhaltende Behandlung einzuwilligen, ist – wie einleitend dargelegt – zwar tauglicher Gegenstand einer vormundschaftsgerichtlichen Kontrolle, setzt aber notwendig ein entsprechendes ärztliches Behandlungsangebot voraus. Fehlt es an einem solchen Angebot, kommt eine vormundschaftsgerichtliche Prüfung allenfalls insoweit in Betracht, als die Pflicht des Betreuers in Frage steht, in Wahrnehmung der Interessen des Betroffenen die Erfüllung des ärztlichen Heilauftrags durch die Einforderung bestimmter lebensverlängernder oder -erhaltender Behandlungen durchzusetzen. Die Frage, welche Möglichkeiten dem Vormundschaftsgericht hier zur Verfügung stehen, den Betreuer zur Erfüllung dieser Pflicht anzuhalten, beantwortet sich aus der Aufsichtspflicht des Vormundschaftsgerichts (§ 1908 i i.V. mit § 1837, § 1908 b BGB). Sie bedarf hier keiner vertiefenden Erörterung; denn ein solcher Fall liegt hier ersichtlich nicht vor. Nur soweit ärztlicherseits eine lebensverlängernde oder -erhaltende Behandlung angeboten wird, ist eine Einwilligung des Betreuers als des gesetzlichen Vertreters des einwilligungsunfähigen Patienten überhaupt erforderlich. Ein Unterlassen (erst recht eine Verweigerung) der Einwilligung in die angebotene Behandlung wird – nach der im Wege der Rechtsfortbildung gewonnenen Auffassung des Senats – jedoch nur mit Zustimmung des Vormundschaftsgerichts wirksam. Eine lebensverlängernde oder -erhaltende Behandlung des einwilligungsunfähigen Patienten ist bei medizinischer Indikation deshalb auch ohne die Einwilligung des Betreuers zunächst – bis zu einer Entscheidung des Vormundschaftsgerichts – durchzuführen oder fortzusetzen. Das Vor-

---

[25] weitere Nachweise.

mundschaftsgericht hat das Verhalten des Betreuers anhand der oben aufgeführten Kriterien auf seine Rechtmäßigkeit hin zu überprüfen; es trifft also keine eigene Entscheidung gegen lebensverlängernde oder -erhaltende Maßnahmen (vgl. Taupitz aaO A 85 und Fn. 410 mit rechtsvergleichenden Hinweisen; Lipp aaO 52). Das Vormundschaftsgericht muß der Entscheidung des Betreuers gegen eine solche Behandlung zustimmen, wenn feststeht, daß die Krankheit des Betroffenen einen irreversiblen tödlichen Verlauf genommen hat und die ärztlicherseits angebotene Behandlung dem früher erklärten und fortgeltenden Willen des Betroffenen, hilfsweise dessen (individuell-)mutmaßlichen Willen widerspricht. Die Frage, ob das Vormundschaftsgericht der Entscheidung des Betreuers gegen eine solche Behandlung auch dann zustimmen darf, wenn sich ein entsprechender wirklicher oder mutmaßlicher Wille trotz erschöpfender Nachforschungen des Betreuers nicht feststellen läßt, wird namentlich dann praktisch, wenn das Vormundschaftsgericht zu einer Beurteilung der medizinischen Indikation gelangt, die von der – diese Indikation bejahenden – Bewertung des behandelnden Arztes abweicht; diese Frage kann, wie ausgeführt, hier offenbleiben. Stimmt das Vormundschaftsgericht der eine Behandlung oder Weiterbehandlung ablehnenden Entscheidung des Betreuers zu, ist dessen Einwilligung nicht länger entbehrlich und die Nichterteilung dieser Einwilligung wirksam. Verweigert das Vormundschaftsgericht dagegen seine Zustimmung, so gilt damit zugleich die Einwilligung des Betreuers in die angebotene Behandlung oder Weiterbehandlung des Betroffenen als ersetzt. Das vormundschaftsgerichtliche Verfahren ist dem Richter vorbehalten (ebenso § 14 Abs. 1 Nr. 4 RpflG)[26]. § 69 d Abs. 1, 2 FGG findet eine entsprechende, den Besonderheiten des Regelungsgegenstandes Rechnung tragende Anwendung. So hat sich der Vormundschaftsrichter vom Zustand des Betroffenen einen persönlichen Eindruck zu verschaffen (vgl. § 69 d Abs. 1 Satz 2 FGG). Auch wird er auf die Einholung eines zusätzlichen, von einem anderen als dem behandelnden Arzt erstellten Sachverständigengutachtens (vgl. § 69 d Abs. 2 FGG) im Regelfall nicht verzichten können, wenn die medizinischen Voraussetzungen für die Forderung des Betreuers, die Behandlung einzustellen, nicht durch eine neuere, den Anforderungen an ein Sachverständigengutachten genügende ärztliche Stellungnahme belegt sind (vgl. dazu näher OLG Karlsruhe aaO 492) oder wenn er – in Abweichung von der Beurteilung des behandelnden Arztes – die medizinische Indikation der ärztlicherseits angebotenen Behandlung verneinen will. Mit diesem Zustimmungserfordernis wird dem Schutz des Betroffenen in seinen Grundrechten auf Leben, Selbstbestimmung und Menschenwürde in ausgewogener Weise Rechnung getragen (Taupitz aaO A 84; Lipp aaO 52, Saliger JuS 1999, 16, 20). Zugleich zielt dieses Erfordernis auf Schutz und Fürsorge für den Betreuer: Indem das Betreuungsrecht dem Betreuer unter Umständen eine Entscheidung gegen eine lebensverlängernde oder –erhaltende Behandlung des Betroffenen abverlangt, bürdet es ihm eine Last auf, die allein zu tragen dem Betreuer nicht zugemutet werden kann (LG Duisburg NJW 1999, 2744). Da das Recht vom Einzelnen nichts Unzumutbares verlangen kann, erscheint es dem Senat zwingend gebo-

---

[26] Rechtspflegergesetz.

ten, den Betreuer durch das vormundschaftsgerichtliche Prüfungsverfahren zu entlasten. Dieses Verfahren bietet einen justizförmigen Rahmen, innerhalb dessen die rechtlichen – auch strafrechtlichen – Grenzen des Betreuerhandelns geklärt und der wirkliche oder mutmaßliche Wille des Betroffenen – im Rahmen des Möglichen umfassend – ermittelt werden kann (OLG Karlsruhe aaO 490; Knittel aaO). Das Prüfungsverfahren vermittelt der Entscheidung des Betreuers damit eine Legitimität, die geeignet ist, den Betreuer subjektiv zu entlasten sowie seine Entscheidung objektiv anderen Beteiligten zu vermitteln (Taupitz aaO 82 f.) und die ihn zudem vor dem Risiko einer abweichenden strafrechtlichen ex-post-Beurteilung schützt OLG Karlsruhe aaO; Fröschle aaO 79, Saliger aaO 21). Die Beschränkung des Prüfungsvorbehalts auf Fälle, in denen eine lebensverlängernde oder -erhaltende Behandlung des Betroffenen medizinisch indiziert ist oder jedenfalls ärztlicherseits angeboten wird, der Betreuer aber in die angebotene Behandlung nicht einwilligt, stellt schließlich sicher, daß die Vormundschaftsgerichte nur in Konfliktlagen angerufen werden können; damit wird vermieden, daß die Vormundschaftsgerichte generell zur Kontrolle über ärztliches Verhalten am Ende des Lebens berufen und dadurch mit einer Aufgabe bedacht werden, die ihnen nach ihrer Funktion im Rechtssystem nicht zukommt, nicht ohne weiteres auf Fälle der Betreuung einwilligungsunfähiger Patienten beschränkt werden könnte und wohl auch sonst ihre Möglichkeiten weit überfordern würde.

IV.

Der Senat sieht sich an seiner Auffassung durch das Urteil des Bundesgerichtshofs vom 13. September 1994 (aaO) nicht gehindert. In dieser Entscheidung hat der 1. Strafsenat des Bundesgerichtshofs die Einstellung der künstlichen Ernährung der Patientin, die seit Jahren infolge einer irreversiblen Hirnschädigung zu einer eigenen Entscheidung nicht mehr in der Lage war, für die deshalb deren Sohn zum Pfleger mit dem Aufgabenkreis „Zuführung zu ärztlicher Behandlung" bestellt worden war und deren Grundleiden einen tödlichen Verlauf angenommen hatte, für rechtswidrig erachtet, weil für die Annahme einer mutmaßlichen Einwilligung der Patientin hinreichend sichere Anhaltspunkte gefehlt hätten und die Zustimmung des Pflegers zur Einstellung der künstlichen Ernährung schon mangels einer Genehmigung des Vormundschaftsgerichts unwirksam gewesen sei. § 1904 BGB sei nach seinem Sinn und Zweck in Fällen der Sterbehilfe jedenfalls dann – erst recht – entsprechend anzuwenden, wenn eine ärztliche Maßnahme in der Beendigung einer bisher durchgeführten lebenserhaltenden Behandlung bestehe und der Sterbevorgang noch nicht unmittelbar eingesetzt habe. Wenn schon bestimmte Heileingriffe wegen ihrer Gefährlichkeit der alleinigen Entscheidungsbefugnis des Betreuers entzogen seien, dann müsse dies um so mehr für Maßnahmen gelten, die eine ärztliche Behandlung beenden sollten und mit Sicherheit binnen kurzem zum Tode des Kranken führten. Diese – von der dargelegten Rechtsmeinung des erkennenden Senats unterschiedliche – Sicht des § 1904 BGB begründet indes keine Abweichung im Sinne des § 132 Abs. 2, Abs. 3 Satz 1 GVG[27], die zu einer Anfrage an den

---

[27] Gerichtsverfassungsgesetz.

1. Strafsenat Anlaß geben und, falls dieser an seiner Auffassung festhielte, eine Vorlage an die Vereinigten Großen Senate erfordern würde; denn der Unterschied zwischen beiden Auffassungen ist für die Entscheidung des vorliegenden Falles nicht erheblich. § 132 GVG räumt den Vereinigten Großen Senaten die Befugnis zur Beantwortung streitiger oder grundsätzlich bedeutsamer Rechtsfragen nur ein, soweit deren Beantwortung für die Entscheidung des konkreten Falles nach Auffassung des vorlegenden Senats erforderlich wird. Diese Beschränkung ergibt sich mittelbar aus § 138 Abs. 1 Satz 3 GVG, der die Bindungswirkung der Entscheidung auf die vorgelegte Sache bezieht. Sie entspricht im übrigen auch dem Verständnis, das der Bundesgerichtshof dem Begriff der Entscheidungserheblichkeit für die Zulässigkeit der Vorlagen anderer Gerichte – etwa, wie im vorliegenden Fall, nach § 28 Abs. 2 FGG – beimißt; danach muß sich, wie anfangs ausgeführt, aus dem Vorlagebeschluß ergeben, daß es vom Standpunkt des vorlegenden Gerichts aus auf die Vorlagefrage ankommt, das vorlegende Gericht also bei Befolgung der abweichenden Ansicht zu einem anderen Ergebnis gelangen würde (Senatsbeschluß BGHZ 121, 305, 308; ebenso BGHZ 82, 34, 36 f.; 112, 127, 129; 117, 217, 221). Für eine Vorlage nach § 132 Abs. 2 GVG kann – wovon auch die Vereinigten Großen Senate ausgehen (BGHZ 126, 63, 71 f. unter Bezugnahme auf BGHZ 88, 353, 357; 112, 127, 129; 117, 217, 221) – nichts anderes gelten. Daher ist es unstatthaft, den Vereinigten Großen Senaten Fragen vorzulegen, deren Beantwortung lediglich die Begründung einer Entscheidung, nicht jedoch deren Ergebnis beeinflußt (BGH NJW 2000, 1185 f.; Kissel GVG 3. Aufl. § 132 Rdn. 20 i.V. mit § 121 Rdn. 21; zustimmend Zöller/Gummer ZPO[28] 23. Aufl. § 132 GVG; Albers in Baumbach/Lauterbach/Albers/Hartmann ZPO 61. Aufl. § 132 GVG Rdn. 7). So liegen die Dinge hier. Auch wenn man der Auffassung des 1. Strafsenats des Bundesgerichtshofs folgte und aus § 1904 BGB herleitete, daß in Fällen der Sterbehilfe (im weiteren Sinne) die Zustimmung des Betreuers zur Einstellung der künstlichen Ernährung die Genehmigung des Vormundschaftsgerichts erforderte, müßte das Vormundschaftsgericht auf den Antrag des Beteiligten hin tätig werden und prüfen, ob die Voraussetzungen vorliegen, unter denen der Beteiligte seine Einwilligung in die Beibehaltung der Magensonde und die Fortdauer der künstlichen Ernährung des Betroffenen unterlassen darf. Für das in § 132 Abs. 2, Abs. 3 Satz 1 GVG vorgeschriebene Verfahren ist mithin im vorliegenden Fall kein Raum.

V.

Die Entscheidungen von Amts- und Landgericht können danach nicht bestehen bleiben. Der Senat vermag in der Sache nicht abschließend zu entscheiden. Vormundschafts- und Beschwerdegericht haben eine gerichtliche Prüfungszuständigkeit verneint und folgerichtig keine Feststellungen zu den objektiven und subjektiven Voraussetzungen getroffen, die den Beteiligten berechtigen könnten, seine Einwilligung in eine Fortführung der bisherigen Behandlung des Betroffenen nicht zu erteilen. Die Sache war daher an das Amtsgericht zurückzuverweisen, damit es die not-

---

[28] Zivilprozessordnung.

wendigen Feststellungen nachholen und auf dieser Grundlage die ihm zuerkannte Prüfungsaufgabe wahrnehmen kann.

2. Kritik der Entscheidung[29]

Hinweis! In den Fußnoten wird der unter 1. wiedergegebene BGH-Beschluss nach den mitabgedruckten Gliederungspunkten zitiert (etwa: „BGH, III. 2.a").

a) Ergänzungen zum Sachverhalt: Ein Patient im apallischen Syndrom

Ergänzend zum Sachverhalt, der dem Beschluss des 12. Zivilsenats zugrunde liegt, erscheinen folgende Hinweise zum Zustand des Patienten – nach dem Sprachgebrauch des FGG-Verfahrens: des Betroffenen (sein Alter wird nicht genannt) – angebracht; er erlitt am 29. November 2000 infolge eines Myocardinfarktes[30] einen hypoxischen Gehirnschaden[31] im Sinne eines apallischen Syndroms.

Das apallische Syndrom[32] (zunehmend auch: Wachkoma) ist ein neurologisches Krankheitsbild, das durch schwere zerebrale Funktionsstörungen verursacht wird, wobei unterschiedliche Ursachen zugrunde liegen können; häufig handelt es sich um Schädel-Hirn-Traumata oder globale hypoxische Hirnschädigungen nach akuter kardio-respiratorischer Insuffienz. Wie der Zustand medizinisch angemessen beschrieben werden soll, ist zunehmend umstritten. Eine *traditionelle medizinische Auffassung* geht von folgendem aus: Sprachverständnis und expressive Sprachfunktionen sind aufgehoben. Es besteht ein Schlaf-Wach-Zyklus, so dass die Patienten intermittierend wach sind und die Augen geöffnet haben. Bei der Untersuchung zeigen sich keinerlei willkürliche Reaktionen auf visuelle, akustische, taktile oder nozizeptive[33] Reize. Es handelt sich somit um eine Bewusstseinsstörung, bei der nicht die Wachheit, sondern die Wahrnehmungsfähigkeit beeinträchtigt ist. Vegetative Funktionen, wie Temperatur-, Kreislauf- und Atemregulation, die im Hypothalamus[34] und im Hirnstamm gesteuert werden, sind so weit erhalten, dass ein Überleben der Patienten möglich ist, wenn entsprechende medizinische und pflegerische Maßnahmen gewährleistet sind. Die Prognose hängt vom Alter, der Ätiologie, dem Ausmass des Hirnschadens und der Dauer des Zustands ab. Die Prognose des apal-

---

[29] Die nachfolgenden Ausführungen gehen im wesentlichen zurück auf: Höfling/Rixen 2003.
[30] Myocard-/Myokardinfarkt = Herzinfarkt.
[31] Hypoxischer Gehirnschaden = Gehirnschaden aufgrund einer Sauerstoffunterversorgung.
[32] Die Syndrombezeichnung apallisches Syndrom ist aus dem Lateinischen (pallium, Hirnmantel) abgeleitet und suggeriert ein anatomisches Substrat, das nicht in allen Fällen gegeben ist. Deshalb wird diese Bezeichnung in der aktuellen internrnationalen medizinischen Literatur abgelehnt. In der angloamerikanischen Literatur ist der Begriff „persistent vegetative state" (PVS) gebräuchlich; er wird auch in Deutschland zunehmend verwandt.
[33] Nozizeptiv = schmerauslösend.
[34] Teil des Zwischenhirns, in dem sich die dem vegetativen Nervensystem übergeordneten Zentren, welche die wichtigsten Regulationsvorgänge des Organismus wie Wärmeregulation, Wach- und Schlafrhythmus, Blutdruck- und Atmungsregulation, Nahrungsaufnahme (Hunger- und Sättigungszentrum), Fettstoffwechsel, Wasserhaushalt Sexualfunktion und Schweißsekretion koordinieren.

lischen Syndroms ist grundsätzlich nach traumatischen ZNS-Verletzungen besser als nach nichttraumatischen zerebralen Läsionen; bei Kindern und Erwachsenen unter 40 Jahren ist sie besser als bei älteren Patienten. Ein apallisches Syndrom wird nach dem gegenwärtigen Wissen dann als irreversibel angesehen, wenn es zwölf Monate nach einer traumatischen zerebralen Läsion oder drei Monate nach einer akuten nichttraumatischen zerebralen Läsion besteht; die Wahrscheinlichkeit einer Restitution wird nach diesen Zeitintervallen als extrem gering eingeschätzt. Die Mortalität ist während der ersten sechs Monate des apallischen Syndroms am größten. Erfolgt eine Therapie jeder auftretenden Komplikation wie insbesondere Infektionen, ist das Überleben über viele Jahre möglich. Wird nach der akuten Krankheitsphase ein stabiler Allgemeinzustand erreicht, so beträgt die durchschnittliche Überlebenszeit zwei bis fünf Jahre, wobei die Qualität der Betreuung im Einzelfall eine entscheidende Rolle spielt. In Einzelfällen sind Überlebenszeiten von mehreren Jahrzehnten bekannt.

Eine *im Vordringen begriffene medizinische Auffassung*, die anstelle einer „defekt-" bzw. „biomedizinischen" Perspektive einem „beziehungsmedizinischen" Ansatz folgt, setzt bei der Beschreibung des Zustands und der Entwicklungschancen von Wachkoma-Patienten andere Akzente:[35] dies bezieht sich insbesondere auf die Frage, inwieweit der Patient noch reagieren kann, außerdem auf die Therapierbarkeit. Der Zustand des Wachkomas wird als extrem zurückgenommenes individuelles Leben beschrieben; er lässt sich durch die Einbindung in ein spezifisches zwischenmenschliches Bezugssystem, namentlich einen körpernahen Dialogaufbau, wenn nicht vollends verändern, so doch mitunter erheblich im Sinne einer optimierten Chance auf soziale Teilhabe verbessern. Hierbei spielen vor allem Erkenntnisse der neueren Neuromedizin, -psychologie und -rehabilitation eine große Rolle. Sie erlauben Rückschlüsse über das am versehrten Körper als „Körpersemantik" gleichsam „biosemiologisch" ablesbare innere Wahrnehmen und Erleben von Wachkoma-Patienten. Das bedeutet u.a., dass man entgegen der traditionellen medizinischen Auffassung nicht davon ausgehen kann, fehlendes Bewusstsein korreliere mit fehlender (wenn auch sehr basal angesiedelter) Ansprechbarkeit; auch deutet manches darauf hin, dass Wachkoma-Patienten schmerzempfindlich sind, ohne dass dies offenbar zwingend emotional von Empfindungen wie „Leiden" oder „Qual" begleitet wird. Ob bzw. wie schnell sich der Zustand des Wachkoma-Patienten positiv verändert (vor allem dadurch, dass sich minimale Kommunikationsfähigkeiten entwickeln), hängt vor diesem Hintergrund entscheidend von einer qualitativ hochwertigen Pflege und möglichst frühzeitig einsetzenden therapeutisch-rehabilitiven Maßnahmen ab. Die neuere Forschung und Reha-Praxis widerlegt die lange Zeit in der Medizin vorherrschende Haltung des „therapeutischen Nihilismus".

Seitdem der Betroffene sich im apallischen Syndrom befindet, wird er über eine PEG-Sonde[36] ernährt; nach den Feststellungen hat sich eine Kontaktaufnahme mit ihm hat als unmöglich erwiesen. Was unter Kontaktaufnahme im Hinblick auf die

---

[35] Hierzu – mit weiteren Nachweisen – *Andreas Zieger*, intensiv 2002, 261 ff.
[36] Dazu in diesem Buch Teil D, I. 5.

(soeben skizzierten) neueren Ansätze der Neurorehabilitation gemeint ist, bleibt offen. Auf Anregung der Klinik, in welcher der Patient behandelt wurde, wurde sein Sohn mit Beschluss vom 18. Januar 2001 zum Betreuer („Sorge für die Gesundheit des Betroffenen") bestellt, wodurch dieser, den Unterscheidungen des FGG-Verfahrens entsprechend, zum Beteiligten wurde. Die Betreuung wurde mit Beschluss vom 18. Dezember 2001 verlängert. Am 8. April 2002 beantragte der Betreuer beim Amtsgericht „die Einstellung der Ernährung über die PEG-Sonde" für seinen Vater und berief sich dabei auf die im Beschluss wiedergegebene Verfügung seines Vaters.

b) Sterbehilfe aus Sicht des BGH

Nach Auffassung des BGH ist die vom Betreuer erwünschte Beendigung lebenserhaltender Maßnahmen nur zulässig und folglich genehmigungsfähig, wenn bestimmte „objektive und subjektive Voraussetzungen"[37] erfüllt sind. Diese Voraussetzungen benennen Situationen „zulässiger Sterbehilfe".[38]

aa) Objektive Voraussetzungen

(1) Einwilligungsunfähigkeit des Patienten

Erste objektive Voraussetzung ist, dass der Patient „im Zeitpunkt der Maßnahme"[39], also dem Moment, in dem die vom Betreuer beantragte Maßnahme vollzogen werden soll, einwilligungsunfähig ist.[40] Der Betreuer will die von ihm beantragten lebensbeendenden Maßnahmen typischerweise unverzüglich umgesetzt sehen; zumindest bei Patienten, bei denen eine Zustandsveränderung hin zur Einwilligungsfähigkeit realistischerweise unwahrscheinlich ist (wie etwa bei langjährigen Wachkoma-Patienten), wird die Verzögerung, die durch eine gerichtliche Klärung eintritt, an der Einwilligungsunfähigkeit nichts ändern. Im vorliegenden Fall ist die Frage nicht weiter thematisiert worden, sondern wurde als unproblematisch übergangen. Was mit Einwilligungsunfähigkeit gemeint ist, setzt der BGH als bekannt voraus.

(2) Objektive Eingrenzung zulässiger Sterbehilfe: Grundleiden mit irreversibel tödlichem Verlauf

α) Spannungen zwischen der Argumentation des 1. Strafsenats und ihrer Rezeption durch den 12. Zivilsenat

Weitere objektive Voraussetzung ist das Vorliegen einer spezifischen „Sterbehilfe"-Situation.[41] Die Ausführungen des 12. Zivilsenats sind (auch) hier wenig erhellend. Einerseits bezieht er sich auf das Urteil des BGH in Strafsachen (1. Strafsenat) vom 13. September 1994[42] und paraphrasiert zentrale Passagen aus dieser Entscheidung.

---

[37] BGH, V.
[38] BGH, III. 2. c. aa.
[39] BGH, III. 2. a.
[40] BGH, Leitsatz 1 und III. 2. a.
[41] Vgl. den Wortgebrauch des BGH, III. 2. c. aa.: „die Sterbehilfe" oder „Sterbehilfe (auch im weiteren Sinne)".
[42] BGHSt 40, 257 = Neue Juristische Wochenschrift (NJW) 1995, 204 = Neue Zeitschrift für Strafrecht (NStZ) 1995, 80 („Kemptener Fall").

Andererseits liest sich die Paraphrase so, als würden unter der Hand die Unterscheidungen des 1. Strafsenats nur wenig, aber durchaus folgenreich modifiziert. In der Entscheidung des 1. Strafsenats, in dem es ebenfalls um den Abbruch einer PEG-Ernährung ging,[43] hatte es wortwörtlich geheißen:

„Zu Recht ist das LG davon ausgegangen, dass ein Fall der sog. passiven Sterbehilfe nicht vorliegt. Sterbehilfe in diesem Sinne setzt voraus, dass das Grundleiden eines Kranken nach ärztlicher Überzeugung unumkehrbar (irreversibel) ist, einen tödlichen Verlauf angenommen hat und der Tod *in kurzer Zeit* eintreten wird (…). Ist eine derartige Prognose – insbesondere das Merkmal der unmittelbaren Todesnähe – gegeben, so hat der Sterbevorgang bereits eingesetzt. Erst in diesem Stadium ist es deshalb gerechtfertigt, von Hilfe für den *Sterbenden* und Hilfe *beim* Sterben, kurz: von Sterbehilfe zu sprechen."[44]

Dabei bezog sich der 1. Strafsenat ausdrücklich auf Stellungnahmen der Bundesärztekammer.[45] In einer dieser Erklärungen heißt es, ein Sterbender sei ein dem Tod naher Kranker oder Verletzter, bei dem das Grundleiden mit infauster Prognose einen irreversibeln Verlauf angenommen habe.[46] Infaust wird offenbar in dem Sinne als „aussichtslos" verstanden, dass es keine therapeutischen Aussichten gibt, die Krankheit zu heilen. Weiter heißt es: „Der von einer tödlichen Krankheit oder von einer lebensgefährlichen äußeren Gewalteinwirkung betroffene Mensch ist nicht notwendigerweise ein Sterbender."[47] Das Wort „Sterbender" wird so definiert: „Die Sterbehilfe betrifft den im Sterben liegenden Menschen. Ein Sterbender ist ein Kranker oder Verletzter, bei dem der Arzt aufgrund einer Reihe klinischer Zeichen zur Überzeugung kommt, dass die Krankheit irreversibel oder die traumatische Schädigung infaust verläuft *und* der Tod in kurzer Zeit eintreten wird."[48] Um das Im-Sterben-Liegen zu charakterisieren, heißt es in der vom 1. Strafsenat in Bezug genommen Erklärung der Bundesärztekammer: „Der Sterbeprozeß beginnt, wenn die elementaren körperlichen Lebensfunktionen erheblich beeinträchtigt sind oder völlig ausfallen".[49] Der Moment „Tod in kurzer Zeit" wird noch damit umschrieben, dass der Tod „wegen lebensgefährlicher Komplikationen bevor(steht)"[50].

Legt man diese Maßstäbe an die Situation des Patienten an, um den es in dem Beschluss des 12. Zivilsenats geht (Apalliker), dann liegt schon deshalb kein Fall der Sterbehilfe (im engeren, eigentlichen Sinne) vor, weil der Tod nicht in kurzer Zeit zu erwarten ist – es gibt keine lebensgefährlichen Komplikationen –, ja nicht

---

[43] Vgl. BGH, III. 2. c. aa.
[44] BGHSt 40, 257 = NJW 1995, 204 = NStZ 1995, 80 (80, II.1. a.) – kursive Hervorhebung im Original, Unterstreichung hinzugefügt.
[45] BGHSt 40, 257 = NJW 1995, 204 = NStZ 1995, 80 (80, II. 1. a.).
[46] *Bundesärztekammer*, Sterbehilfe-Richtlinien (1979), zit. nach der Wiederveröffentlichung in MedR 1985, 38 (38, sub II.).
[47] *Bundesärztekammer* (Fußn. 46), MedR 1985, 38 (39 – Kommentar, I., vor 1.).
[48] *Bundesärztekammer* (Fußn. 46), MedR 1985, 38 (39 – Kommentar, I. 1. a.), Hervorhebung hinzugefügt.
[49] *Bundesärztekammer* (Fußn. 46), MedR 1985, 38 (39 – Kommentar, II.).
[50] *Bundesärztekammer* (Fußn. 46), MedR 1985, 38 (39 – Kommentar, II.).

einmal der Sterbevorgang hat begonnen, weil der Patient im apallischen Syndrom nach seiner Konstitution nicht in einer Lage ist, in der die körperlichen Lebensfunktionen ganz ausgefallen oder erheblich beeinträchtigt sind. Wie oben beschrieben, sind beim Apalliker körperliche Lebensfunktionen erhalten – wenn er ernährt wird, was vorliegend der Fall war. Dass das Grundleiden – verstanden als Grundkrankheit, die den Zustand des Patienten schwerpunktmäßig prägt – irreversibel, der status quo ante also nicht mehr erreichbar ist, genügt für sich genommen für die Annahme einer Sterbehilfe (im engeren, eigentlichen Sinne) nicht. Auch eine infauste Prognose erscheint nicht möglich, wenn man, entsprechend der neueren medizinischen Auffassung, das therapeutische Potential differenziert betrachtet: es ist zwar nicht in dem Sinne gegeben, dass sich das Grundleiden gleichsam in den status quo ante zurückverwandeln ließe („heilen"), aber doch insoweit, als das Grundleiden gelindert werden kann, was ebenfalls als Gegenstand einer Therapie in Frage kommt und die Kennzeichnung der Prognose als infaust ausschließt.[51] Das Grundleiden (im soeben definierten Sinne) hat demnach keinen tödlichen Verlauf angenommen.

Ungeachtet dessen hört sich das, was der 1. Strafsenat in expliziter Anlehnung an die Unterscheidungen der Bundesärztekammer ausführt, beim 12. Zivilsenat etwas anders an:

„Die Frage, unter welchen medizinischen Voraussetzungen die Rechtsordnung gestattet, lebensverlängernde Maßnahmen zu unterlassen oder nicht fortzuführen, hat der BGH in einer Strafsache dahin entschieden, dass das Grundleiden des Kranken nach ärztlicher Überzeugung unumkehrbar (irreversibel) sein und einen tödlichen Verlauf angenommen haben müsse (…). Werde *in einem solchen Fall* der Tod in kurzer Zeit eintreten, so rechtfertige die unmittelbare Todesnähe es von einer Hilfe für den Sterbenden und ‚Hilfe beim Sterben', kurz von Sterbehilfe zu sprechen und dem Arzt den Abbruch lebensverlängernder Maßnahmen zu erlauben. In Fällen, in denen das Grundleiden zwar einen irreversiblen tödlichen Verlauf angenommen habe, das Merkmal der unmittelbaren Todesnähe aber nicht gegeben sei und der Sterbevorgang somit noch nicht eingesetzt habe, liege eine Sterbehilfe im eigentlichen Sinne nicht vor."[52]

Zunächst fällt auf, dass der 12. Zivilsenat aus der Definition der Sterbehilfe im engeren Sinne, die der 1. Strafsenat vornimmt, ein wichtiges Element herauslöst – das der unmittelbaren Todesnähe („Tod in kurzer Zeit"). Für den 1. Strafsenat konstituieren nur die drei Elemente kumulativ – Grundleiden irreversibel, tödlicher Verlauf angenommen *und* Tod in kurzer Zeit – die Situation der Sterbehilfe (im engeren, eigentlichen Sinne). Beim 1. Strafsenat heißt es so auch, ohne dass dies etwa nur am Merkmal „Tod in kurzer Zeit" festgemacht würde:

---

[51] Vgl. nur § 27 I 1 SGB V (Sozialgesetzbuch Fünftes Buch – Gesetzliche Krankenversicherung –).
[52] BGH, III. 2. c. aa – Hervorhebung hinzugefügt.

„Im vorliegenden Fall hatte der Sterbevorgang noch nicht eingesetzt. Frau Sch." – so der abgekürzte Name der Patientin im damaligen Sachverhalt – „war lebensfähig: tatsächlich hat sie nach dem Entschluss der Angeklagten, die künstliche Ernährung einzustellen, noch über 9 Monate (…) gelebt. Eine Sterbehilfe im eigentlichen Sinn lag deshalb nicht vor."[53]

Der 12. Zivilsenat bildet hingegen einen anderen (Grund-)Fall: die Situation, die Ausgangspunkt allen weiteren Differenzierens ist, ist zweigliedrig: „Grundleiden irreversibel", „hat tödlichen Verlauf angenommen". Das in der Definition des 1. Strafsenats aufgeführte dritte oberbegriffliche Merkmal mutiert zu einer differentia specifica, die eben nur einen Teil der vom Oberbegriff gemeinten Situationen erfasst: nämlich die Fälle der unmittelbaren Todesnähe – was aus Sicht des 1. Strafsenats gerade kein Aspekt eines zu bildenden Unterbegriffs, sondern notwendiger Aspekt des Oberbegriffs ist. Der 12. Zivilsenat sieht das anders: Er verkürzt die vom 1. Strafsenat aufgestellte dreigliedrig aufeinander bezogene Definition und schafft so Raum für die gesonderte Betrachtung von Patienten, die sich *nicht* in unmittelbarer Todesnähe befinden.

β) Eine neue Fallgruppe: Das irreversibel-tödliche Grundleiden diesseits des (unmittelbaren) Sterbeprozesses?

Damit tritt nun vor allem das Problem auf, bestimmen zu müssen, was mit dem Merkmal „irreversibles Grundleiden hat tödlichen Verlauf angenommen" gemeint ist. Der 12. Zivilsenat lässt den Leser hier einmal mehr ratlos zurück. Zwar bezieht er sich nicht explizit auf die aktuellen Grundsätze der Bundesärztekammer zur Sterbebegleitung, aber deren Relevanz erkennt er doch implizit an, weil er sich (durch die Bezugnahme auf die Ausführungen des 1. Strafsenats) zumindest im Ansatz auf eine Begriffsbildung stützt, die ihrerseits auf Unterscheidungen der Bundesärztekammer aufbaut und die in der aktuellen Erklärung der Bundesärztekammer nicht etwa aufgegeben, sondern fortgebildet werden. In den aktuellen Sterbebegleitungs-Grundsätzen der Bundesärztekammer heißt es:[54]

„Patienten mit einer lebensbedrohenden Krankheit, an der sie trotz generell schlechter Prognose nicht zwangsläufig in absehbarer Zeit sterben, haben, wie alle Patienten, ein Recht auf Behandlung, Pflege und Zuwendung. Lebenserhaltende Therapie einschließlich – gegebenenfalls künstlicher – Ernährung ist daher geboten. Diese gilt auch für Patienten mit schwersten cerebralen Schädigungen und anhaltender Bewusstlosigkeit (apallisches Syndrom, sogenanntes Wachkoma). Bei fortgeschrittener Krankheit kann aber auch bei diesen Patienten eine Änderung des Therapiezieles und die Unterlassung lebenserhaltender Maßnahmen in Betracht kommen. So kann der unwiderrufliche Ausfall weiterer vitaler Organfunktionen die Entscheidung rechtfertigen, auf den Einsatz substituierender technischer Hilfsmittel zu verzichten. Die Dauer der Bewusstlosigkeit darf dabei nicht alleiniges Kriterium sein."

---

[53] BGHSt 40, 257 = NJW 1995, 204 = NStZ 1995, 80 (81, II 1. a.).
[54] In diesem Buch Teil H, III 2.

Es fällt auf, dass die Lage, die aus Sicht der Bundesärztekammer für einen Abbruch der Behandlung beim Apalliker in Betracht kommt (unwiderruflicher Ausfall vitaler Organfunktionen), der – vom 1. Strafsenat unter Verweis auf die ältere Erklärung der Bundesärztekammer gebildeten – Exemplifizierung des Merkmals der unmittelbaren Todesnähe (Bevorstehen des Todes wegen lebensgefährdender Komplikationen) entspricht. Man kann in solchen Konstellationen vielleicht davon sprechen, dass die mittel- bis langfristig letale Tendenz der Grunderkrankung (des Grundleidens), der bzw. dem eben nicht mehr therapeutisch begegnet werden kann, durch zusätzliche Umstände zeitlich radikalisiert wird. Ob und inwieweit in einer solchen Situation tatsächlich von einer Todesnähe bzw. einem einsetzenden Sterbeprozess die Rede sein kann, bedarf indes noch genauerer Betrachtung.

Genau ein solch differenzierend-analytischer Problemzugriff jedoch scheint dem 12. Zivilsenat des BGH überflüssig. Gerade weil der BGH ja eine objektive Eingrenzung zulässiger Sterbehilfe verlangt, fragt man ratlos, ob denn auch – und ab welchem Stadium – z.B. eine Altersdemenz einen pathophysiologischen Zustand umschreibt, in dem das Grundleiden einen irreversiblen tödlichen Verlauf genommen hat, selbst wenn der Patient/die Patientin durchaus noch Monate oder gar Jahre leben könnte. Und irritiert fragt man weiter, warum der BGH solche Überlegungen anlässlich eines Falles anstellt, in dem es um einen apallischen Patienten geht, der – wenn keine weiteren Umstände, zu denen der Tatbestand der Entscheidung nichts verlauten lässt, vorliegen – sich keineswegs im Sterbeprozess befindet. Soll vielleicht schon das apallische Syndrom als solches ein Grundleiden bezeichnen, das einen irreversiblen tödlichen Verlauf angenommen hat?

Welche Folgen die zweifelhafte Kategorie des 12. Zivilsenats für die instanzgerichtliche Praxis haben kann, dokumentiert ein Beschluss des Landgerichts Ellwangen vom 7. Mai 2003.[55] Die Zivilkammer genehmigt in dem Beschluss die Verweigerung der Einwilligung von Bevollmächtigten[56] in die weitere Nahrungs- und Flüssigkeitsgabe bei einer hochbetagten Betroffenen mit fortgeschrittener Demenz und Schluckstörungen, einer kompletten Parese[57] und einer Aphasie[58]. Da nach Sachverständigenaussage eine Besserung des desolaten Allgemeinzustandes und auch des geistigen Zustandes nicht zu erwarten war, gelangt die Zivilkammer – unter Abarbeitung der vom BGH entwickelten Kriterien – zu der kühnen Erkenntnis: „Das Grundleiden der Betroffenen hat auch einen irreversiblen Verlauf angenommen. Ohne künstliche Nahrungs- und Flüssigkeitszufuhr wird voraussichtlich innerhalb einer Woche der Tod der Betroffenen aufgrund ihres desolaten gesundheitlichen Zustandes eintreten".[59] Dass jemand ohne Nahrungs- und Flüssigkeitszufuhr innerhalb kurzer Zeit sterben wird, begründet zweifelsohne noch nicht ein irrever-

---

[55] Aktenzeichen. 1 T 33/03.
[56] Das LG Ellwangen erweitert damit den Anwendungsbereich des Genehmigungsvorbehalts um die Bevollmächtigten.
[57] Parese = Lähmung.
[58] Aphasie = zentrale Sprachstörung unterschiedlicher Ausprägung.
[59] LG Ellwangen, Beschl. v. 7. 5. 2003, Az. 1 T 33/03, Umdruck S. 12.

sibel-tödliches Grundleiden. Wenn aber das Landgericht dies nicht gemeint haben kann, stellt sich die Frage, was denn ein „desolater gesundheitlicher Zustand", der in Kombination mit einer Einstellung der künstlichen Ernährung innerhalb einer Woche den Tod herbeiführt, sein soll.

(3) Anforderungen an die Feststellung der objektiven Sterbehilfe-Situation

Bezüglich der Variante „Grundleiden hat irreversiblen tödlichen Verlauf angenommen" heißt es beim 12. Zivilsenat, dieser Zustand müsse „nach ärztlicher Überzeugung"[60] vorliegen, wobei „letzte Sicherheit"[61] zu verlangen sei. Obgleich es nicht explizit ausgeführt wird, wird man auch für die Variante „unmittelbare Todesnähe" annehmen müssen, dass deren Vorliegen nach ärztlicher Überzeugung mit letzter Sicherheit erwiesen sein muss. Der BGH zählt beide Varianten zu den „medizinischen Voraussetzungen"[62] der Abbruchsentscheidung, die definitionsgemäß nur von Medizinern (Ärzten) festgestellt werden können. An die Feststellung beider Situation, die sich nur durch das Vorliegen oder das Fehlen unmittelbarer Todesnähe unterscheiden, sind daher gleichermaßen hohe Anforderungen zu stellen, von deren Beachtung sich das Amtsgericht überzeugen muss. Allerdings kann das Erfordernis der letzten Sicherheit als Voraussetzung für die Annahme einer objektiven Sterbehilfesituation dazu führen, dass sich eine Sterbehilfesituation kaum noch wird bejahen lassen, denn Ärzte werden sie wenn überhaupt nur mit erheblichen Schwierigkeiten bejahen können. Letzte Sicherheit ist einer induktiv-probalistisch argumentierenden Wissenschaft wie der Medizin fremd; man wird es so zu verstehen haben, dass die ärztliche Prognose im Hinblick auf das zu diesem Zeitpunkt verfügbare Wissen mit größtmöglicher Sorgfalt (= mit „letzter Sicherheit") gestellt werden muss.

(4) Das ärztliche Behandlungsangebot

α) Das ärztliche Behandlungsangebot zwischen Indikation und „Sinnhaftigkeitsurteil"?

Weitere objektive Voraussetzung zulässiger Sterbehilfe ist, dass ärztlicherseits eine (Weiter-) Behandlung angeboten wird. Für eine Einwilligung des Betreuers und eine Zustimmung des Vormundschaftsgerichts ist hingegen kein Raum, wenn die (Weiter-)Behandlung ärztlicherseits nicht (mehr) angeboten wird, sei es,

„dass sie nach Auffassung der behandelnden Ärzte von vornherein medizinisch nicht indiziert, nicht mehr sinnvoll oder aus sonstigen Gründen nicht möglich ist"[63].

Das Verhältnis zwischen Arzt und Patient sei, so der 12. Zivilsenat weiter, dem Betreuungsrecht vorgelagert; die aus diesem Verhältnis folgenden Handlungsvorgaben und -grenzen müsse das Betreuungsrecht achten.[64] Aus dem Inhalt des ärzt-

---

[60] BGH, III. 2. c. aa.
[61] BGH, III. 2. c. aa.
[62] BGH, III. 2. c. aa.
[63] BGH, III. 2. e. dd. – Hervorhebung hinzugefügt; ebenso, allerdings ohne „nach Auffassung der behandelnden Ärzte" (Leitsatz 2).
[64] Vgl. BGH, III. 2. e. cc.

lichen Heilauftrags, der nicht immer klar abgrenzbare naturwissenschaftliche und medizinethische Überlegungen erforderlich mache, ergebe sich, dass der Arzt „jedenfalls solche Maßnahmen verweigern kann, für die keine medizinische Indikation besteht (…). Die medizinische Indikation, verstanden als das fachliche Urteil über den Wert oder Unwert einer medizinischen Behandlungsmethode in ihrer Anwendung auf den konkreten Fall (…), begrenzt insoweit den Inhalt des ärztlichen Heilauftrags".[65]

β) Zur strikten Indikationsakzessorietät des Behandlungsangebots

Die Formulierung „von vornherein medizinisch nicht indiziert, nicht mehr sinnvoll oder aus sonstigen Gründen nicht möglich" ist missverständlich. Zwar hebt der BGH hervor, dass es um den ärztlichen Heilauftrag gehe und um die ihn konkretisierende und begrenzende medizinische Indikation. Jedoch spricht er nicht nur davon, dass ein Behandlungsangebot dann unterbleiben dürfe, wenn es an einer medizinischen Indikation fehle, sondern auch dann, wenn die Behandlung nicht mehr sinnvoll – was auf einen Bewertungsakt hindeutet – oder sonst nicht möglich sei, wobei unklar bleibt, ob auch normative Unmöglichkeit im Sinne etwa einer moralischen Unzumutbarkeit gemeint ist. Dass es offenbar nicht nur um medizinische Indikationen geht, sondern auch um ärztliche Werturteile über die Sinnhaftigkeit der (Weiter-) Behandlung, deutet sich auch in der Umschreibung der medizinischen Indikation als einer Mischkategorie an, in der medizinisches Erfahrungswissen und ärztliches Ethos in nicht klar zugeordneter Weise zur Geltung kämen. Der Arzt – dieser Eindruck entsteht – soll über den Sinn der Behandlung eigenständig befinden, ein eigenes Sollens- bzw. Werturteil darüber abgeben, ob die (Weiter-)Behandlung sein *soll*.

Der BGH beruft sich auf Volker Lipp.[66] Die vom 12. Zivilsenat in Bezug genommene Veröffentlichung trägt aber die Auffassung des BGH nicht. Bei Lipp heißt es:[67]

„Ist die weitere Behandlung (…) schon ärztlich nicht indiziert, unterbleibt sie nicht aufgrund der Entscheidung des Betreuers, sondern weil sie ärztlich sinnlos ist."

Das Wort „sinnlos" begründet mithin bei Lipp keine eigenständige Kategorie, sondern erläutert nur das mit „ärztlich nicht indiziert" Gemeinte: Die Indikation zur Behandlung ist sinnlos, die Behandlung folglich nicht indiziert, weil Behandlungsziele nach ärztlichem (Erfahrungs-)Wissen nicht mehr erreichbar sind. Anders offenbar der BGH: Die Behandlung kann ärztlich nicht indiziert *oder* sinnlos *oder* sonst nicht möglich sein. Oberbegriff ist die fehlende Möglichkeit der Behandlung, „ärztlich nicht indiziert" und „sinnlos" sind exemplarische Spezifizierungen. Nähme man dies beim Wort, dann würde die Patientenautonomie unterlaufen: derjenige, der darüber befindet, ob eine Behandlung sinnvoll ist, also – gemessen an

---

[65] BGH, III. 2. e. cc.; siehe auch III. 2. e. dd.: „Inhalt des ärztlichen Heilauftrags".
[66] BGH, III. 2. e. dd.
[67] *Lipp*, in: May u.a. (Hrsg.), Passive Sterbehilfe: besteht gesetzlicher Regelungsbedarf?, 2002, S. 37 (53).

seinen Wertpräferenzen – sein soll, der also entsprechende Sollensurteile abgibt, ist von Verfassungs wegen allein der Patient. Der Arzt ist – rechtlich betrachtet – bloßer Gehilfe des Patienten bei der Aufbereitung der tatsächlichen Informationen, die dem Patienten oder seinem (gesetzlichen) Vertreter eine eigene Wertentscheidung ermöglichen sollen. Es ist kaum anzunehmen, dass der 12. Zivilsenat, der in seiner ganzen Entscheidung den Wert der Patientenautonomie hervorhebt, diese Prämissen desavouieren wollte. Wahrscheinlicher ist ein anderes:

Dadurch, dass der BGH den Oberbegriff der nicht möglichen Behandlung bildet, dürfte er zum Ausdruck bringen, dass es nach medizinischem (Erfahrungs-)Wissen, wie es Ärzten bekannt ist, nicht mehr sinnvoll ist, Behandlungsanstrengungen zu unternehmen, weil angesichts der Lage des Patienten Behandlungsziele nicht mehr erreicht werden können, m.a.W. deren Erreichen nach allem Wissen und aller Erfahrung nicht möglich ist. Die missverständliche Formulierung des 12. Zivilsenats sollte daher, gerade weil sie sich explizit an Lipp anlehnt, in dessen Sinne so verstanden werden, dass es um eine Ausrichtung der ärztlichen Einschätzung streng an den nach medizinischem (Erfahrungs-)Wissen gegebenen Behandlungsmöglichkeiten geht; ethische Eigenbewertungen des Zustands des Patienten dürfen hierbei keine Rolle spielen; der Arzt hat sich um weitestgehende Werturteilsfreiheit zu bemühen. Gibt es gleichsam nichts mehr zu behandeln, weil der Zustand keiner Behandlung mehr zugänglich ist, muss auch keine Behandlung angeboten werden. So gesehen, könnte es sein, dass der BGH einer Übertherapie wehren will, die eine nicht indizierte, also sinnlose, weil auf Unmögliches gerichtete Schein-Therapie wäre.

γ) PEG-Sondenernährung von apallischen Patienten als ärztliche Behandlung?

Ist aber die „künstliche" Ernährung eines Apallikers durch eine PEG-Sonde eine Behandlung, hinsichtlich dessen ein *ärztliches* Behandlungsangebot unterbreitet oder verweigert werden darf? Vorbehaltlich einer eingehenderen Analyse der biologisch-medizinischen Umstände dürfte es angemessen sein, wie folgt zu unterscheiden:[68]

Das Bedürfnis, Nahrung zur Aufrechterhaltung des Organismus aufzunehmen, ist im Regelfall ein menschliches Grundbedürfnis. Es handelt sich demnach um einen höchst regel*gerechten*, also keinen regel*widrigen* Zustand (= Krankheit); nur Krankheiten können ärztlich behandelt werden. Das für das Erhalten der Gesundheit konstitutive Ernährungsbedürfnis wird gestillt, indem Nahrung aufgenommen wird. Fehlt es an der Fähigkeit zur Nahrungsaufnahme, liegt allerdings dann ein regel*widriger* Zustand vor, wenn die verhinderte Nahrungsaufnahme das Funktionieren des Organismus gefährdet, also zu Krankheiten führt. Soweit es um die Wiederherstellung der Fähigkeit zur Nahrungsaufnahme geht, können somit therapeutische Maßnahmen indiziert sein. Fehlt es z. B. an der Fähigkeit zur oralen Nahrungsauf-

---

[68] Vgl. zum Folgenden allg. *Deutsche Gesellschaft für Ernährungsmedizin (DGEM)*, Leitlinien Enterale Ernährung, Supplement 1 der „Aktuellen Ernährungsmedizin" 2003, S. 5 ff., insb. S. 10 ff., 29 ff., 36 ff.

nahme, kann eine Nahrungszufuhr mittels PEG-Sonde indiziert sein, die dem Organismus eine spezielle Sondennahrung zuführt. Indiziert ist also die Maßnahme zur (Wieder-)Herstellung der Fähigkeit zur Nahrungsaufnahme, *nicht* indiziert hingegen ist die Ernährung als solche, denn sie kann als grundsätzlich gegebenes Grundbedürfnis nicht indiziert sein, sondern nur als Vorgegebenheit medizinischen Handelns anerkannt werden. Dementsprechend wird die Nahrungsaufnahme (= Ernährung) als solche im geltenden Recht nicht zur ärztlichen Behandlung, sondern zur Pflege gerechnet.[69] Das gilt auch für die Nahrungsaufnahme durch eine PEG-Sonde, die z.B. im Bereich der gesetzlichen Krankenversicherung (GKV) ausdrücklich dem Bereich der Pflege zugeordnet wird.[70] Allerdings können die Modalitäten der gewählten, etwa enteralen Ernährung dazu führen, dass das Ernährtwerden, also ein Aspekt der Pflege, zumindest unter einem bestimmten Gesichtspunkt zugleich auch dem Bereich ärztlicher Behandlung zuzuordnen ist. Das Legen einer PEG-Sonde ist, wie der Name PEG bereits sagt, mit einem Eingriff durch die Bauchdecke verbunden. Dieser Eingriff soll die Ernährung (= Nahrungsaufnahme) ermöglichen, ist also ein pflegeermöglichender Eingriff. Gleichwohl führt der Eingriff als solcher zu einer „Krankheit" (= einem regelwidrigen Körperzustand), weil die Bauchdecke eines Menschen normalerweise nicht durchlöchert ist. Es handelt sich um eine zielgerichtet herbeigeführte Wunde. Das mit der Herbeiführung einer Wunde verbundene Legen einer PEG-Sonde kann zu Infektionen führen; die Gabe ärztlich verordneter Medikamente kann erforderlich werden. Insofern macht die Wunde, unabhängig davon, dass sie im Hinblick auf die Ermöglichung der Pflege zweckmäßig ist, ärztliche Behandlung im Sinne einer regelmäßigen Kontrolle der Wunde nötig, damit sich vor allem nichts in einer über das pflegeermöglichende notwendige Maß hinaus verschlimmert (auch die Verhütung von Krankheitsverschlimmerungen ist Aufgabe ärztlicher Behandlung).

Da die Ernährung als solches kein Aspekt der ärztlichen Behandlung ist, kann bezogen auf sie ein Arzt kein ärztliches Behandlungsangebot machen bzw. verweigern. Er kann allerdings ein Behandlungsangebot hinsichtlich des Eingriffs machen oder verweigern, der mit dem Legen der PEG-Sonde verbunden ist, denn hierbei geht es um eine ärztliche Behandlung. Es ist nun nicht erkennbar, wieso das Legen der PEG-Sonde grundsätzlich[71] ärztlich nicht indiziert, also in diesem Sinne sinnlos bzw. unmöglich sein sollte. Denn ärztlich sinnvoll bzw. indiziert ist alles, was einer spezifisch ärztlichen Behandlung dient, darüber hinaus aber auch alles, was positive Effekte auf die Gesundheit des Patienten ermöglicht, die anderen Personen aus Fachberufen des Gesundheitswesens zurechenbar sind. Das folgt schon aus dem

---

[69] Vgl. etwa § 14 I, IV Nr. 2 SGB XI (Sozialgesetzbuch Elftes Buch – Soziale Pflegeversicherung –).
[70] S. die Richtlinien zur häuslichen Krankenpflege nach § 92 Abs. 1 Satz 2 Nr. 6, Abs. 7 SGB V, Anlage (Verzeichnis verordnungsfähiger Maßnahmen der häuslichen Krankenpflege), Nr. 3, Nr. 27 – Die Richtlinien sind z.B. abrufbar auf der Homepage der Kassenärztlichen Bundesvereinigung, www.kbv.de.
[71] Ausnahmefälle sind denkbar, etwa wenn der körperliche Zustand des Patienten das Legen einer PEG-Sonde technisch oder überhaupt eine Ernährung (= Nahrungsaufnahme) nicht (mehr) erlaubt.

ärztlichen Berufsrecht, das alle Ärzte verpflichtet, der Gesundheit des einzelnen Menschen zu dienen (vgl. § 1 Abs. 1 S. 1 [Muster-]Berufsordnung der Ärzte)[72] und zu diesem Zweck an berufsübergreifenden Lösungen von Gesundheitsproblemen mitzuwirken (so exemplarisch § 3 Abs. 2 Nr. 3 Altenpflegegesetz). Ärztlich indiziert, weil von ihm als Verhalten kraft seines Pflichtenstatus erwartbar, sind mithin auch alle Maßnahmen, die der Gesundheit dienen, soweit sie entscheidend durch nicht-ärztliches Verhalten bewirkt werden, etwa Maßnahmen der Pflege wie auch das Zuführen von Sondennahrung. Das Legen der PEG-Sonde ist vor diesem Hintergrund in der Regel[73] indiziert, und der Arzt ist verpflichtet, das auf das Legen bzw. Beibehalten der PEG-Sonde gerichtete Behandlungsangebot zu unterbreiten – sofern der Patient die PEG-Sonden-Ernährung nicht ausgeschlossen hat.

Problematisch wird die Lage für den Betreuer freilich dann, wenn die Ärzte das Behandlungsangebot – also die Bereitschaft, eine PEG-Sonde zu legen bzw. zu belassen – pflichtwidrig verweigern. Der BGH stellt klar, dass der Weg der vormundschaftsgerichtlichen Kontrolle kein umfassendes Instrument zur Kontrolle ärztlicher Entscheidungen auf ihre rechtliche Richtigkeit ist. Dem Betreuer bliebe in einem Fall, in dem es mit zumutbarem zeitlichen, organisatorischen und finanziellen Aufwand nicht möglich ist, die behandelnden Ärzte auszutauschen, nur der Weg vor die (Zivil-)Gerichte[74], um entweder den Krankenhausträger bzw. den behandelnden Arzt zur Abgabe des Behandlungsangebotes, also zum Legen bzw. Beibehalten der PEG-Sonde zu verpflichten. Angesichts der materiell-rechtlichen Schwierigkeiten der Begründung eines solchen Begehrens und der daraus resultierenden prozessualen Unwägbarkeiten ist die Situation des Betreuers im Hinblick auf die rechtlichen Durchsetzungsmöglichkeiten eher schwach; es kommt vor allem auf seine informell-kommunikativen Kompetenzen an. Ob die immerhin denkbare Einschaltung von Aufsichtsbehörden, das Stellen von Strafanzeigen oder die gezielte medienöffentliche Skandalisierung im Interesse des Patienten weiterführen, erscheint zweifelhaft.

(5) Aufgabenkreis „Sorge für die Gesundheit" = Sorge für den Abbruch lebenserhaltender Maßnahmen?

Der wirksam bestellte Betreuer muss für Sterbehilfe-Entscheidungen zuständig sein, d.h. die Rechtsmacht, eine „Entscheidung über lebenserhaltende Maßnahmen

---

[72] In diesem Buch Teil H, I. 4.
[73] Nicht medizinisch indiziert ist das Legen von PEG-Sonden etwa auch dann, wenn es (schwerpunktmäßig) dazu dient, die Pflege zu erleichtern. Ein anderes Problem ist die normative Bewertung solcher Konstellationen, die von Angehörigen und Pflegenden so gedeutet werden, dass der Patient „nicht mehr wolle" (was in der Konsequenz bedeutet: auch nicht mehr ernährt werden wolle), weil er sich in sein Versterben geschickt habe; ein derartiges vom Patienten offenbar intendiertes „Verschwinden" bzw. „Ausschalten" des Ernährungsbedürfnisses dürfte zum Fortfall der medizinischen Indikation für eine PEG-Sondenernährung führen, weil sie, gemessen am Willen des Patienten, nicht mehr sinnvoll ist.
[74] Sofern man mit der herrschenden Ansicht im Zivilrecht annimmt, dass jedes Arzt-Patienten-Verhältnis, auch ein Behandlungsverhältnis im Rahmen der GKV, grundsätzlich zivilrechtlichen Regeln folgt.

der hier in Frage stehenden Art"[75] zu treffen, muss zum Kreis der ihm übertragenen Aufgaben gehören. Der BGH meldet Zweifel an, ob sich dies per se aus der Übertragung des Aufgabenkreises „Sorge für die Gesundheit des Betroffenen" ergibt.[76] Er hält es für möglich, dass diese Aufgabenübertragung „einschränkend ausgelegt"[77] werden kann, lehnt jedoch im konkreten Fall eine restriktive Auslegung mit Blick auf die Auffassung der Vorinstanzen, die eine einschränkende Auslegung ebenfalls abgelehnt hatten, ab.[78] In der Tat kann man sich die Frage stellen, ob die „Sorge für die Gesundheit" auch Entscheidungen über einen Behandlungsabbruch umfasst. Man könnte argumentieren, dass von einer Sorge für die Gesundheit da nicht mehr die Rede sein kann, wo die Gesundheit nicht mehr erhalten wird, also restriktiv argumentieren. Man kann aber auch extensiv-formal argumentieren und alle Entscheidungen erfassen, die sich auf die Gesundheit des Betreuten beziehen bzw. sie betreffen. Sorge für die Gesundheit ist im Kontext des Betreuungsrechts nämlich ein Synonym für: Zuständigkeit für/Entscheidungsmacht über Fragen der Gesundheit des Betreuten, die insofern „sorgsame" Zuständigkeit (= Sorge) ist, als sie am Willen bzw. am willenszentrierten Wohl des Betreuten auszurichten ist (vgl. § 1901 Abs. 2 BGB). Künftige Betreuerbestellungen sollten aus Gründen der Rechtsklarheit ausdrücklich erwähnen, dass Entscheidungen über den Abbruch lebenserhaltender Maßnahmen erfasst sind („Sorge für die Gesundheit einschließlich des Abbruchs lebenserhaltender Maßnahmen").

bb) Subjektive Voraussetzungen

Sterbehilfe im oben erläuterten Sinne kommt nur in Betracht, wenn sie dem Willen des Patienten zugerechnet werden kann; in jedem Fall muss m.a.W. feststehen, dass sie „dem (...) Willen des Patienten entspricht"[79]. Für die Zurechnung kommen *drei Varianten* in Betracht:

(1) Fortwirkende Willensbekundung des Patienten (z.B. durch Patientenverfügung)

α) Argumentation des BGH

Zunächst ist die Zurechnung der Sterbehilfe-Entscheidung zum Patienten dann möglich, wenn sich aus einer „früheren Willensbekundung"[80], die sich auf „die jetzt eingetretene Situation"[81] bezieht, ergibt, dass die ärztliche Maßnahme dem Patientenwillen nicht (mehr) entspricht. Die „fortdauernde Maßgeblichkeit des früher erklärten Willens"[82] wird durch die inzwischen eingetretene Einwilligungsunfähigkeit nicht berührt (Rechtsgedanke des § 130 II BGB)[83]. Denn die „„antizipative'

---

[75] BGH, III. 2. b.
[76] BGH, III. 2. b.
[77] BGH, III. 2. b.
[78] BGH, III. 2. b.
[79] BGH, III. 2. c. bb.
[80] BGH, III. 2. a.
[81] BGH, III. 2. a.
[82] BGH, III. 2. a.; s. auch ebenda: „Willensbekundung (...) wirkt (...) fort"; außerdem III. 2. b.: „de(r) vom Betroffenen früher erklärte und als maßgebend fortdauernde Wille".
[83] BGH, III. 2. a.

Willensbekundung" wurde „im einwilligungsfähigen Zustand" getroffen.[84] Es handelt sich um den „wirklichen (...) Willen des Betroffenen"[85]. „Liegt eine solche Willensäußerung, etwa – wie hier – in Form einer sogenannten ‚Patientenverfügung' vor, bindet sie als Ausdruck des fortwirkenden Selbstbestimmungsrechts, aber auch der Selbstverantwortung des Betroffenen den Betreuer; denn schon die Würde des Betroffenen (Art. 1 Abs. 1 GG) verlangt, dass eine von ihm eigenverantwortlich getroffenen Entscheidung auch dann noch respektiert wird, wenn er die Fähigkeit zu eigenverantwortlichem Entscheiden inzwischen verloren hat."[86] „Als gesetzlicher Vertreter hat der Betreuer die exklusive Aufgabe, dem Willen des Betroffenen gegenüber Arzt und Pflegepersonal in eigener rechtlicher Verantwortung und nach Maßgabe des § 1901 BGB Ausdruck und Geltung zu verschaffen", denn „(m)it der Bestellung des Betreuers ist die rechtliche Handlungsfähigkeit des Betroffenen wiederhergestellt."[87] Die Willensbekundung des Betroffenen darf der Betreuer nicht korrigieren, „es sei denn, dass der Betroffene sich von seiner früheren Verfügung mit erkennbarem Widerrufswillen distanziert oder die Sachlage sich nachträglich so erheblich geändert hat, dass die frühere selbstverantwortlich getroffenen Entscheidung die aktuelle Sachlage nicht umfasst (...)"[88]. Es ist zu beachten, dass der Betreuer, der „den erklärten und fortgeltenden Willen des Betroffenen stützt, (...) insoweit keine eigene Entscheidung (trifft); er setzt vielmehr nur eine im voraus getroffene höchstpersönliche Entscheidung des Betroffenen um"[89].

β) Der Implementationsbetreuer als Kontrollbetreuer für die „richtige" Ausübung der Patientenautonomie?

Der 12. Zivilsenat schafft gleichsam das Institut des Implementationsbetreuers, dem die Durchsetzung des Patientenwillens, so wie er in einer Patientenverfügung zum Ausdruck kommt, aufgegeben ist. Vordergründig scheint dies begrüßenswert, weil es offenbar der Effektuierung der Patientenautonomie dient. Der zweite Blick lässt aber Zweifel aufkommen:

Sieht man einmal davon ab, dass der BGH nicht dem weit verbreiteten Missverständnis entgegentritt, eine Patientenverfügung erfasse begrifflich nur (eigenhändig) schriftlich dokumentierte Instruktionen,[90] dann ist es erstaunlich, dass der BGH mit keinem Wort problematisiert, wie sich das Institut der Patientenverfügung und das Institut der rechtlichen Betreuung zueinander verhalten. Das ist um so merkwürdiger, als es in der Literatur eine Diskussion dazu gibt, dass eine rechtliche Betreu-

---

[84] BGH, III. 2. c. bb.
[85] BGH, III. 2. c. bb.
[86] BGH, III. 2. c. bb.
[87] BGH, III. 2. a.
[88] BGH, III. 2. c. bb.
[89] BGH, III. 2. b.
[90] Die vom Patienten getroffene Regelung (= Patientenverfügung) muss in irgendeiner Weise verlässlich gespeichert sein; das setzt nicht zwingend die Schriftlichkeit voraus, mag sich diese aus Beweisgründen auch sehr empfehlen; dazu in diesem Buch Teil B, Nr. 6.

ung nicht erforderlich i. S. des § 1896 II 1 BGB ist, soweit eine valide Patienten(voraus)verfügung Regelungen getroffen hat.[91]

Ganz grundsätzlich stellt sich das (vom 12. Zivilsenat nicht thematisierte) Problem, wie sich im Einzelfall die Validität einer Patientenverfügung garantieren lässt, also sichergestellt werden kann, dass der Patient bei Abfassung der Verfügung einwilligungs- bzw. (bei einer Vorsorgevollmacht) geschäftsfähig war und insbesondere zu übersehen vermochte, welche Maßnahmen er nicht ins Werk gesetzt sehen will. So ist die Formulierung „lebenserhaltende Maßnahmen" zu unbestimmt, um Rechtssicherheit zu schaffen. In der Praxis empfehlen sich, soweit es sich nicht um akute Fälle handelt, Patientenverfügungen, die auf die bisherige Krankengeschichte abgestimmt sind und die vor diesem Hintergrund erwartbare lebensbedrohliche Komplikationen antizipieren.

Eine rechtliche Betreuung käme neben einer validen Patientenverfügung allenfalls zu dem Zweck in Betracht, die getreue Realisierung der Patientenverfügung zu sichern. Darauf beschränkt sich aber das Institut des Implementationsbetreuers, so wie es der BGH versteht, nicht. Der 12. Zivilsenat ist nämlich der Auffassung, erst der Betreuer gebe dem Patienten rechtliche Handlungsfähigkeit. Das stimmt aber nur insoweit, als es um die Durchsetzung der vorausverfügten Regelungen geht. Soweit der Patient aber die materiell maßgeblichen Regelungen pro futuro getroffen hat, hat er sich schon als rechtlich handlungsfähig erwiesen, und diese auf das Treffen materieller Regelungen bezogene Handlungsfähigkeit gilt bis zum Moment der Entscheidung über den Abbruch lebenserhaltender Maßnahmen fort. Der BGH sieht dies möglicherweise anders, ganz klar wird das nicht:

Der – validen – Patientenverfügung wird rechtliche Wirksamkeit nur zugesprochen, wenn sie gewissermaßen von einem „Geltungstransformator" – dem rechtlichen Betreuer – vermittelt wird und gleichsam durch diesen hindurch den Filter der objektiven Geltungskontrolle passiert, der mit der rechtlichen Betreuung, so wie der 12. Zivilsenat sie konzipiert, einhergeht. Da die Entscheidungsmacht des Betreuers danach objektiven Grenzen unterliegt, die Patientenverfügung aber nur zur Geltung kommt, wenn sie ein Betreuer vollzieht, unterliegt im Ergebnis auch die Patientenverfügung den Grenzen, denen der Betreuer unterliegt – so jedenfalls der 12. Zivilsenat, der damit gleichsam ein eigentümliches Institut der Kontrollbetreuung zu Lasten des Betreuten („gegen sich selbst") zu schaffen scheint, genau genommen: eine auf die Kontrolle der „richtigen" Ausübung der Patientenautonomie bezogene rechtliche Betreuung.[92] D.h.: Der Patient kann den Abbruch lebenserhaltender Maßnahmen nur verlangen, soweit es sich um Fälle der Sterbehilfe handelt, wie der 12. Zivilsenat sie definiert. Ein Abbruchsverlangen, das sich auf *frühere* Zeitpunkte

---

[91] S. nur *Eisenbart*, Patienten-Testament und Stellvertretung in Gesundheitsangelegenheiten, 2. Aufl. (2000), S. 206, S. 229 f.; *Heyers*, Passive Sterbehilfe bei entscheidungsunfähigen Patienten und das Betreuungsrecht, 2001, S. 234 f., S. 350 ff.

[92] Die sog. Kontrollbetreuung im üblichen betreuungsrechtlichen Sinne bezieht sich auf die Geltendmachung von Rechten gegenüber einem Bevollmächtigten.

als jene der Sterbehilfe im Sinne des 12. Zivilsenats bezöge, wäre dann aber – so scheint es – nicht zulässig. Es ist aber kaum anzunehmen, dass BGH dies gewollt haben kann, denn dies würde bisher nicht in Frage gestellte Grundsätze des Arzt-Patienten-Verhältnisses auf den Kopf stellen. Bislang ist es unumstritten, dass ein Patient jederzeit den Abbruch eines jeden ärztlich (mit)veranlassten Eingriffs verlangen darf; ebenfalls Anerkennung findet bislang die Regel, dass ein solches Abbruchsverlangen pro futuro im Wege der zukunftswirksamen Selbstfestlegung geäußert und vorgeschrieben werden kann.[93] Richtig erscheint es deshalb, wenn man die Eingrenzungen des BGH als *spezielle* (interpretatorisch geschaffene) *Zusatzregelung* für den Abbruch lebenserhaltender Maßnahmen in unmittelbarer oder mittelbarer Todesnähe begreift, denn nur dies ist die Konstellation, die der 12. Zivilsenat vor Augen hatte und nach dem Gesamtduktus seiner Ausführungen regeln wollte. Dann aber gilt folgendes:

Liegt eine valide Patientenverfügung vor, die für eine bestimmte Situation den Abbruch bestimmter nicht notwendig nur ärztlich kontrollierter lebenserhaltender Maßnahmen anordnet, dann scheidet eine rechtliche Betreuung in dieser Hinsicht mangels Erforderlichkeit aus (vgl. § 1896 II 1 BGB). Neben einer solchen Patientenverfügung kommt eine Betreuung, die sich auf die Gesundheitssorge (einschließlich des Abbruchs lebenserhaltender Maßnahmen) bezieht, nur in Betracht, um den verlässlichen Vollzug der Patientenverfügung sicherzustellen. Ein Kontrollrecht hinsichtlich des Inhalts der Patientenverfügung hat der Betreuer grundsätzlich nicht; es beschränkt sich nur darauf, ob es Indizien dafür gibt, dass der Patient seine Verfügung widerrufen haben könnte, wobei eine Vermutung für die Geltung der Patientenverfügung spricht, die ja bewusst als Regelung erlassen wurde, um allfällige, auf das Lebensende bezogene Unsicherheiten in der Zukunft zu beheben. Nach Auffassung des 12. Zivilsenats des BGH reicht die Macht des Betreuers zur Implementierung der Patientenverfügung nicht weiter als die objektive Eingrenzung zulässiger Sterbehilfe dies erlaubt. Ein Fall zulässiger Sterbehilfe liegt aber nach Auffassung des 12. Zivilsenats nur vor, wenn ein ärztliches Behandlungsangebot unterbreitet wird. Bezogen auf das Legen der die Sonderernährung ermöglichenden PEG-Sonde darf ein solches ärztliches Behandlungsgebot, wie dargelegt, grundsätzlich *nicht* verweigert werden. Nach Auffassung des BGH muss zudem ein irreversibles Grundleiden, das einen tödlichen Verlauf angenommen hat, vorliegen, und zwar bei gegebener unmittelbarer oder mittelbarer Todesnähe. Auch dies ist aber, wie erläutert, beim Apalliker zu verneinen, weil er kein Sterbender ist.

Dann aber gelten die allgemeinen Regeln für das Arzt-Patient-Verhältnis: der Patient darf jederzeit, auch im Vorgriff auf die Zukunft (etwa im Hinblick auf ein apallisches Syndrom), den Abbruch einer jeden seinen Körper tangierenden, ärztlich oder nicht-ärztlich zu verantwortenden Maßnahme verlangen. Er darf mithin auch den Abbruch bzw. die Nichteinleitung einer mit dem Legen einer PEG-Sonde verbundenen „künstlichen" Sondenernährung gebieten, denn es geht um eine Maß-

---

[93] *Höfling*, JuS 2000, 111 (114 f.) mit weiteren Nachweisen.

nahme außerhalb des Bereichs der Sterbehilfe-Situationen, für die der BGH eine Sonderregelung aufstellt. Ein solches Verständnis der Ausführungen des 12. Zivilsenats würde dem Institut der Patientenverfügung den hohen Stellenwert lassen, der ihm nach geltenden Recht zukommt, denn danach ist die Patientenverfügung „im Grundsatz bindend"[94]. Dazu würde es nicht passen, die Patientenverfügung über den engen Anwendungsbereich, den der 12. Zivilsenat vor Augen hatte, unter die Kuratel eines objektivrechtlich eingegrenzt tätigen Betreuers zu stellen.

(2) Individuell-mutmaßlicher Wille des Patienten

α) Argumentation des BGH

„(N)ur hilfsweise"[95] kann die Zurechnung der Sterbehilfe-Entscheidung zum Willen des Patienten auch dadurch erfolgen, dass dessen „individuelle(r) mutmaßliche(r) Wille"[96], „(individuell-)mutmaßliche(r) Wille"[97] bzw. „mutmaßliche(r) Wille"[98] – so die uneinheitliche Terminologie des 12. Zivilsenats – ermittelt wird. Hierbei ist „aus der Sicht des Betreuten – das heißt nach dessen Lebensentscheidungen, Wertvorstellungen und Überzeugungen – zu bestimmen (…)"[99]. Die auch in der Figur des (individuell-)mutmaßlichen Willens zum Ausdruck gelangende durchgängige „Ausrichtung auf den Willen des Patienten"[100] korrespondiert mit den Vorgaben, die § 1901 BGB für das Betreuerhandeln normiert; maßgebend sind danach nicht nur auch früher geäußerte (und nicht widerrufene) Wünsche des Betreuten, sondern auch das tendenziell als objektive Begrenzung des Betreutenwillens gedachte „Wohl" ist „nicht nur objektiv, sondern – im Grundsatz sogar vorrangig (…) – subjektiv zu verstehen"[101].

β) Der individuell-mutmaßliche Wille: ein regelfreies Konstrukt?

Die Ausführungen des BGH lassen sich als begrüßenswerte Subjektivierung des Instituts der mutmaßlichen Einwilligung lesen. In der Tat ist das Institut nur dann kein Vehikel für kaschierte Fremdbestimmungen, wenn die Ermittlung das Individuum, um das es geht – den Patienten – genau in den Blick nimmt, also um die Ermittlung seines individuell-mutmaßlichen Willens bemüht ist. Damit ist indes für die Frage, anhand welcher Kriterien sich denn der individuell-mutmaßliche Wille feststellen lässt, wenig gewonnen. Dass es um die Lebensentscheidungen, Wertvorstellungen und Überzeugungen des Patienten geht, wie der 12. Zivilsenat versichert, dürfte konsensfähig sein. Nur: um welche Lebensentscheidungen, Wertvorstellungen und Überzeugungen *genau* geht es, *wie* müssen sie sich auf die Frage des Abbruchs lebenserhaltender Maßnahmen beziehen, welche *in welchem Kontext*

---

[94] Siehe in diesem Buch Teil B, Nr. 12.
[95] BGH, III. 2. c. bb.
[96] BGH, III. 2. c. cc.
[97] BGH, III. 2. c. bb.
[98] BGH, III. 2. c. bb.
[99] BGH, III. 2. c. bb.
[100] BGH, III. 2. c. bb.
[101] BGH, III. 2. c. bb.

geäußerten Überzeugungen lassen den Schluss darauf zu, der Patient wolle den Abbruch lebenserhaltender Maßnahmen? Prämissen, Kriterien und Schlussregeln bleiben beim 12. Zivilsenat völlig im Dunkeln, obwohl gerade hier, wie die forensische Praxis zeigt, das Problem liegt:

Der 1. Strafsenat hat z.B. in seinem Urteil, auf das sich der 12. Zivilsenat ansonsten so stark bezieht, die Annahme eines mutmaßlichen Willens unter Bezug auf eine vor etwa 8 oder 10 Jahre unter unmittelbarem Eindruck einer TV-Sendung getätigte allgemein gehaltene Äußerung der im konkreten Fall betroffenen Patientin („so will ich nicht enden"), *verneint*. Heißt das, dass alle Äußerungen, die nicht schon acht Jahre alt (oder älter) sind, beachtlich sind. Ist dann aber mehr erforderlich als eine Spontanäußerung vor dem Fernseher, nachdem eine einschlägige Sendung gesehen wurde? Wenn ja, reicht das Wiederholen solcher Äußerungen immer wieder dann aus, wenn eine entsprechende Sendung gesehen wurde? Oder ist *mehr* nötig – was ist dann aber *mehr*? Genügt es, gegen Tierversuche oder für Naturschutz eingestellt (gewesen) zu sein oder ist dies nicht nah genug „dran" am Thema Abbruch lebenserhaltender Maßnahmen? Und derjenige, der bei einem krebskranken, komatösen, schwerstbehinderten, greisen usf. Verwandten, Freund, Kollegen, Nachbarn – kommt es auf das Näheverhältnis an? – eine medizinische Maßnahme für „unmenschlich" hält, würde er sie auch in seinem eigenen „Fall" als inhuman ablehnen? Wenn ja: wieso, wenn nein: weshalb?

Die Ernsthaftigkeit des Bemühens, die Gewinnung des mutmaßlichen Willens strikt zu „individualisieren", entscheidet sich auf der Ebene der Kriterien, die die Individuumsbezogenheit des Willenssurrogats anzeigen sollen. Verzichtet man auf sie – so schwer deren Formulierung auch sein mag –, dann besteht die Gefahr, dass die Ermittlung des mutmaßlichen Willens eben doch nicht so individualisiert strukturiert ist, wie der BGH es fordert. Ohne beweiszugängliche Indikatoren, also ohne „Übersetzungsregeln", die den Großbegriff „individuell-mutmaßliche Einwilligung" konkret werden lassen, lässt sich die Individualisierung dieses Willenssurrogats nicht verlässlich ins Werk setzen.

(3) Objektiv zu mutmaßender Wille des Patienten

α) Argumentation des BGH

Offen lässt der BGH, die Frage, „ob und unter welchen Gegebenheiten ein Betreuer seine Einwilligung in eine lebensverlängernde oder -erhaltende des Betroffenen verweigern darf, wenn zwar die medizinischen Voraussetzungen für eine zulässige Hilfe beim oder auch zum Sterben vorliegen, Wünsche des Betroffenen aber nicht geäußert oder nicht ersichtlich sind und sich auch bei der gebotenen sorgfältigen Prüfung konkrete Umstände für die Feststellung des individuellen mutmaßlichen Willens des Betroffenen nicht finden lassen."[102] Ob hier ein „objektiv zu mutmaßender Wille"[103] zugrundegelegt werden könne und, wenn ja, welche Kriterien her-

---
[102] BGH, III. 2. c. cc.
[103] BGH, III. 2. c. cc..

angezogen werden müssten, sei unklar. Obiter weist er auf die Kritik hin, die der BGH in Strafsachen für seine These erfahren hat, es seien allgemeine Wertvorstellungen heranzuziehen.[104] „Die Diskussion um die Zulässigkeit und die Grenzen der Hilfe im oder auch zum Sterben wird gerade durch das Fehlen verbindlicher oder doch allgemeiner Wertmaßstäbe geprägt (…). Auch die Verfassung bietet keine sichere Handhabe, die im Widerstreit der Schutzgüter von Leben und Menschenwürde eine dem jeweiligen Einzelfall gerecht werdende, rechtlich verlässliche und vom subjektiven Vorverständnis des Beurteilers unabhängige Orientierung ermöglicht (…). Soweit vor diesem Hintergrund für ein von keinem nachgewiesenen (wirklichen oder mutmaßlichen Willen des Betroffenen getragenes Verlangen des Betreuers nach Abbruch lebenserhaltender Maßnahmen *überhaupt Raum bleibt* (…), böte sich als Richtschnur *möglicherweise* ein Verständnis des Wohls des Betroffenen an, das einerseits eine *ärztlich für sinnvoll erachtete* lebenserhaltende Behandlung gebietet, andererseits aber nicht jede medizinisch-technisch mögliche Maßnahme verlangt. Ein solches, einem objektiv zu mutmaßenden Willen des Betroffenen angenähertes Verständnis (…), böte jedenfalls einen *zumindest objektivierbaren Maßstab*, der – außerhalb der Spannbreite einer immer möglichen Divergenz in der ärztlichen Indikation – für die Betreuerentscheidung auch in diesem vom Willen des Betroffenen nicht determinierten Grenzbereich menschlichen Lebens eine vormundschaftsgerichtliche Nachprüfung eröffnet."[105]

β) „Objektive" Willensfiktion kraft ärztlicher Einschätzung?

Was kritisch zum individuell-mutmaßlichen Willens anzumerken ist, gilt entsprechend für den objektiv zu mutmaßenden Willen. Anzuerkennen ist immerhin, dass der 12. Zivilsenat die Zurechnung des Patientenwillens jenseits individuell gesetzter Indikatoren als Mutmaßung nach Maßgabe objektiver Anhaltspunkte bezeichnet. Es gilt also etwas als Patientenwille, was nur *möglicherweise* etwas mit dem wahren Willen des Patienten zu tun hat – oder auch gar nichts. Mit anderen Worten: es geht um eine bloße Willens*fiktion*. Wie sich die Zuschreibung der Willensfiktion strukturieren lässt, vermag der BGH nicht anzugeben. Der 12. Zivilsenat votiert einerseits für die Zuweisung der Beurteilung, ob eine ärztliche Behandlung (noch) sinnvoll ist, an die Ärzte, andererseits führt der BGH einen relativ unklaren „Maßstab" ins Feld, nämlich den, dass nicht alles medizinisch-technisch Mögliche getan werden müsse. Mit einem solchen Allgemeinplatz medizinethischer Festvorträge ist juristisch niemandem geholfen, denn entscheidend kommt es auf die Frage an, welcher Maßstab zu erkennen gibt, was medizinisch-technisch möglich sein *soll* und was nicht. Im Kern schmilzt das Angebot des BGH, einen zumindest objektivierbaren Maßstab zu formulieren, auf das grobflächige Schein-Kriterium der ärztlichen Einschätzung zusammen, ob eine (Weiter-)Behandlung noch sinnvoll sei.

---

[104] BGH, III. 2. c. cc. mit Verweis auf BGH, NJW 1995, 204 (205) = BGHSt 40, 257 = NStZ 1995, 80 (81, II. 2. a.).
[105] BGH, III. 2. c. cc. – Hervorhebungen hinzugefügt.

cc) Schlussüberlegungen – Plädoyer für eine Korrektur des BGH

Der Beschluss des BGH fördert eine *Tendenz zur Verärztlichung der Wertentscheidungsprozesse am Lebensende*. Er überlässt Ärzten an zahlreichen Stellen normativ folgenreiche (Vor-)Entscheidungen, die die Maßgeblichkeit des Patientenwillens reduzieren. Dementsprechend zeichnet sich der Beschluss durch eine *Relativierung der Patientenautonomie* aus, die auch darin zum Ausdruck kommt, dass das Institut der rechtlichen Betreuung als Kontrolle des Inhalts von Patientenverfügungen eingesetzt werden kann – allerdings nicht muss, wenn man sich um eine Korrektur der (Selbst-) Missverständnisse des 12. Zivilsenats bemüht. Schließlich verstärkt der Beschluss einen in der medizinisch-justiziellen Praxis verbreiteten *Trend zur regelfreien Konstruktion von Willenssurrogaten* – regelfrei, weil der 12. Zivilsenat keine Regeln (oder auch nur Regeln der Regelbildung) formuliert, die der Gefahr entgegenwirken würden, dass die Willenssurrogate des individuell-mutmaßlichen Willens und vor allem des objektiv zu mutmaßenden Willens zu trojanischen Pferden der Fremdbestimmung werden. Der Gesetzgeber ist aufgerufen, Klarheit zu schaffen.

III. Empfehlungen der Bundesärztekammer

Hinweis ! Unterstreichungen in den nachfolgenden Texten der Bundesärztekammer stammen von den Autoren des „Casebook".

1. Grundsätze der Bundesärztekammer zur ärztlichen Sterbebegleitung (2004)

Stand: Mai 2004 (Quelle: Deutsches Ärzteblatt 101. Jg., H. 19/2004, auch abrufbar unter www.baek.de)

Präambel

Aufgabe des Arztes ist es, unter Beachtung des Selbstbestimmungsrechtes des Patienten Leben zu erhalten, Gesundheit zu schützen und wieder herzustellen sowie Leiden zu lindern und Sterbenden bis zum Tod beizustehen. Die ärztliche Verpflichtung zur Lebenserhaltung besteht daher nicht unter allen Umständen.

So gibt es Situationen, in denen sonst angemessene Diagnostik und Therapieverfahren nicht mehr angezeigt und Begrenzungen geboten sein können. Dann tritt palliativ-medizinische Versorgung in den Vordergrund. Die Entscheidung hierzu darf nicht von wirtschaftlichen Erwägungen abhängig gemacht werden.

Unabhängig von anderen Zielen der medizinischen Behandlung hat der Arzt in jedem Fall für eine Basisbetreuung zu sorgen. Dazu gehören u. a.: menschenwürdige Unterbringung, Zuwendung, Körperpflege, Lindern von Schmerzen, Atemnot und Übelkeit sowie Stillen von Hunger und Durst.

Art und Ausmaß einer Behandlung sind gemäß der medizinischen Indikation vom Arzt zu verantworten; dies gilt auch für die künstliche Nahrungs- und Flüssigkeitszufuhr. Er muss dabei den Willen des Patienten beachten. Ein offensichtlicher Sterbevorgang soll nicht durch lebenserhaltende Therapien künstlich in die Länge gezogen werden. Bei seiner Entscheidungsfindung soll der Arzt mit ärztlichen und pflegenden Mitarbeitern einen Konsens suchen.

Aktive Sterbehilfe ist unzulässig und mit Strafe bedroht, auch dann, wenn sie auf Verlangen des Patienten geschieht. Die Mitwirkung des Arztes bei der Selbsttötung widerspricht dem ärztlichen Ethos und kann strafbar sein.

Diese Grundsätze können dem Arzt die eigene Verantwortung in der konkreten Situation nicht abnehmen. Alle Entscheidungen müssen individuell erarbeitet werden.

(I.) Ärztliche Pflichten bei Sterbenden

Der Arzt ist verpflichtet, Sterbenden, d.h. Kranken oder Verletzten mit irreversiblem Versagen einer oder mehrerer vitaler Funktionen, bei denen der Eintritt des Todes in kurzer Zeit zu erwarten ist, so zu helfen, dass sie unter menschenwürdigen Bedingungen sterben können.

Die Hilfe besteht in palliativ-medizinischer Versorgung und damit auch in Beistand und Sorge für Basisbetreuung. Dazu gehören nicht immer Nahrungs- und Flüssigkeitszufuhr, da sie für Sterbende eine schwere Belastung darstellen können. Jedoch müssen Hunger und Durst als subjektive Empfindungen gestillt werden.

Maßnahmen zur Verlängerung des Lebens dürfen in Übereinstimmung mit dem Willen des Patienten unterlassen oder nicht weitergeführt werden, wenn diese nur den Todeseintritt verzögern und die Krankheit in ihrem Verlauf nicht mehr aufgehalten werden kann. Bei Sterbenden kann die Linderung des Leidens so im Vordergrund stehen, dass eine möglicherweise dadurch bedingte unvermeidbare Lebensverkürzung hingenommen werden darf. Eine gezielte Lebensverkürzung durch Maßnahmen, die den Tod herbeiführen oder das Sterben beschleunigen sollen, ist als aktive Sterbehilfe unzulässig und mit Strafe bedroht.

Die Unterrichtung des Sterbenden über seinen Zustand und mögliche Maßnahmen muss wahrheitsgemäß sein, sie soll sich aber an der Situation des Sterbenden orientieren und vorhandenen Ängsten Rechnung tragen. Der Arzt kann auch Angehörige des Patienten und diesem nahe stehende Personen informieren, wenn er annehmen darf, dass dies dem Willen des Patienten entspricht. Das Gespräch mit ihnen gehört zu seinen Aufgaben.

(II.) Verhalten bei Patienten mit infauster Prognose

Bei Patienten, die sich zwar noch nicht im Sterben befinden, aber nach ärztlicher Erkenntnis aller Voraussicht nach in absehbarer Zeit sterben werden, weil die Krankheit weit fortgeschritten ist, kann eine Änderung des Behandlungszieles indiziert sein, wenn lebenserhaltende Maßnahmen Leiden nur verlängern würden und die Änderung des Therapieziels dem Willen des Patienten entspricht. An die Stelle von Lebensverlängerung und Lebenserhaltung treten dann palliativmedizinische Versorgung einschließlich pflegerischer Maßnahmen. In Zweifelsfällen sollte eine Beratung mit anderen Ärzten und den Pflegenden erfolgen.

Bei Neugeborenen mit schwersten Beeinträchtigungen durch Fehlbildungen oder Stoffwechselstörungen, bei denen keine Aussicht auf Heilung oder Besserung besteht, kann nach hinreichender Diagnostik und im Einvernehmen mit den Eltern eine lebenserhaltende Behandlung, die ausgefallene oder ungenügende Vitalfunktionen ersetzen soll, unterlassen oder nicht weitergeführt werden. Gleiches gilt für extrem unreife Kinder, deren unausweichliches Sterben abzusehen ist, und für Neugeborene, die schwerste Zerstörungen des Gehirns erlitten haben. Eine weniger schwere Schädigung ist kein Grund zur Vorenthaltung oder zum Abbruch lebenserhaltender Maßnahmen, auch dann nicht, wenn Eltern dies fordern. Wie bei Erwachsenen gibt es keine Ausnahmen von der Pflicht zu leidensmindernder Behandlung und Zuwendung, auch nicht bei unreifen Frühgeborenen.

(III.) Behandlung bei schwerster zerebraler Schädigung und anhaltender Bewusstlosigkeit

Patienten mit schwersten zerebralen Schädigungen und anhaltender Bewusstlosigkeit (apallisches Syndrom; auch so genanntes Wachkoma) haben, wie alle Patienten, ein Recht auf Behandlung, Pflege und Zuwendung. Lebenserhaltende Therapie einschließlich – ggf. künstlicher – Ernährung ist daher unter Beachtung ihres geäußerten Willens oder mutmaßlichen Willens grundsätzlich geboten. Soweit bei diesen Patienten eine Situation eintritt, wie unter I–II beschrieben, gelten die dort dargelegten Grundsätze. Die Dauer der Bewusstlosigkeit darf kein alleiniges Kriterium für den Verzicht auf lebenserhaltende Maßnahmen sein. Hat der Patient keinen Bevollmächtigten in Gesundheitsangelegenheiten, wird in der Regel die Bestellung eines Betreuers erforderlich sein.

(IV.) Ermittlung des Patientenwillens

Bei einwilligungsfähigen Patienten hat der Arzt die durch den angemessen aufgeklärten Patienten aktuell geäußerte Ablehnung einer Behandlung zu beachten, selbst wenn sich dieser Wille nicht mit den aus ärztlicher Sicht gebotenen Diagnose- und Therapiemaßnahmen deckt. Das gilt auch für die Beendigung schon eingeleiteter lebenserhaltender Maßnahmen. Der Arzt soll Kranken, die eine notwendige Behandlung ablehnen, helfen, die Entscheidung zu überdenken.

Bei einwilligungsunfähigen Patienten ist die in einer Patientenverfügung zum Ausdruck gebrachte Ablehnung einer Behandlung für den Arzt bindend, sofern die konkrete Situation derjenigen entspricht, die der Patient in der Verfügung beschrieben hat, und keine Anhaltspunkte für eine nachträgliche Willensänderung erkennbar sind.

Soweit ein Vertreter (z. B. Eltern, Betreuer oder Bevollmächtigter in Gesundheitsangelegenheiten) vorhanden ist, ist dessen Erklärung maßgeblich; er ist gehalten, den (ggf. auch mutmaßlichen) Willen des Patienten zur Geltung zu bringen und zum Wohl des Patienten zu entscheiden. Wenn der Vertreter eine ärztlich indizierte lebenserhaltende Maßnahme ablehnt, soll sich der Arzt an das Vormundschaftsgericht wenden. Bis zur Entscheidung des Vormundschaftsgerichts soll der Arzt die Behandlung durchführen.

Liegt weder vom Patienten noch von einem gesetzlichen Vertreter oder einem Bevollmächtigten eine bindende Erklärung vor und kann eine solche nicht – auch nicht durch Bestellung eines Betreuers – rechtzeitig eingeholt werden, so hat der Arzt so zu handeln, wie es dem mutmaßlichen Willen des Patienten in der konkreten Situation entspricht. Der Arzt hat den mutmaßlichen Willen aus den Gesamtumständen zu ermitteln. Anhaltspunkte für den mutmaßlichen Willen des Patienten können neben früheren Äußerungen seine Lebenseinstellung, seine religiöse Überzeugung, seine Haltung zu Schmerzen und zu schweren Schäden in der ihm verbleibenden Lebenszeit sein. In die Ermittlung des mutmaßlichen Willens sollen auch Angehörige oder nahe stehende Personen als Auskunftspersonen einbezogen werden, wenn angenommen werden kann, dass dies dem Willen des Patienten entspricht.

Lässt sich der mutmaßliche Wille des Patienten nicht anhand der genannten Kriterien ermitteln, so soll der Arzt für den Patienten die ärztlich indizierten Maßnahmen ergreifen und sich in Zweifelsfällen für Lebenserhaltung entscheiden. Dies gilt auch bei einem apallischen Syndrom.

(V.) Patientenverfügungen, Vorsorgevollmachten und Betreuungsverfügungen

Mit Patientenverfügungen, Vorsorgevollmachten und Betreuungsverfügungen nimmt der Patient sein Selbstbestimmungsrecht wahr. Sie sind eine wesentliche Hilfe für das Handeln des Arztes.

Eine Patientenverfügung (auch Patiententestament genannt) ist eine schriftliche oder mündliche Willensäußerung eines einwilligungsfähigen Patienten zur zukünftigen Behandlung für den Fall der Äußerungsunfähigkeit. Mit ihr kann der Patient seinen Willen äußern, ob und in welchem Umfang bei ihm in bestimmten, näher umrissenen Krankheitssituationen medizinische Maßnahmen eingesetzt oder unterlassen werden sollen.

Anders als ein Testament bedürfen Patientenverfügungen keiner Form, sollten aber schriftlich abgefasst sein. Mit einer Vorsorgevollmacht kann der Patient für den Fall, dass er nicht mehr in der Lage ist, seinen Willen zu äußern, eine oder mehrere Personen bevollmächtigen, Entscheidungen mit bindender Wirkung für ihn, u. a. in seinen Gesundheitsangelegenheiten, zu treffen (§ 1904 Abs. 2 BGB).

Vorsorgevollmachten sollten schriftlich abgefasst sein und die von ihnen umfassten ärztlichen Maßnahmen möglichst benennen. Eine Vorsorgevollmacht muss schriftlich niedergelegt werden, wenn sie sich auf Maßnahmen erstreckt, bei denen die begründete Gefahr besteht, dass der Patient stirbt oder einen schweren und länger dauernden gesundheitlichen Schaden erleidet. Schriftform ist auch erforderlich, wenn die Vollmacht den Verzicht auf lebenserhaltende Maßnahmen umfasst.

Die Einwilligung des Bevollmächtigten in Maßnahmen, bei denen die begründete Gefahr besteht, dass der Patient stirbt oder einen schweren und länger dauernden gesundheitlichen Schaden erleidet, bedarf der Genehmigung des Vormundschaftsgerichtes, es sei denn, dass mit dem Aufschub Gefahr verbunden ist (§ 1904 Abs. 2 BGB).Ob dies auch bei einem Verzicht auf lebenserhaltende Maßnahmen gilt, ist umstritten. Jedenfalls soll sich der Arzt, wenn der Bevollmächtigte eine ärztlich indizierte lebenserhaltende Maßnahme ablehnt, an das Vormundschaftsgericht wenden. Bis zur Entscheidung des Vormundschaftsgerichts soll der Arzt die Behandlung durchführen.

Eine Betreuungsverfügung ist eine für das Vormundschaftsgericht bestimmte Willensäußerung für den Fall der Anordnung einer Betreuung. In ihr können Vorschläge zur Person eines Betreuers und Wünsche zur Wahrnehmung seiner Aufgaben geäußert werden. Eine Betreuung kann vom Gericht für bestimmte Bereiche angeordnet werden, wenn der Patient nicht in der Lage ist, seine Angelegenheiten selbst zu besorgen, und eine Vollmacht hierfür nicht vorliegt oder nicht ausreicht. Der Betreuer entscheidet im Rahmen seines Aufgabenkreises für den Betreuten. Zum Erfordernis der Genehmigung durch das Vormundschaftsgericht wird auf die Ausführungen zum Bevollmächtigten verwiesen.

2. Grundsätze der Bundesärztekammer zur ärztlichen Sterbebegleitung (1998)

Stand: 11.9.1998 (Quelle: Deutsches Ärzteblatt 95. Jg., H. 39/1998, A-2366 f.).

Präambel

Aufgabe des Arztes ist es, unter Beachtung des Selbstbestimmungsrechtes des Patienten Leben zu erhalten, Gesundheit zu schützen und wiederherzustellen sowie Leiden zu lindern und Sterbenden bis zum Tod beizustehen. Die ärztliche Verpflichtung zur Lebenserhaltung besteht jedoch nicht unter allen Umständen. Es gibt Situationen, in denen sonst angemessene Diagnostik und Therapieverfahren nicht mehr indiziert sind, sondern Begrenzung geboten sein kann. Dann tritt palliativ-medizinische Versorgung in den Vordergrund. Die Entscheidung hierzu darf nicht von wirtschaftlichen Erwägungen abhängig gemacht werden.

Unabhängig von dem Ziel der medizinischen Behandlung hat der Arzt in jedem Fall für eine Basisbetreuung zu sorgen. Dazu gehören u.a.: Menschenwürdige Unterbringung, Zuwendung, Körperpflege, Lindern von Schmerzen, Atemnot und Übelkeit sowie Stillen von Hunger und Durst.

Art und Ausmaß einer Behandlung sind vom Arzt zu verantworten. Er muß dabei den Willen des Patienten beachten. Bei seiner Entscheidungsfindung soll der Arzt mit ärztlichen und pflegenden Mitarbeitern einen Konsens suchen. Aktive Sterbehilfe ist unzulässig und mit Strafe bedroht, auch dann, wenn sie auf Verlangen des Patienten geschieht. Die Mitwirkung des Arztes bei der Selbsttötung widerspricht dem ärztlichen Ethos und kann strafbar sein. Diese Richtlinie kann dem Arzt die eigene Verantwortung in der konkreten Situation nicht abnehmen.

(I.) Ärztliche Pflichten bei Sterbenden

Der Arzt ist verpflichtet, Sterbenden, d. h. Kranken oder Verletzten mit irreversiblem Versagen einer oder mehrerer vitaler Funktionen, bei denen der Eintritt des Todes in kurzer Zeit zu erwarten ist, so zu helfen, daß sie in Würde zu sterben vermögen. Die Hilfe besteht neben der Behandlung im Beistand und Sorge für Basisbetreuung.

Maßnahmen zur Verlängerung des Lebens dürfen in Übereinstimmung mit dem Willen des Patienten unterlassen oder nicht weitergeführt werden, wenn diese nur den Todeseintritt verzögern und die Krankheit in ihrem Verlauf nicht mehr aufgehalten werden kann. Bei Sterbenden kann die Linderung des Leidens so im Vordergrund stehen, daß eine möglicherweise unvermeidbare Lebensverkürzung hingenommen werden darf. Eine gezielte Lebensverkürzung durch Maßnahmen, die den Tod herbeiführen oder das Sterben beschleunigen sollen, ist unzulässig und mit Strafe bedroht.

Die Unterrichtung des Sterbenden über seinen Zustand und mögliche Maßnahmen muß wahrheitsgemäß sein, sie soll sich aber an der Situation des Sterbenden orientieren und vorhandenen Ängsten Rechnung tragen. Der Arzt kann auch Angehörige oder nahestehende Personen informieren, es sei denn, der Wille des Patienten steht dagegen. Das Gespräch mit ihnen gehört zu seinen Aufgaben.

(II.) Verhalten bei Patienten mit infauster Prognose

Bei Patienten mit infauster Prognose, die sich noch nicht im Sterben befinden, kommt eine Änderung des Behandlungszieles nur dann in Betracht, wenn die Krankheit weit fortgeschritten ist und eine lebenserhaltende Behandlung nur Leiden verlängert. An die Stelle von Lebensverlängerung und Lebenserhaltung treten dann palliativ-medizinische und pflegerische Maßnahmen. Die Entscheidung über Änderung des Therapieziels muß dem Willen des Patienten entsprechen.

Bei Neugeborenen mit schwersten Fehlbildungen oder schweren Stoffwechselstörungen, bei denen keine Aussicht auf Heilung oder Besserung besteht, kann nach hinreichender Diagnostik und im Einvernehmen mit den Eltern eine lebenserhaltende Behandlung, die ausgefallene oder ungenügenden Vitalfunktion ersetzt, unterlassen oder nicht weitergeführt werden. Gleiches gilt für extrem unreife Kinder, deren unausweichliches Sterben abzusehen ist und für Neugeborene, die schwerste Zerstörungen des Gehirns erlitten haben. Eine weniger schwere Schädigung ist kein Grund zur Vorenthaltung oder zum Abbruch lebenserhaltender Maßnahmen, auch dann nicht, wenn Eltern dies fordern. Ein offensichtlicher Sterbevorgang soll nicht durch lebenserhaltende Therapie künstlich in die Länge gezogen werden. Alle diesbezüglichen Entscheidungen müssen individuell erarbeitet werden. Wie bei Erwachsenen gibt es <u>keine Ausnahmen von der Pflicht zu leidensmindernder Behandlung</u>, auch nicht bei unreifen Frühgeborenen.

(III.) Behandlung bei sonstiger lebensbedrohender Schädigung

Patienten mit einer lebensbedrohenden Krankheit, an der sie trotz generell schlechter Prognose nicht zwangsläufig in absehbarer Zeit sterben, haben, wie alle Patienten, ein Recht auf Behandlung, Pflege und Zuwendung. Lebenserhaltende Therapie einschließlich – gegebenenfalls künstlicher – Ernährung ist daher geboten. Dieses gilt auch für Patienten mit schwersten cerebralen Schädigungen und anhaltender Bewußtlosigkeit (apallisches Syndrom, sogenanntes Wachkoma).

Bei fortgeschrittener Krankheit kann aber auch bei diesen Patienten eine Änderung des Therapiezieles und die Unterlassung lebenserhaltender Maßnahmen in Betracht kommen. So kann der unwiderrufliche Ausfall weiterer vitaler Organfunktionen die Entscheidung rechtfertigen, auf den Einsatz substituierender technischer Hilfsmittel zu verzichten. Die Dauer der Bewußtlosigkeit darf dabei nicht alleiniges Kriterium sein. Alle Entscheidungen müssen dem Willen des Patienten entsprechen. <u>Bei bewußtlosen Patienten wird in der Regel zur Ermittlung des mutmaßlichen Willens die Bestellung eines Betreuers erforderlich sein.</u>

(IV.) Ermittlung des Patientenwillens

Bei einwilligungsfähigen Patienten hat der Arzt den aktuell geäußerten Willen des angemessen aufgeklärten Patienten zu beachten, selbst wenn sich dieser Wille nicht mit den aus ärztlicher Sicht gebotenen Diagnose- und Therapiemaßnahmen deckt. Das gilt auch für die Beendigung schon eingeleiteter lebenserhaltender Maßnahmen. Der Arzt soll Kranken, die eine notwendige Behandlung ablehnen, helfen, die Entscheidung zu überdenken.

Bei einwilligungsunfähigen Patienten ist die Erklärung des gesetzlichen Vertreters, z. B. der Eltern oder des Betreuers oder des Bevollmächtigten maßgeblich. Diese sind gehalten, zum Wohl des Patienten zu entscheiden. Bei Verdacht auf Mißbrauch oder offensichtlicher Fehlentscheidung soll sich der Arzt sich an das Vormundschaftsgericht wenden.

Liegen weder vom Patienten noch von einem gesetzlichen Vertreter oder einem Bevollmächtigten Erklärungen vor oder können diese nicht rechtzeitig eingeholt werden, so hat der Arzt so zu handeln, wie es dem mutmaßlichen Willen des Patienten in der konkreten Situation entspricht. Der Arzt hat den mutmaßlichen Willen aus den Gesamtumständen zu ermitteln. Eine besondere Bedeutung kommt hierbei einer früheren Erklärung des Patienten zu. Anhaltspunkte für den mutmaßlichen Willen des Patienten können seine Lebenseinstellung, seine religiöse Überzeugung, seine Haltung zu Schmerzen und zu schweren Schäden in der ihm verbleibenden Lebenszeit sein. In die Ermittlung des mutmaßlichen Willens sollen auch Angehörige oder nahestehende Personen einbezogen werden.

Läßt sich der mutmaßliche Wille des Patienten nicht anhand der genannten Kriterien ermitteln, so handelt der Arzt im Interesse des Patienten, wenn er die ärztlich indizierten Maßnahmen trifft.

(V.) Patientenverfügung und Vorsorgevollmacht

Patientenverfügungen, auch Patiententestamente genannt, Vorsorgevollmachten und Betreuungsverfügungen sind eine wesentliche Hilfe für das Handeln des Arztes.

Patientenverfügungen sind verbindlich, sofern sie sich auf die konkrete Behandlungssituation beziehen und keine Umstände erkennbar sind, daß der Patient sie nicht mehr gelten lassen würde. Es muß stets geprüft werden, ob die Verfügung, die eine Behandlungsbegrenzung erwägen läßt, auch für die aktuelle Situation gelten soll. Bei der Entscheidungsfindung sollte der Arzt daran denken, daß solche Willensäußerungen meist in gesunden Tagen verfaßt wurden und daß Hoffnung oftmals in ausweglos erscheinenden Lagen wächst. Bei der Abwägung der Verbindlichkeit kommt der Ernsthaftigkeit eine wesentliche Rolle zu. Der Zeitpunkt der Aufstellung hat untergeordnete Bedeutung. Anders als ein Testament bedürfen Patientenverfügungen keiner Form, sollten aber in der Regel schriftlich abgefaßt sein.

Im Wege der Vorsorgevollmacht kann ein Bevollmächtigter auch für die Einwilligung in ärztliche Maßnahmen, deren Unterlassung oder Beendigung bestellt werden. Bei Behandlung mit hohem Risiko für Leben und Gesundheit bedarf diese Einwilligung der Schriftform (§ 1904 BGB) und muß sich ausdrücklich auf eine solche Behandlung beziehen. Die Einwilligung des Betreuers oder Bevollmächtigten in eine „das Leben gefährdende Behandlung" bedarf der Zustimmung des Vormundschaftsgerichts (§ 1904 BGB). Nach der Rechtsprechung (OLG Frankfurt a. M: vom 15.07.1998 – Az: 20 W 224/98) ist davon auszugehen, daß dieses auch für die Beendigung lebenserhaltender Maßnahmen im Vorfeld der Sterbephase gilt.

Betreuungsverfügungen können Empfehlungen und Wünsche zur Wahl des Betreuers und zur Ausführung der Betreuung enthalten.

3. Handreichungen für Ärzte zum Umgang mit Patientenverfügungen

Stand: 13.10.1999 (Quelle: Deutsches Ärzteblatt, 96 Jg., H. 43/1999, A-2720 f., auch abrufbar unter www.baek.de).

Hinweis! **Bei der „Handreichung" handelt es sich um eine Zusammenfassung der Rechtslage aus Sicht der Bundesärztekammer. Die Fußnoten sind von den Autoren dieses Buches nachträglich hinzugefügt worden, um insbesondere Aussagen, die aus heutiger Sicht zweifelhaft erscheinen, kenntlich zu machen und zu erläutern.**

Präambel

Jeder Patient hat ein Recht auf Selbstbestimmung. Das gilt auch für Situationen, in denen der Patient nicht mehr in der Lage ist, seinen Willen zu äußern. Für diesen Fall gibt es vorsorgliche Willensbekundungen, die den Arzt darüber informieren, in welchem Umfang bei fehlender Einwilligungsfähigkeit eine medizinische Behandlung gewünscht wird.

Die umfangreichen Möglichkeiten der modernen Medizin lassen es sinnvoll erscheinen, daß Patienten sich vorsorglich für den Fall des Verlustes ihrer Einwilligungsfähigkeit zu der von ihnen dann gewünschten Behandlung erklären. Besonders ältere Personen und Patienten mit prognostisch ungünstigen Leiden sollen ermutigt werden, die künftige medizinische Versorgung mit dem Arzt ihres Vertrauens zu besprechen und ihren Willen hierzu zum Ausdruck zu bringen. In den von der Bundesärztekammer beschlossenen Grundsätzen zur ärztlichen Sterbebegleitung[106] (Dt. Ärzteblatt 1998; 95: A-2365 – 2367) wird auf die Bedeutung solcher Erklärungen am Ende des Lebens hingewiesen.

Da nach wie vor Unsicherheit darüber besteht, wie solche Erklärungen formal und inhaltlich zu gestalten sind und wann bzw. inwieweit sie Gültigkeit haben, wurden die nachstehenden Hinweise von der Bundesärztekammer erarbeitet. Sie dienen als Handreichung für Ärzte, die um Rat bei der Aufstellung von Patientenverfügungen gefragt werden oder denen eine Patientenverfügung vorgelegt wird.

(1.) Möglichkeiten der Willensbekundung

Möglichkeiten der vorsorglichen Willensbekundung zur Sicherung der Selbstbestimmung sind Patientenverfügungen, Vorsorgevollmachten und Betreuungsverfügungen. Sie können jederzeit vom Patienten geändert oder widerrufen werden.

(1.1) Patientenverfügungen

Eine Patientenverfügung (bisweilen Patiententestament genannt)[107] ist eine schriftliche oder mündliche Willensäußerung eines entscheidungsfähigen Patienten zur zukünftigen Behandlung für den Fall der Äußerungsunfähigkeit. Mit ihr kann der Patient u.a. bestimmen, ob und in welchem Umfang bei ihm *in bestimmten, näher umrissenen Krankheitssituationen*[108] medizinische Maßnahmen eingesetzt werden sollen.

In einer Patientenverfügung kann der Patient auch eine Vertrauensperson benennen, mit der der Arzt die erforderlichen medizinischen Maßnahmen besprechen soll und die dem Arzt dann, wenn der Patient nicht mehr in der Lage ist, seinen Willen selbst zu äußern, bei der ihm obliegenden Ermittlung des mutmaßlichen Willens[109] unterstützend zur Verfügung steht.

Es empfiehlt sich, den Arzt gegenüber dieser Person von seiner Schweigepflicht zu entbinden.[110]

---

[106] In diesem Buch Teil H, III. 2.
[107] Der Begriff „Patiententestament" wird immer unüblicher. Das ist zu begrüßen, denn so werden Verwechslungen mit dem „richtigen" Testament im Sinne einer vermögensbezogenen Verfügung von Todes wegen vermieden.
[108] Die Handreichungen betonen in der (in diesem Buch) kursiv hervorgehobenen Sequenz zu Recht, dass die Patientenverfügung möglichst auf konkrete Krankheitssituationen zugeschnitten sein muss; dazu oben Teil B, Nr. 9.
[109] Vgl. in diesem Buch Teil B, Nr. 13/14.
[110] Vgl. in diesem Buch Teil B, Nr. 2.

(1.2) Vorsorgevollmachten

Mit einer Vorsorgevollmacht kann der Patient für den Fall, daß er nicht mehr in der Lage ist, seinen Willen zu äußern, eine oder mehrere Personen bevollmächtigen, Entscheidungen mit bindender Wirkung für ihn, u.a. in seinen Gesundheitsangelegenheiten, zu treffen (§ 1904 Abs. 2 BGB).

Vorsorgevollmachten sollten schriftlich[111] abgefaßt sein und die von ihnen umfaßten ärztlichen Maßnahmen möglichst[112] benennen. Eine Vorsorgevollmacht muß schriftlich niedergelegt werden, wenn sie sich auf Maßnahmen erstreckt, bei denen die begründete Gefahr besteht, daß der Patient stirbt oder einen schweren und länger dauernden gesundheitlichen Schaden erleidet. Die Einwilligung des Bevollmächtigten bedarf in diesen Fällen (§ 1904 BGB) der Zustimmung des Vormundschaftsgerichtes, es sei denn, daß mit dem Aufschub Gefahr verbunden ist.

Ob die Einschaltung des Vormundschaftsgerichts auch bei der Beendigung lebenserhaltender Maßnahmen im Vorfeld der Sterbephase erforderlich ist, ist z. Z. strittig.[113] Zur rechtlichen Absicherung kann es sich empfehlen, das Vormundschaftsgericht anzurufen. Die Beendigung lebenserhaltender Maßnahmen während des Sterbeprozesses verpflichtet nicht zur Anrufung des Vormundschaftsgerichtes.

(1.3) Betreuungsverfügungen

Eine Betreuungsverfügung ist eine für das Vormundschaftsgericht bestimmte Willensäußerung für den Fall der Anordnung einer Betreuung. In ihr können Vorschläge zur Person eines Betreuers und Wünsche zur Wahrnehmung seiner Aufgaben fixiert sein. Eine Betreuung kann vom Gericht für bestimmte Bereiche angeordnet werden, wenn der Patient nicht mehr in der Lage ist, seine Angelegenheiten selbst zu besorgen und eine Vorsorgevollmacht hierfür nicht vorliegt oder nicht ausreicht. Der Betreuer entscheidet im Rahmen seines Aufgabenkreises für den Betreuten. Auch dann dürfen Maßnahmen nicht gegen den erkennbaren Willen des Patienten durchgeführt werden.

(2.) Vertrauensperson, Bevollmächtigter, Betreuer

In der Regel werden nahestehende Personen benannt werden. Bei der Benennung ist zu bedenken, daß Nahestehende in kritischen Situationen besonders schweren Belastungen und Konflikten ausgesetzt sein können. Es sollte niemand bestimmt werden, ohne daß mit ihm rechtzeitig und ausführlich über die anstehenden Aufgaben gesprochen wurde. Die benannte Person sollte die getroffenen Regelungen – insbesondere eine Patientenverfügung – kennen.

Wer zu einer Einrichtung, in welcher der Betreute untergebracht ist oder wohnt, in einer engen Beziehung steht, darf nicht zum Betreuer bestellt werden (§ 1897 Abs. 3 BGB).

---

[111] Vgl. in diesem Buch Teil B, Nr. 6, 8.
[112] Richtig wäre: „möglichst *genau* benennen"! Dazu Teil B, Nr. 9.
[113] Siehe nunmehr den BGH, in diesem Buch Teil H, II.1.

(3.) Inhalt

(3.1) Situationen

Willensbekundungen im Sinne der Ziffer 1 sollen Aussagen zu den Situationen enthalten, für die sie gelten sollen, z. B.:[114]

– Sterbephase
– nicht aufhaltbare schwere Leiden
– dauernder Verlust der Kommunikationsfähigkeit
– Notwendigkeit andauernder schwerwiegender Eingriffe, (z.b. Beatmung, Dialyse, künstliche Ernährung, Organersatz)

(3.2) Ärztliche Maßnahmen

Für die genannten Situationen können Patientenverfügungen auch Aussagen zur Einleitung, zum Umfang und zur Beendigung ärztlicher Maßnahmen enthalten, etwa[115]

– künstliche Ernährung, Beatmung oder Dialyse
– Verabreichung von Medikamenten wie z. B. Antibiotika, Psychopharmaka oder Zytostatika
– Schmerzbehandlung
– Art der Unterbringung und Pflege
– Hinzuziehung eines oder mehrerer weiterer Ärzte

(3.3) Ergänzende persönliche Angaben

Um in Situationen, die in der Verfügung nicht erfaßt sind, den mutmaßlichen Willen besser ermitteln zu können, empfiehlt es sich auch, Lebenseinstellungen, religiöse Überzeugung sowie die Bewertung von Schmerzen und schweren Schäden in der verbleibenden Lebenszeit mitzuteilen.

(3.4) Ärztliche Beratung

Vor Abfassung einer Patientenverfügung kann es hilfreich[116] sein, ein ärztliches Gespräch über deren Inhalt und Umfang und Tragweite zu führen. Ein Vermerk darüber, daß eine ärztliche Beratung stattgefunden hat, kann zusätzlich belegen, daß der Patient sich auch mit dem medizinischen Für und Wider seiner Entscheidung auseinandergesetzt hat; dies kann die Ernsthaftigkeit unterstreichen und die Verbindlichkeit erhöhen.

(3.5) Schweigepflicht

Gegenüber dem Bevollmächtigten und dem Betreuer ist der Arzt zur Auskunft verpflichtet, da Vollmacht und Gesetz den Arzt von der Schweigepflicht freistellen.[117]

---

[114] Vgl. in diesem Buch Teil B, Nr. 9 sowie Teile E und F.
[115] Vgl. in diesem Buch Teil B, Nr. 9 sowie Teile E und F.
[116] Vgl. in diesem Buch Teil B, Nr. 7.
[117] Vgl. in diesem Buch Teil B, Nr. 2.

In der Patientenverfügung können weitere Personen benannt werden, gegenüber denen der Arzt von der Schweigepflicht entbunden wird und denen Auskunft erteilt werden soll.

(3.6) Aktive Sterbehilfe

Aktive Sterbehilfe[118] darf, auch wenn sie in einer Patientenverfügung verlangt wird, nicht geleistet werden, da sie gesetzwidrig ist.

(4.) Form

Patientenverfügungen bedürfen keiner besonderen Form.[119] Aus Beweisgründen sollten sie jedoch schriftlich abgefaßt sein. Eine eigenhändige Niederschrift der Patientenverfügung ist nicht notwendig. Die Benutzung eines Formulars ist möglich. Eine Patientenverfügung soll möglichst persönlich unterschrieben und mit Datum versehen sein. Rechtlich ist es weder erforderlich, die Unterschrift durch Zeugen bestätigen zu lassen, noch eine notarielle Beglaubigung der Unterschrift herbeizuführen.

Um Zweifeln zu begegnen, kann sich jedoch eine Unterschrift vor Zeugen empfehlen, die ihrerseits schriftlich die Echtheit der Unterschrift sowie das Vorliegen der Einwilligungsfähigkeit des Verfassers bestätigen.

(5.) Einwilligungsfähigkeit[120]

Patientenverfügungen sind nur wirksam, wenn der Patient z. Z. der Abfassung einwilligungsfähig war. Sofern keine gegenteiligen Anhaltspunkte vorliegen, kann der Arzt von der Einwilligungsfähigkeit des volljährigen Patienten ausgehen. Die Einwilligungsfähigkeit liegt vor, wenn der Patient Bedeutung, Umfang und Tragweite der Verfügung zu beurteilen vermag. Das gilt auch für Minderjährige. Die Umsetzung ihres Willens kann grundsätzlich jedoch nicht gegen den Willen der Sorgeberechtigten erfolgen.

(6.) Verbindlichkeit[121]

Grundsätzlich gilt der in der Patientenverfügung geäußerte Wille des Patienten, es sei denn, es liegen konkrete Anhaltspunkte vor, die auf eine Veränderung seines Willens schließen lassen. Da Patientenverfügungen jederzeit formlos widerruflich sind, muß vom behandelnden Arzt geprüft werden, ob Anhaltspunkte für eine Willensänderung vorliegen.

Um Zweifel an der Verbindlichkeit älterer Verfügungen zu beseitigen, empfiehlt es sich, diese in regelmäßigen Abständen zu bestätigen oder zu ergänzen.

---

[118] Vgl. in diesem Buch Teil B, Nr. 4.
[119] Vgl. in diesem Buch Teil B, Nr. 6, 8.
[120] Vgl. in diesem Buch Teil B, Nr. 6.
[121] Vgl. in diesem Buch Teil B, Nr. 12.

(7.) Aufbewahrungsempfehlung[122]

Um sicherzugehen, daß die behandelnden Ärzte Patientenverfügungen zur Kenntnis nehmen können, sollten diese gemeinsam mit den persönlichen Papieren bei sich geführt werden. Auch ein einfacher Hinweis, daß solche Verfügungen verfaßt wurden und wo sie zu finden sind, kann förderlich sein.

Hilfreich ist es weiterhin, wenn z. B. die Angehörigen oder der Arzt des Vertrauens über das Vorliegen informiert werden.

Für den Arzt, der gemäß einer Patientenverfügung behandelt, empfiehlt es sich, eine Kopie der Patientenverfügung zu den Krankenunterlagen zu nehmen und Äußerungen benannter Personen zu dokumentieren.

IV. Zur künftigen Rechtsentwicklung in Deutschland

1. Vorsorgeregister bei der Bundesnotarkammer

Quelle: Gesetzentwurf der Bundesregierung: Entwurf eines Gesetzes zur Änderung der Vorschriften über die Anfechtung der Vaterschaft und das Umgangsrecht von Bezugspersonen des Kindes, zur Registrierung von Vorsorgeverfügungen und zur Einführung von Vordrucken für die Vergütung von Berufsbetreuern in der Fassung der von der Bundesregierung übernommenen Vorschläge des Bundesrates, Bundestags-Drucksache 15/2253 vom 17. 12. 2003 (Art. 2a = § 78a – § 78c Bundesnotarordnung); s. auch die Stellungnahme des Bundesrates, Bundesrats-Drucksache 751/03 (Beschluss) vom 28.11.2003.

Die nachfolgenden Anmerkungen stammen von den Autoren des „Casebook".

Anmerkung! Der Gesetzentwurf spricht von Vorsorgeverfügungen und meint damit Patientenverfügungen im weiteren Sinne (siehe oben Teil B, Nr. 2), insbesondere Vorausverfügungen und Vorsorgevollmachten.

§ 78a Bundesnotarordnung

(1) Die Bundesnotarkammer führt ein automatisiertes Register über Vorsorgevollmachten (Zentrales Vorsorgeregister). In dieses Register dürfen Angaben über Vollmachtgeber, Bevollmächtigte, die Vollmacht und deren Inhalt aufgenommen werden. Sie darf auch weitere Vorsorgeverfügungen registrieren. Das Bundesministerium der Justiz führt die Rechtsaufsicht über die Registerbehörde.

Anmerkung! Das Register erfasst in erster Linie Vorsorgevollmachten, also Erklärungen, in denen (zumindest auch) eine Person wirksam bevollmächtigt wird. Reine Vorsorgeverfügungen (vgl. Teil B, Nr. 2), in denen der (potentielle) Patient bestimmte Instruktionen für eine bestimmte Krank-

---

[122] Vgl. in diesem Buch Teil B, Nr. 8.

heitssituation gibt, dürfen ebenfalls registriert werden. Andere Register, wie etwa das von der Deutschen Hospiz Stiftung geführte Register für Vorsorgeverfügungen, werden damit nicht etwa unzulässig. Allerdings wird die Bundesnotarkammer faktisch bevorzugt, weil sie auf dem Markt der Vorsorgeverfügungs-Registerbetreiber mit dem Begriff „*Zentrales* Vorsorgeregister" auftreten und dort mit dem besonderen Seriositätsnimbus operieren kann, der Notaren zukommt. Außerdem gibt es nur für das Vorsorgeregister der Bundesnotarkammer explizite Regeln über Auskünfte aus dem Register:

(2) Dem Vormundschaftsgericht wird auf Ersuchen Auskunft aus dem Register erteilt. Die Auskunft kann im Wege der Datenfernübertragung erteilt werden. Dabei sind dem jeweiligen Stand der Technik entsprechende Maßnahmen zur Sicherstellung von Datenschutz und Datensicherheit zu treffen, die insbesondere die Vertraulichkeit, Unversehrtheit und Zurechenbarkeit der Daten gewährleisten; im Falle der Nutzung allgemein zugänglicher Netze sind dem jeweiligen Stand der Technik entsprechende Verschlüsselungsverfahren anzuwenden.

(3) Das Bundesministerium der Justiz hat durch Rechtsverordnung mit Zustimmung des Bundesrates die näheren Bestimmungen über die Einrichtung und Führung des Registers, die Auskunft aus dem Register und über Anmeldung, Änderung, Eintragung, Widerruf und Löschung von Eintragungen zu treffen.

§ 78b Bundesnotarordnung

(1) Die Bundesnotarkammer kann für die Aufnahme von Erklärungen in das Register nach § 78a Gebühren erheben. Die Höhe der Gebühren richtet sich nach den mit der Einrichtung und dauerhaften Führung des Registers sowie den mit der Nutzung des Registers durchschnittlich verbundenen Personal- und Sachkosten. Hierbei kann insbesondere der für die Anmeldung einer Eintragung gewählte Kommunikationsweg angemessen berücksichtigt werden.

(2) Die Bundesnotarkammer bestimmt die Gebühren durch Satzung. Die Satzung bedarf der Genehmigung durch das Bundesministerium der Justiz.

Anmerkung! Dass die Registrierung kostenpflichtig ist, entspricht der bisherigen Praxis auch anderer Anbieter.

§ 78c Bundesnotarordnung

(1) Gegen Entscheidungen der Bundesnotarkammer nach den §§ 78a und 78b findet die Beschwerde nach den Vorschriften des Gesetzes über die Angelegenheiten der freiwilligen Gerichtsbarkeit statt, soweit sich nicht aus den nachfolgenden Absätzen etwas anderes ergibt.

(2) Die Beschwerde ist bei der Bundesnotarkammer einzulegen. Diese kann der Beschwerde abhelfen. Beschwerden, denen sie nicht abhilft, legt sie dem Landgericht am Sitz der Bundesnotarkammer vor.

(3) Die weitere Beschwerde ist nicht zulässig.

Anmerkung! Das Gesetz ermöglicht gerichtlichen Rechtsschutz gegen Entscheidungen der Bundesnotarkammer als Träger des Zentralen Vorsorgeregisters. Das ist konsequent, denn die Bundesnotarkammer ist eine Körperschaft des öffentlichen Rechts, also ein Stück verselbständigter Staatsverwaltung. Rechtsstreitigkeiten sind denkbar, wenn die Bundesnotarkammer die Registrierung einer Erklärung oder eine beantragte Auskunft ablehnt.

2. Subsidiäre Angehörigenvertretung (auch) in Gesundheitsangelegenheiten – Reform des Betreuungsrechts

Quelle: Bundesrat, Bundesrats-Drucksache 865/03, Gesetzesantrag der Länder Nordrhein-Westfalen, Bayern und Sachsen vom 19.11.2003.

Die nachfolgenden Anmerkungen, die sich auf einzelne für das Thema relevante Vorschriften des Gesetzentwurfs beziehen, stammen von den Autoren des „Casebook".

§ 1358a Vertretung durch Ehegatten für die Gesundheitssorge

(1) Unter den Voraussetzungen des § 1358 Abs. 1 kann ein Ehegatte für den verhinderten Ehegatten Erklärungen abgeben, die auf die Vornahme einer Untersuchung des Gesundheitszustandes, einer Heilbehandlung oder eines ärztlichen Eingriffs gerichtet sind. § 1904 Abs. 1 gilt entsprechend.

Anmerkung! § 1358 Abs. 1 schafft für den Ehegatten des „verhinderten" (nicht-entscheidungsfähigen Ehegatten) eine gesetzliche Vertretungsbefugnis unter den näheren Voraussetzungen des Absatzes 2. Diese Regelung gilt auch für Lebenspartner im Sinne des Lebenspartnerschaftsgesetzes (also für formalisierte gleichgeschlechtliche Verbindungen, vgl. den geplanten § 8 Abs. 2 des Lebenspartnerschaftsgesetzes), nicht aber für nicht-eheliche Lebensgemeinschaften oder nicht-formalisierte gleichgeschlechtliche Beziehungen.

(2) Der andere Ehegatte gilt als erklärungsbefugt, wenn er dem Arzt schriftlich erklärt,

1. mit dem verhinderten Ehegatten verheiratet zu sein,

2. nicht getrennt zu leben,

3. dass ihm das Vorliegen einer Vollmacht oder Betreuung nicht bekannt ist,

4. dass ihm ein entgegenstehender Wille des Ehegatten nicht bekannt ist.

Dies gilt nicht, wenn der Arzt das Fehlen der Voraussetzungen des Absatzes 1 kennt oder kennen muss.

Anmerkung! Die Vertretungsbefugnis des anderen nicht-verhinderten Ehegatten ist nur eine Art „Reservebefugnis": Gibt es eine Vorsorgevollmacht, in der jemand anderes als der nicht-verhinderte Ehegatte bevollmächtigt wird, dann ist diese Vollmacht zu befolgen und der nicht-verhinderte Ehegatte ist nicht entscheidungsbefugt. Theoretisch ist dies zu begrüßen: Es entspricht der Absicht des Gesetzgebers, die Vorsorgevollmacht zu stärken. Praktisch wirft die Regelung des § 1358 Abs. 2 aber manche Zweifel auf: Es reicht nämlich, dass der nicht-verhinderte Ehegatte u.a. schriftlich behauptet, Ehegatte zu sein (die Vorlage einer Heiratsurkunde ist also nicht erforderlich) und außerdem, es gebe keine Vorsorgevollmacht und keinen entgegenstehenden Willen des verhinderten Ehegatten gegen die Abgabe der konkret geplanten Erklärungen des nicht-verhinderten Ehegatten – dann gilt dieser als erklärungsbefugt. Es handelt sich also um eine Fiktion, die an den schwachen Rechtsschein einer schriftlich dokumentierten Behauptung geknüpft wird. Andererseits gilt die Fiktion nicht, wenn der Arzt die wahre Lage kennt oder kennen muss, also herausfinden könnte, dass die Behauptungen des nicht-verhinderten Ehegatten nicht stimmen. Welchen Aufwand er hierbei treiben muss, lässt das Gesetz offen. Um der besonderen Lage des Arztes gerecht zu werden, wird man um so mehr Vergewisserungsaufwand verlangen dürfen, je weniger reversibel die Maßnahme ist und um so weniger Aufwand, je dringlicher eine Entscheidung ist, wobei grundsätzlich gilt, dass die Einschätzungen des Arztes nicht evident unvertretbar sein dürfen.

§ 1618b Vertretung durch Angehörige für die Gesundheitssorge

(1) § 1358a Abs. 1 gilt im Verhältnis von Eltern und ihren volljährigen Kindern entsprechend, es sei denn, es ist ein erklärungsbefugter Ehegatte oder Lebenspartner vorhanden. Kinder sind vor Eltern erklärungsbefugt. Bei mehreren gleichrangigen Angehörigen genügt die Erklärung eines von ihnen; es ist jedoch der Widerspruch eines jeden von ihnen beachtlich. Ist ein vorrangiger Angehöriger innerhalb angemessener Zeit nicht erreichbar, genügt die Erklärung des nächst erreichbaren nachrangigen Angehörigen.

Anmerkung! § 1618b schafft eine Ersatz-Vertretungsbefugnis der Kinder für den Fall, dass der andere Ehegatte oder ein „Lebenspartner" (im Sinne des Lebenspartnerschaftsgesetzes: Partner einer formalisierten gleichgeschlechtlichen Beziehung) nicht vorhanden ist. Die Möglichkeit eines „gleichrangigen Angehörigen" zu widersprechen (z.B. eines Kindes bei zwei Geschwistern) und damit eine Entscheidung zu verhindern, ist aus dem Transplantationsrecht bekannt (vgl. § 4 Abs. 1 und 2 Transplantationsgesetz).

(2) Ein Angehöriger im Sinne von Absatz 1 gilt als erklärungsbefugt, wenn er dem Arzt schriftlich erklärt

1. vor- oder zumindest gleichrangiger Angehöriger im Sinne des Absatzes 1 Satz 1 bis 3 zu sein,

2. dass ihm das Vorliegen einer Vollmacht oder Betreuung nicht bekannt ist und

3. dass ihm weder ein entgegenstehender Wille des Betroffenen noch ein Widerspruch eines gleichrangigen Angehörigen bekannt ist,

Im Falle des Absatzes 1 Satz 4 hat der nachrangige Angehörige abweichend von Satz 1 Nr. 1 zu erklären, Angehöriger im Sinne des Absatzes 1 Satz 1 zu sein und dass der vorrangige Angehörige innerhalb angemessener Zeit nicht erreichbar ist. Die Sätze 1 und 2 gelten nicht, wenn der Arzt das Fehlen der Voraussetzungen des Absatzes 1 kennt oder kennen muss.

Anmerkung! **Die Regelung ähnelt § 1358a Abs. 2. Die zu dieser Bestimmung geäußerten Bedenken gelten deshalb auch hier.**

§ 1896 Voraussetzungen der Betreuung

(2) Ein Betreuer darf nur für Aufgabenkreise bestellt werden, in denen die Betreuung erforderlich ist. Die Betreuung ist nicht erforderlich, soweit die Angelegenheiten des Volljährigen

1. durch einen Bevollmächtigten, der nicht zu den in § 1897 Abs. 3 bezeichneten Personen gehört, oder

2. durch einen hierzu befugten Angehörigen in den Fällen der §§ 1358, 1358a und 1618b oder

3. durch andere Hilfen, bei denen kein gesetzlicher Vertreter bestellt wird, ebenso gut wie durch einen Betreuer besorgt werden können.

Anmerkung! **In dieser geplanten Vorschrift kommt eine Hierarchie der Vertretungsregelungen zum Ausdruck: Eine Bevollmächtigung (etwa durch eine Vorsorgevollmacht) hat Vorrang vor der gesetzlichen „Reservebefugnis" der Angehörigen und einer Betreuung. – Aber Achtung: § 1897 Abs. 3 BGB lautet: „Wer zu einer Anstalt, einem Heim oder einer sonstigen Einrichtung, in welcher der Volljährige untergebracht ist oder wohnt, in einem Abhängigkeitsverhältnis oder einer anderen engen Beziehung steht, darf nicht zum Betreuer bestellt werden."**

§ 1901a

Die Bestimmung lautet bislang: „Wer ein Schriftstück besitzt, in dem jemand für den Fall seiner Betreuung Vorschläge zur Auswahl des Betreuers oder Wünsche zur Wahrnehmung der Betreuung geäußert hat, hat es unverzüglich an das Vormundschaftsgericht abzuliefern, nachdem er von der Einleitung eines Verfahrens über die Bestellung eines Betreuers Kenntnis erlangt hat." Hinzugefügt wird: „Satz 1 gilt entsprechend für Schriftstücke, in denen der Betroffene eine andere Person mit der Wahrnehmung seiner Angelegenheiten bevollmächtigt hat."

Anmerkung! Die Bedeutung persönlicher Vorsorge-Erklärungen wird durch diese Bestimmung unterstrichen, denn eine Betreuung ist nicht erforderlich (siehe den vorstehen § 1896 Abs. 2 BGB-Entwurf), wenn eine Person bevollmächtigt wurde.

V. Zum Vergleich: die Richtlinien der Schweizerischen Akademie der Medizinischen Wissenschaften (SAMW)

Hinweis! Die Richtlinien der Schweizerischen Akademie für Medizinische Wissenschaften (SAMW) zu Fragen des ärztlichen Verhaltens am Lebensende haben nicht nur im deutsprachigen Raum eine Impuls- und Schrittmacher-Funktion. Die Diskussionen der Vergangenheit haben gezeigt, dass die Diskussion in der Schweiz zumindest ein Anlass etwa für die Bundesärztekammer war, ihre Empfehlungen zu überdenken (so etwa bei der Überarbeitung der „Grundsätze", Teil H, III. 1.): „Schweizer Richtlinien geben regelmäßig auch unserer Bundesärztekammer die Richtung vor" (Oliver Tolmein, Frankfurter Allgemeine Zeitung [FAZ] vom 10. 2. 2004, S. 40). Der Blick auf die nachfolgenden Richtlinien bzw. Richtlinien-Entwürfe, die z. T. in Deutschland noch kaum diskutierte Problemzusammenhänge thematisieren, lohnt sich nicht zuletzt, weil die tatsächlichen Verhältnisse im Gesundheitswesen der Schweiz und Deutschlands relativ ähnlich ausfallen. Die Texte nehmen gelegentlich auf Regelungen des schweizerischen Rechts (Bundes- oder Kantonsrecht) Bezug. Dies dürfte in der Regel keine Verständnisschwierigkeiten bereiten, weil die deutsche Rechtslage der Sache nach vergleichbar ist.

Quelle für alle Richtlinien(entwürfe) ist www.samw.ch. Die Fußnoten sind Teil des Originals.

1. Behandlung und Betreuung von zerebral schwerst geschädigten Langzeitpatienten Medizinisch-ethische Richtlinien der SAMW (2003)

(I.) Präambel

Zerebral schwerst geschädigte Langzeitpatienten[123] sind Menschen, bei welchen krankheits-oder verletzungsbedingte Hirnschädigungen zu einem langdauernden Zustand persistierender Bewusstlosigkeit oder schwerster Beeinträchtigung des Bewusstseins mit höchstwahrscheinlich irreversiblem Verlust der Kommunikationsfähigkeit geführt haben. Ein Wiedererlangen des Bewusstseins oder selbstständiger Willensäusserungen ist kaum mehr zu erwarten. Zerebral schwerst geschädigte Langzeitpatienten haben die Fähigkeit zur Selbstbestimmung verloren. Andere müssen für sie entscheiden; dabei sind die Persönlichkeitsrechte zu wahren. Die stellvertretende Wahrnehmung der Interessen eines zerebral schwerst geschädigten Langzeitpatienten ist heikel und die Entscheidungsprozesse sind komplex.

---

[123] Im Interesse der leichteren Lesbarkeit des Textes wird in der Folge durchwegs die männliche Bezeichnung von Personen verwendet. Die entsprechenden Texte betreffen immer auch die weiblichen Angehörigen der genannten Personengruppen.

Idealerweise liegt eine aktuelle, genügend detaillierte Patientenverfügung vor. Fehlt diese, muss der mutmassliche Wille des Patienten ermittelt und berücksichtigt werden. Eine zusätzliche Schwierigkeit ergibt sich aus der Unsicherheit der Prognose. Während bei verletzungsbedingten Hirnschädigungen auch bei einem längerandauernden bewusstlosen Zustand mit einer Erholung gerechnet werden darf, ist bei krankheitsverursachten schwersten Hirnschädigungen die Prognose wesentlich ungünstiger, doch kann auch in diesen Fällen keine definitive Aussage gemacht werden. Aus dieser Unsicherheit der Prognose ergeben sich für das betreuende Team (Ärzte, Pflegende und Therapeuten) häufig schwierige ethische Fragen, vor allem, wenn der Wille des Patienten unbekannt oder nicht eindeutig ist. Insbesondere bei interkurrent auftretenden Komplikationen stellt sich die Frage nach der Fortsetzung einer bereits eingeleiteten Behandlung und jene nach der Aufnahme neuer therapeutischer Massnahmen. Die vorliegenden Richtlinien sollen bei diesen Entscheiden eine Hilfe sein und zur Qualität der Pflege und Betreuung beitragen.

(II.) Richtlinien

(1.) Geltungsbereich

Schwerste Hirnschädigungen mit anhaltendem, nicht behandelbarem Verlust der Kommunikationsfähigkeit lassen sich in drei Hauptgruppen aufteilen:

- Der persistierende vegetative Status (PVS, Wachkoma): Ein komatöser Zustand nach krankheits- oder verletzungsbedingter, meist hypoxischer Hirnschädigung kann in einen „vegetativen Status", einen „Wachzustand ohne fassbare Wahrnehmung" übergehen. Dauert der vegetative Status länger als einen Monat (diagnostischer Begriff mit Blick auf die bisherige Situation), spricht man vom „persistierenden vegetativen Status" (PVS); ist dieser höchstwahrscheinlich irreversibel geworden (prognostischer Blick), spricht man vom „permanenten vegetativen Status"
- Schwerste degenerative Hirnerkrankungen im Spätstadium (z.B. Alzheimerkrankheit): Diese sind charakterisiert durch schwersten kognitiven Abbau[124] (Wortschatz auf einzelne Worte reduziert, keine verbale Kommunikation mehr möglich, Verlust der motorischen Fertigkeiten, in allen Belangen auf Pflege angewiesen); andere Ursachen wurden vorgängig differentialdiagnostisch ausgeschlossen.
- Schwerste bei Geburt vorliegende oder in der frühen Kindheit erworbene Hirnschädigungen: Das Hirn ist durch einen hypoxisch-ischämischen, traumatischen, infektiösen oder metabolischen Prozess oder durch Fehlbildung so schwer geschädigt, dass die Erlangung kommunikativer Fähigkeiten und einer minimalen Selbstständigkeit nicht erwartet werden kann. Trotz dieser unterschiedlichen Diagnosen bestehen Gemeinsamkeiten in der Behandlung und Betreuung dieser Patienten. Wo für eine bestimmte Patientengruppe besondere Regelungen gelten, werden diese in den Richtlinien speziell erwähnt.

---

[124] vgl. hierzu Reisberg B. Functional assessment staging (FAST). Psychopharmacol Bull 1988; 24 (4): 653-9, Stufe 7.

(1.1.) Beschreibung der Patientengruppen

(1.1.1) Persistierender vegetativer Status (PVS)

Unter „vegetativem Status" wird ein totaler Verlust der erkennbaren Wahrnehmungsfähigkeit von sich selbst und von der Umgebung verstanden. Die noch teilweise oder vollständig erhaltenen Funktionen von Hypothalamus und Hirnstamm reichen – zusammen mit medizinischer und pflegerischer Unterstützung – zum Überleben aus. Zeichen von wiederholten, reproduzierbaren, willentlich gerichteten Antworten auf visuelle, auditorische, taktile und schmerzende Stimuli fehlen; ebenso sind keine Zeichen von sprachlichem Verständnis oder Ausdruck vorhanden. Es besteht Darm- und Blaseninkontinenz. Teilweise erhalten sind dagegen die Hirn- (pupillar, oculocephal, corneal, vestibulo-ocular) und Spinalreflexe sowie ein Schlaf-Wach-Rhythmus.

(1.1.2) Neurodegenerative Erkrankungen

Diese Patienten haben einen weitestgehenden Verlust der kognitiven Fähigkeiten auf Grund einer schweren degenerativen Hirnschädigung erlitten und bleiben über Monate in einem stationären Zustand. Dies kann im Wesentlichen in den Spätstadien der Alzheimerkrankheit, der Parkinsonkrankheit mit Demenz, der frontotemporalen Demenzerkrankung, fortgeschrittener Chorea Huntington und bei vaskulärer Demenz eintreten[125]. In der Regel verlaufen andere neurodegenerative Erkrankungen verhältnismässig rasch progredient und betreffen die Kognition erst in einem terminalen Stadium. Erst wenn die Kommunikationsfähigkeit verloren gegangen und eine erkennbare Wahrnehmung nicht mehr vorhanden ist, kommen die vorliegenden Richtlinien zur Anwendung.

(1.1.3) Bei der Geburt vorliegende oder in früher Kindheit erworbene Hirnschädigung

Die Situation bei Kindern weist altersabhängig drei ethisch relevante Besonderheiten auf. Diese sind bei Neugeborenen und Säuglingen besonders stark ausgeprägt:

1. Die Schädigung des Hirns betrifft ein sich entwickelndes Zentralnervensystem. Dies erschwert einerseits die Abschätzung des Ausmasses einer aktuellen funktionellen Schädigung, da bei Neugeborenen und Säuglingen viele Funktionen noch nicht manifestiert werden. Andererseits besteht auch ein viel grösseres Spektrum der möglichen funktionellen Erholung infolge der sehr grossen Plastizität des kindlichen Nervensystems. Prognosen sind deshalb immer durch eine erhebliche Unsicherheitsspanne gekennzeichnet.
2. Es gibt keine Hinweise auf einen mutmasslichen Willen bezüglich der medizinischen Behandlung. Bei angeborenen Schädigungen gibt es auch keinerlei biographische Anhaltspunkte für Vermutungen zur subjektiven Einschätzung der Lebensqualität durch den Patienten.

---

[125] Bei diesen Patienten handelt es sich häufig um ältere Menschen. Vgl. hiezu auch „Behandlung und Betreuung von älteren pflegebedürftigen Menschen", medizinisch-ethische Richtlinien und Empfehlungen der SAMW (2004).

3. Kinder sind biologisch, psychisch, sozial und rechtlich in höchstem Mass von ihren Eltern abhängig. Die Folgen medizinischer Behandlungsentscheide bei ungünstiger Prognose betreffen die Eltern sehr direkt und unter Umständen lebenslänglich.

Diese Besonderheiten verunmöglichen die scharfe definitorische Abgrenzung einer Gruppe von Neugeborenen, Säuglingen und Kleinkindern, für welche die vorliegenden Richtlinien zur Anwendung kommen sollen. Vielmehr sollte für jedes einzelne Kind, bei dem durch eine schwere Hirnschädigung die Entwicklung zur Kommunikationsfähigkeit und zu einer minimalen Selbstständigkeit in Frage gestellt ist, aufgrund seiner individuellen Prognose darüber entschieden werden, ob eine Modifikation des Therapiezieles im Sinne dieser Richtlinien angemessen ist. Dabei ist der voraussehbare Gewinn an Lebensfreude, Beziehungsmöglichkeiten und Erlebnisfähigkeit, der einem Kind durch eine volle medizinische Therapie ermöglicht werden kann, gegen die Belastung abzuwägen, die in Form von Schmerzen, Diskomfort und Einschränkungen mit dieser Therapie verbunden ist.

(1.2.) Abgrenzung zu den Sterbenden

Zerebral schwerst geschädigte Langzeitpatienten sind mit Sterbenden nicht gleichzusetzen. Sie befinden sich noch in einem stabilisierten, aber mutmasslich irreversiblen Zustand. Interkurrent auftretende Komplikationen oder der Entscheid über einen Therapieabbruch können den Sterbeprozess jedoch in Gang setzen. Bei den Sterbenden ist die verbleibende Lebensspanne relativ kurz (Tage bis Wochen) und der terminale Prozess progredient. Die Betreuung von sterbenden Patienten wird in einer separaten Richtlinie[126] behandelt.

(2.) Patientenrechte

(2.1.) Grundsatz

Gegenüber Langzeitpatienten mit schwerster Hirnschädigung besteht die Pflicht, in jeder Weise zu helfen und Leiden zu lindern. Die Pflicht zur Lebenserhaltung unterliegt jedoch Einschränkungen. Vorrangig massgebendes Kriterium für Entscheide, auf lebenserhaltende Massnahmen zu verzichten oder sie abzubrechen, ist der Patientenwille.

(2.2.) Patientenverfügung

Jede Person kann im Voraus Bestimmungen verfassen im Hinblick auf medizinische Behandlung und Pflege, die sie zu erhalten wünscht oder ablehnt, falls sie nicht

---

[126] Die „Medizinisch-ethischen Richtlinien für die ärztliche Betreuung sterbender und zerebral schwerst geschädigter Patienten" aus dem Jahre 1995 wurden nicht nur für den Bereich der zerebral schwerst geschädigten Patienten überarbeitet, sondern in einer separaten Subkommission auch für den Bereich der Sterbenden („Betreuung von Patienten am Lebensende", medizinisch-ethische Richtlinien der SAMW, 2004). Relevant sind auch die „Medizinisch-ethischen Richtlinien zu Grenzfragen der Intensivmedizin" aus dem Jahre 1999 sowie die „Medizinisch-ethischen Richtlinien zur Feststellung des Todes mit Bezug auf Organtransplantationen".

mehr urteilsfähig[127] wäre (Patientenverfügung). Patientenverfügungen sind zu befolgen, solange keine konkreten Anhaltspunkte dafür bestehen, dass diese dem derzeitigen Willen des Patienten nicht mehr entsprechen. Sie gelten umso eher, je klarer sie formuliert sind, je kürzer die Unterzeichnung zurückliegt und je besser der Patient die eingetretene Situation antizipiert hat. Fehlt eine Patientenverfügung, so muss versucht werden, den mutmasslichen Willen des Patienten zu ermitteln. Eine wesentliche Rolle spielt dabei, wie er in seinem bisherigen Leben gedacht und gehandelt hat und welches seine Präferenzen waren. Informationen darüber sollten von den Angehörigen und allfälligen weiteren Personen (z.B. Hausarzt) eingeholt werden.

(2.3.) Vertretung

Jede Person kann auch im Voraus eine bevollmächtigte Vertretungsperson in medizinischen Angelegenheiten (nachfolgend: „Vertrauensperson") bezeichnen, welche an ihrer Stelle die Zustimmung zu medizinischen, pflegerischen und/oder therapeutischen Massnahmen erteilen soll, falls sie selbst nicht mehr urteilsfähig wäre. Unter Berücksichtigung einer allfälligen Patientenverfügung muss im Einverständnis mit einem gesetzlichen Vertreter bzw. der bezeichneten Vertrauensperson entschieden werden. Falls der Entscheid des gesetzlichen Vertreters bzw. der Vertrauensperson dem mutmasslichen Willen des Patienten zu widersprechen scheint, soll der zuständige Arzt die Vormundschaftsbehörde einbeziehen. Gibt es weder gesetzlichen Vertreter noch Vertrauensperson, oder ist in einer Notfallsituation eine Rückfrage nicht möglich, haben der Arzt, die Pflegenden und die Therapeuten ihre Entscheide im interdisziplinären Austausch, gemäss dem wohlverstandenen Interesse und dem mutmasslichen Willen der betroffenen Person, zu treffen.

Bei Unmündigen gilt grundsätzlich der Wille des gesetzlichen Vertreters; in der Regel sind dies die Eltern. Diese sind bei Entscheidungen über Leben und Tod jedoch oft überfordert. Entscheide über die Behandlung und Betreuung sind im besten Interesse des Kindes im Konsens mit den Eltern bzw. den gesetzlichen Vertretern zu treffen. Ist bei lebenswichtigen Entscheiden ein Konsens nicht zu erreichen, so ist die Vormundschaftsbehörde beizuziehen.

(3.) Entscheidungsprozesse

Der Prozess der Entscheidungsfindung verdient besondere Aufmerksamkeit. Im Hinblick auf eine Entscheidung müssen zuständiger Arzt oder Pflegeperson abklären, ob der Patient eine Patientenverfügung verfasst hat, ob ein gesetzlicher Vertreter bestimmt oder eine Vertrauensperson bezeichnet ist. Grundlage der Entscheidung über Ziele (und Ort) der Behandlung und Betreuung sind der Zustand und die Prognose bezüglich Lebensdauer und -qualität sowie die Persönlichkeit und der mutmassliche Wille des Patienten. In die Entscheidungsprozesse ist die Erfahrung

---

[127] Urteilsfähigkeit bedeutet die Fähigkeit, die Realität wahrzunehmen, sich Urteil und Wille zu bilden sowie die Fähigkeit, die eigene Wahl zu äussern. Zerebral schwerst geschädigte Langzeitpatienten erfüllen diese Voraussetzungen nicht (mehr).

und Sicht der nächsten Bezugspersonen des Patienten sowie des Pflegeteams miteinzubeziehen. Die so getroffenen Entscheide sollten von allen beteiligten Personen akzeptiert und möglichst mitverantwortet werden können. Klinische Ethikkommissionen[128] können für die Entscheidungsfindung beigezogen werden. Die letzte Entscheidung bleibt beim direkt verantwortlichen Arzt. Entscheide, welche zum Abbruch von lebenserhaltenden Massnahmen führen, müssen protokolliert werden, so dass sie auch im Nachhinein noch nachvollziehbar sind.

(4.) Behandlung und Betreuung

(4.1.) Grundsatz

Die therapeutischen Ziele bestimmen das Vorgehen. Palliativbetreuung und -pflege müssen frühzeitig und parallel zu den übrigen therapeutischen Massnahmen eingeleitet und unabhängig davon weitergeführt werden. Der angemessene Einsatz der zur Verfügung stehenden Mittel ist prinzipiell geboten, hat der guten klinischen Praxis zu entsprechen und ist periodisch zu überprüfen. Im Einzelfall dürfen ökonomische Überlegungen weder zum Verzicht auf eine Massnahme noch zu deren Abbruch führen.

(4.2.) Therapeutische Massnahmen

Die therapeutischen Massnahmen ergeben sich aus dem Behandlungsziel. Es gibt Situationen, in denen sonst angemessene Diagnostik- und Therapieverfahren nicht mehr indiziert sind, sondern Begrenzung geboten ist. In speziellen Situationen muss der zeitlich befristete Einsatz von therapeutischen Massnahmen erwogen werden. Eine Änderung des Behandlungsziels kommt insbesondere dann in Betracht, wenn die Krankheit weit fortgeschritten ist, so dass eine lebenserhaltende Behandlung nur Leiden verlängert. Unter diesen Umständen ist der Einfluss der therapeutischen Massnahmen auf die Lebenserhaltung und -qualität zu berücksichtigen. Auf invasive und aufwändige Therapiemassnahmen kann eher verzichtet werden als auf schonende und einfache. Mit dem Zurücknehmen von kurativ-therapeutischen Massnahmen findet eine Verschiebung Richtung Pflege, Palliation und Begleitung statt.

(4.3.) Palliation und Pflege

Zerebral schwerst geschädigte Langzeitpatienten haben stets auch ein Recht auf adäquate palliative Massnahmen. Es handelt sich dabei weitgehend um präventive, Komfort vermittelnde Massnahmen (Medizin, Pflege, Physiotherapie, usw.). Da diese Patienten ihre Befindlichkeit nicht mitteilen können, kann nicht auf Beschwerden reagiert werden. Darum muss proaktiv nach Zuständen gesucht werden, die aufgrund der klinischen Erfahrung zu Klagen Anlass geben würden. Mit palliativer Zielsetzung sollen Massnahmen auch dann angewendet werden, wenn dadurch die

---

[128] Mit klinischer Ethikkommission sind nicht die „Forschungsethikkommissionen" gemeint, die klinische Arzneimittelversuche beurteilen, sondern an den Spitälern bestehende Ethikkommissionen, -foren usw., welche sich mit schwerwiegenden, ethischen Entscheiden im Einzelfall befassen.

Lebensdauer verkürzt wird. Zur Palliation gehört wesentlich auch die Begleitung und Beratung der dem Patienten nahestehenden Personen. Zur Pflege gehört das Erhalten der körperlichen Integrität bzw. die Vermeidung zusätzlicher Schäden sowie das Erhalten der Beweglichkeit und des Aussehens des Patienten. Pflege soll so kontinuierlich wie möglich angeboten werden. Dies erleichtert den Kontakt zum Patienten und schafft die Möglichkeit, den Patienten und seine Angehörigen näher kennen zu lernen.

(4.4.) Flüssigkeit und Nahrung

Ohne gegenteilige direkte oder indirekte Willensäusserung ist die adäquate Zufuhr von Flüssigkeit und Nahrung (enteral oder parenteral) bei klinisch stabilen Patienten weiterzuführen. Treten im Zusammenhang damit Komplikationen auf, muss die Situation neu geprüft werden. Die Indikation zur Neuaufnahme einer enteralen Sondenernährung sollte sorgfältig geprüft werden.

Bei Neugeborenen darf auf Nahrungs- und Flüssigkeitszufuhr nur verzichtet werden, wenn die Etablierung einer enteralen Ernährung mit grossen, belastenden Eingriffen verbunden oder überhaupt nicht möglich ist.

Von einer Zufuhr von Flüssigkeit ohne gleichzeitige Nahrung ist grundsätzlich abzusehen. In terminalen Situationen kann die alleinige Flüssigkeitszufuhr gerechtfertigt sein oder es kann sogar – im Konsens mit dem Team und den Angehörigen – auf die Flüssigkeitszufuhr verzichtet werden.

(III.) Kommentar

Ad Präambel

Die vorliegenden Richtlinien sollen Institutionen, die zerebral schwerst geschädigte Langzeitpatienten betreuen, als Grundlage für interne Leitlinien dienen, welche den regionalen und kulturellen Gegebenheiten Rechnung tragen. Sie sollen helfen, für den Patienten im Einzelfall die richtige Entscheidung über die Behandlung und Betreuung zu treffen, ohne diese zu präjudizieren.

Ad 1. (Geltungsbereich)

Die Langzeitprognose und die Feststellung der Irreversiblität eines „persistierenden vegetativen Status" sind äusserst schwierig; sie sind unter anderem abhängig vom Alter des Patienten, von der bisherigen Dauer des Zustandes, von Begleiterkrankungen sowie insbesondere von der Ursache der ursprünglichen Hirnschädigung[129]. So bleiben Erholungschancen beim PVS nach Schädel-Hirntrauma länger, d.h. weit über ein Jahr hinaus, erhalten als nach krankheitsbedingter Hirnschädigung. Im ersten Fall müssen unterstützende Massnahmen mit Geduld über längere Zeit fortgesetzt werden. Fragen eines möglichen Therapieverzichtes/-

---

[129] The Multi-Society Task Force on PVS, „Medical Aspects of the persistent vegetative state", Part I: NEJM 1994; 330: 1499-1508; Part II: NEJM 1994; 330; 1572-1579. [NEJM = New England Journal of Medicine].

abbruches und/oder der Verlegung sollen frühzeitig, aber ohne Eile in Betracht gezogen werden.

Ad 2. (Patientenrechte)

Die juristische Situation bei einwilligungsunfähigen Patienten ist komplex. Unsicherheiten bestehen insbesondere darüber, wie weit das Vertretungsrecht geht und wer anstelle eines urteilsunfähigen Patienten handeln darf, wenn kein gesetzlicher Vertreter vorhanden ist. Hierzu gibt es zudem unterschiedliche kantonale Regelungen. In einigen Kantonen wird dem Arzt ein Entscheidungsrecht eingeräumt. In anderen Kantonen besteht aufgrund der kantonalen gesetzlichen Regelung oder bei Fehlen einer solchen aufgrund des Bundesrechtes im Prinzip die Verpflichtung, einen Vertretungsbeistand zu ernennen. Unter den aktuellen Rahmenbedingungen (z.B. Verfügbarkeit von Personal in den Vormundschaftsbehörden) ist es nicht praktikabel und nicht sinnvoll, in jedem Fall eine gesetzliche Vertretung anzufordern. Im Hinblick auf die mittelfristige Umsetzung des Prinzips der Einwilligung eines vom Patienten eingesetzten Vertreters (wie sie z.B. auch die Bioethik-Konvention vorsieht)[130] erwähnt die Richtlinie bewusst auch die Möglichkeit der Bezeichnung einer Vertrauensperson.

Ad 3. (Entscheidungsprozesse)

Zu jeder Entscheidung gehören eine Zieldefinition, die Konsenssuche mit allen Beteiligten, eine regelmässige Überprüfung, ob das Ziel erreicht bzw. noch adäquat ist und wesentlich auch die Klärung der Konsequenzen des Entscheids für alle Beteiligten (z.B. Behandlung neu auftretender Krankheiten und Komplikationen, Verlegung in eine andere Institution, Schwierigkeiten für Angehörige bei Besuchen usw.). Solche Entscheidungsprozesse benötigen die hierfür notwendigen Rahmenbedingungen von Raum und Zeit. Entscheidungsprozesse sollen wenn immer möglich nach einer verbindlichen internen Richtlinie durchgeführt werden.

Ad 4.1. (Behandlung und Betreuung: Grundsatz)

Angemessenheit bedeutet, unter Abwägung der Vor- und Nachteile für den Patienten und in Berücksichtigung der zur Verfügung stehenden Ressourcen den optimalen Weg zwischen „therapeutischem Übereifer" („acharnement thérapeutique") und „therapeutischem Nihilismus" zu suchen. Aufgrund der nicht unbegrenzten Ressourcen im Gesundheitswesen ist die periodische Überprüfung der zur Verfügung stehenden Mittel wichtig. Die Entscheidverantwortlichen haben in ihrem Bereich Mitverantwortung für deren gerechte Verteilung.

Ad 4.3. (Behandlung und Betreuung: Palliation und Pflege)

Neben der regelmässigen klinischen Untersuchung, der gezielten Suche nach Nebenwirkungen laufender Therapien und der Überwachung vegetativer Parameter,

---

[130] Gemeint ist die Biomedizin-Konvention des Europarates, inoffizielle auch Bioethik-Konvention genannt, abrufbar auf der Homepage des Europarates, www.coe.int.

die auf Beschwerden (z.B. Schmerz) hindeuten können, sind auch die Beobachtungen und die Intuition jener Personen ernst zu nehmen, die viel Zeit beim Patienten verbringen (Angehörige, Pflegende). Der Wert mancher Massnahmen kann am ehesten beurteilt werden, wenn sie versuchsweise eingesetzt werden (ex juvantibus). Im Patientenzimmer soll eine ruhige, warme Atmosphäre herrschen; Kontakte sollen möglichst erhalten werden; die Akzeptanz der Dauer des vegetativen Zustandes und allenfalls eines Therapieabbruches soll reifen können; Angehörige sollen das Geschehen in ihren eigenen Lebensentwurf integrieren können.

Ad 4.4. (Behandlung und Betreuung: Flüssigkeit und Nahrung)

Beim Demenzkranken, der aufgrund seiner Erkrankung die Nahrung nicht mehr adäquat schluckt, ist eine Schluckstörung oder gastrointestinale Pathologie (Mund, Rachen, Oesophagus, Magen) auszuschliessen. Das oft beobachtete Verhalten von Dementen, die Nahrung zu verweigern, ist nach zumutbarer Diagnostik zum Ausschluss einer einfach behandelbaren Störung als verbindliche Willensäusserung zu werten. Im Rahmen der palliativen Massnahmen sollen aber Nahrung und Flüssigkeit immer wieder angeboten werden. Bei Neugeborenen darf, wenn eine enterale Ernährung durch wenig belastende Massnahmen (z.B. nasale Magensonde, perkutane Gastrostomie, operative Korrektur einer Duodenalatresie) möglich ist, angesichts der immer unsicheren Prognose auf die Zufuhr von Nahrung und Flüssigkeit nicht verzichtet werden. Wo hingegen eine enterale Ernährung nur um den Preis grosser, belastender Eingriffe oder überhaupt nicht möglich ist, kann der Verzicht auf jegliche Kalorien- und Flüssigkeitszufuhr unter optimaler Sedation und ständiger menschlicher Nähe gerechtfertigt sein. Grundsätzlich gelten diese Erwägungen auch für Erwachsene, wobei diese Frage kontrovers diskutiert wird und unterschiedliche Praxen bestehen. Die vorliegenden Richtlinien gehen davon aus, dass die Nahrungs- und Flüssigkeitszufuhr bei chronisch Kranken noch nicht Sterbenden primär der Stabilisierung und dem Erhalt der körperlichen Integrität bzw. zur Vermeidung zusätzlicher Schäden (z.B. Dekubitus-Prophylaxe) dient.

(IV.) Empfehlungen zuhanden der zuständigen Gesundheitsbehörden

Angesichts der Fortschritte bei lebenserhaltenden medizinischen Massnahmen und der hohen Anforderungen an die Pflege der Betroffenen können die vorhandenen Ressourcen an Grenzen stossen. Die Verantwortlichen des Gesundheitswesens sollten mit ihrer Politik gewährleisten, dass alle diese Patienten ohne ökonomische Rücksichten im Sinne der Richtlinien behandelt werden können. Langzeitpatienten mit schwerster Hirnschädigung haben das Recht auf Betreuung und Linderung ihres Leidens im Rahmen einer angemessenen Lebenserhaltung. Allfällige Beschränkungen der Ressourcen müssen auf gesellschaftlicher Ebene diskutiert werden.

2. Behandlung und Betreuung von älteren, pflegebedürftigen Menschen

Medizinisch-ethische Richtlinien und Empfehlungen (Entwurf 2004)
(Die deutsche Fassung ist die Stammversion.)

(I.) Präambel

Die demographische Entwicklung in der Schweiz führt dazu, dass in den nächsten Jahren die Anzahl älterer, vor allem hochbetagter Personen deutlich ansteigen wird. Voraussichtlich wird deshalb die Anzahl pflegebedürftiger Personen ebenfalls markant zunehmen. Dies geschieht in einer Zeit des Wandels traditioneller Familienstrukturen, in einer Zeit, in der sich die Wertvorstellungen stark verändern und der Autonomie des Individuums eine immer grössere Bedeutung zukommt, in einer Zeit auch mit steigenden Gesundheitskosten.

Alle diese Faktoren führen dazu, dass die Behandlung und die Betreuung älterer, pflegebedürftiger Menschen mit verschiedenen Spannungsfeldern verbunden sind. Es kann einen Konflikt geben zwischen der notwendigen Fürsorge und der Respektierung der Autonomie einer älteren Person. Oft besteht ein Dilemma zwischen der notwendigen Aktivierung einer älteren Person und ihrem Wunsch nach Ruhe. Wann ist es angebracht, eine Krankheit therapeutisch anzugehen und wann, auf kurative Interventionen zu verzichten? Vor allem in Institutionen der Langzeitpflege ergibt sich zudem das Spannungsfeld Privatheit versus Öffentlichkeit, stellt doch eine Institution gleichzeitig den privaten Wohnbereich der älteren Person und eine kollektive Betreuungsform dar. Die Diskussion um die Kosten im Gesundheitswesen hat die Herausforderungen bei der Behandlung und Betreuung älterer, pflegebedürftiger Personen zusätzlich akzentuiert.

Aus diesen Überlegungen verfolgt der nachfolgende Text drei Zielsetzungen: Erstens stellt er klar, dass Alter und Pflegebedürftigkeit nicht zur Vorenthaltung indizierter Massnahmen führen dürfen; zweitens bietet er Ärzten[131], Pflegenden und Therapeuten[132] in den *Richtlinien*[133] eine Hilfe für Entscheidungen in schwierigen Situationen; drittens zeigt er in den *Empfehlungen*[134] die wichtigen Anforderungen und Rahmenbedingungen für eine gute Behandlung und Betreuung älterer, pflegebedürftiger Personen auf.

---

[131] Aus Gründen der leichteren Lesbarkeit gilt in diesem Text die männliche Bezeichnung für beide Geschlechter.
[132] Physiotherapeuten, Ergotherapeuten, Aktivierungstherapeuten, Logopäden, Psychologen.
[133] Die Richtlinien der SAMW richten sich an medizinische Fachpersonen (Ärzte, Pflegende und Therapeuten) und haben im Prinzip einen verbindlichen Charakter; dies gilt besonders für Ärzte, da die Richtlinien in der Regel in die Standesordnung der FMH aufgenommen werden. [FMH = Foederatio Medicorum Helveticorum, Verbindung der Schweizer Ärztinnen und Ärzte, www.fmh.ch, Dachorganisation der schweizerischen Ärzte].
[134] Da die SAMW Institutionen der Langzeitpflege gegenüber keine Regelungskompetenz hat, werden statt Richtlinien lediglich „Empfehlungen" formuliert.

Angesprochen sind aber auch Institutionen der Aus-, Weiter- und Fortbildung sowie politische Instanzen: Sie sind aufgefordert, in ihren Entscheiden im Bereich der Behandlung und Betreuung älterer, pflegebedürftiger Menschen den vorliegenden Richtlinien und Empfehlungen Rechnung zu tragen.

Ausdrücklich ist die Behandlung und Betreuung jüngerer, pflegebedürftiger Personen nicht Gegenstand dieser Richtlinien. Bei ihnen sind zusätzliche spezifische Aspekte zu beachten.

(II.) Richtlinien (für Ärzte, Pflegende und Therapeuten)

1. Geltungsbereich

Die vorliegenden Richtlinien richten sich an Ärzte, Pflegende und Therapeuten, welche ältere, pflegebedürftige Personen betreuen, sei dies zu Hause, in Spitälern oder in Institutionen der Langzeitpflege. Von einer „älteren Person" spricht man bei einem Menschen jenseits des 65. Lebensjahres; „Pflegebedürftigkeit" bedeutet das dauernde Angewiesensein auf Hilfe oder Unterstützung in grundlegenden Aktivitäten des täglichen Lebens (d.h. sich ankleiden, Körperpflege, Nahrungszufuhr, Benutzung der Toilette, Mobilität, Gestaltung des Tagesablaufs, soziale Kontakte). Die Pflegebedürftigkeit steigt in der Regel erst jenseits des 75. Lebensjahres markant an.

2. Grundsätze

2.1. Angemessene Betreuung

Ältere, pflegebedürftige Menschen haben bis an ihr Lebensende Anspruch auf eine angemessene Behandlung und Betreuung. Alter und Pflegebedürftigkeit einer betreuten Person dürfen nicht zu einer Vorenthaltung indizierter Massnahmen führen. Der behandelnde Arzt, das Pflegepersonal und die Therapeuten stützen ihre Entscheide auf eine gemeinsame Evaluation medizinischer, psychischer, sozialer und funktionaler Aspekte und des Umfelds. Sie respektieren bei der Betreuung die Würde, die Privatsphäre und die Intimsphäre der älteren Person, auch dann, wenn diese nicht mehr urteilsfähig ist oder unter psychischen Störungen leidet.

2.2. Persönliche und kontinuierliche Betreuung

Für eine adäquate Betreuung ist ein persönlicher Kontakt zwischen dem Arzt und der älteren, pflegebedürftigen Person unabdingbar. Bei älteren, pflegebedürftigen Personen kann es durch den Wechsel der Lebensorte (zuhause, Spital, Institution der Langzeitpflege) zu einem Wechsel der ärztlichen Zuständigkeit kommen. Ärzte, welche eine ältere, pflegebedürftige Person in einem Spital oder in einer Institution der Langzeitpflege betreuen, haben sich so zu organisieren, dass jederzeit Klarheit darüber besteht, bei wem die ärztliche Zuständigkeit liegt; sie haben die ältere Person (oder im Fall der Urteilsunfähigkeit deren Vertrauensperson [siehe 3.3.] bzw. gesetzlichen Vertreter) entsprechend zu informieren. Bei einem Wechsel der ärztlichen Zuständigkeit sind die beteiligten Ärzte dafür besorgt, dass der zuständige Arzt über alle für die weiterführende Betreuung erforderlichen Informationen verfügt.

An der Pflege einer älteren Person sind oft verschiedene Fachpersonen beteiligt, was es für die betreute Person schwierig macht, die für die Pflege bzw. Koordination verantwortliche Fachperson zu kennen. Im Spitexbereich[135], in Spitälern und in Institutionen der Langzeitpflege bezeichnet das Pflege- und Therapeutenteam für jeden älteren Patienten eine qualifizierte Ansprechperson und informiert die betreute Person und ihre Bezugspersonen entsprechend.

2.3. Zusammenarbeit mit dem sozialen Umfeld

Für Aspekte der Behandlung oder Betreuung pflegen der behandelnde Arzt und die Ansprechperson der Pflege wenn möglich mit dem sozialen Umfeld der betreuten Person (Angehörige, Freunde, Bekannte) guten Kontakt. Solche Kontakte unterliegen selbstverständlich dem Einverständnis der urteilsfähigen, älteren Person sowie den Regeln des Berufsgeheimnisses bzw. der Vertraulichkeit.

Bei der Betreuung von älteren, pflegebedürftigen Menschen zuhause übernehmen Angehörige einen grossen Teil der Aufgaben; dies kann zu grossen Belastungen führen. Ärzte, Pflegende und Therapeuten haben die Aufgabe, die Angehörigen oder andere betreuende Personen zu beraten und zu unterstützen.

2.4. Interdisziplinäre Zusammenarbeit

Bei der Betreuung und Behandlung von älteren, pflegebedürftigen Menschen sind Ärzte, Pflegende, Therapeuten und zahlreiche andere Personen bzw. Berufsgruppen involviert. Aus diesem Grund ist es notwendig, dass Ärzte, Pflegende und Therapeuten systematisch und in dafür geeigneten Strukturen miteinander und mit den weiteren beteiligten Berufsgruppen zusammenarbeiten. In Institutionen der Langzeitpflege ist dabei auch auf die Zusammenarbeit mit dem Haus-, Küchen- und Verwaltungspersonal zu achten, dies unter Beachtung der Regeln des Berufsgeheimnisses bzw. der Vertraulichkeit.

2.5. Angemessene Aus-, Weiter- und Fortbildung

Ältere, pflegebedürftige Personen leiden oft gleichzeitig an mehreren, vielfach chronischen Krankheiten (Multimorbidität). Zusätzlich spielen bei der Betreuung psychische, soziale, spirituelle und umgebungsbezogene Faktoren eine wichtige Rolle. Dies erfordert von den betreuenden Ärzten, Pflegenden und Therapeuten spezifische Kompetenzen in Geriatrie, Gerontologie und Alterspsychiatrie. Zu diesen Kompetenzen gehören insbesondere auch das Erheben des Gesundheitszustandes durch ein multidimensionales Assessment und die Einleitung, Durchführung und Evaluation geeigneter Massnahmen.

Ärzte, Pflegende und Therapeuten, welche ältere, pflegebedürftige Personen betreuen, sind verpflichtet, diese Kompetenzen durch Aus-, Weiter- und Fortbildung zu erwerben und zu erweitern.

---

[135] Gemeint ist die spitalexterne Krankenpflege, die in Deutschland als ambulante bzw. häusliche Krankenpflege bekannt ist (Anm. der Autoren des „Caseboook").

3. Entscheidungsprozesse

3.1. Grundsatz

Der Anspruch auf Respektierung der Menschenwürde und Autonomie gilt uneingeschränkt für alle Menschen. Das Recht materialisiert diesen Grundanspruch als das Recht auf „Respektierung der Menschenwürde", auf „Schutz der Persönlichkeit" und auf „Selbstbestimmung".

Eingeschränkte Autonomiefähigkeiten, welche mit zunehmendem Alter häufiger werden und das Gleichgewicht zwischen den abhängigen und unabhängigen Seiten bei einem Menschen stören, heben den *Anspruch* auf Respektierung seiner Würde und Autonomie nicht auf. Deshalb sind verbindliche Entscheidungsverfahren und Strukturen erforderlich, die einen Entscheidungsprozess unter Berücksichtigung der Selbstbestimmung und Würde des älteren Menschen ermöglichen. Dabei soll besonders darauf geachtet werden, dass die ältere Person ihren Willen äussern kann, dass sie den Umständen entsprechend ausreichend Zeit für wichtige Entscheidungen hat und dass sie Entscheidungen ohne Druck fällen kann.

3.2. Patientenverfügung

Jede Person kann im Voraus Bestimmungen verfassen im Hinblick auf die medizinische Behandlung und Pflege, die sie zu erhalten wünscht oder ablehnt, falls sie nicht mehr urteilsfähig wäre. Falls die Voraussetzungen der Urteilsfähigkeit gegeben sind, können solche Patientenverfügungen von ihrem Verfasser jederzeit geändert oder aufgehoben werden.

Ärzte und Pflegende machen ältere Personen auf die Möglichkeit einer Patientenverfügung und deren regelmässig notwendige Aktualisierung aufmerksam; sie sprechen untereinander ab, wer diese Aufgabe übernimmt.

3.3. Bevollmächtigte Vertretungsperson in medizinischen Angelegenheiten

Jede Person kann im Voraus eine bevollmächtigte Vertretungsperson in medizinischen Angelegenheiten (nachstehend: „Vertrauensperson") festlegen, die an ihrer Stelle die Zustimmung zu medizinischen, pflegerischen und/oder therapeutischen Massnahmen erteilen soll, falls sie selbst nicht mehr urteilsfähig wäre. Ärzte und Pflegende machen ältere Personen frühzeitig auf die Möglichkeit der Bezeichnung einer Vertrauensperson und die regelmässig notwendige Aktualisierung dieser Bevollmächtigung aufmerksam; sie sprechen untereinander ab, wer diese Aufgabe übernimmt.

3.4. Erarbeiten von Entscheidungsgrundlagen im Team

Verschiedene Massnahmen wie die Behandlung einer Verhaltensstörung, die Dekubitusbehandlung oder die Einlage einer Nährsonde erfordern oft einen interdisziplinären Entscheidungsprozess. Bevor der behandelnde Arzt der älteren Person eine solche Massnahme vorschlägt und diese danach bei deren Einverständnis verordnet, bespricht er sie mit den zuständigen Ansprechpersonen der Pflege und Therapie und berücksichtigt deren Meinung.

Ebenso verlangt die Lösung komplexer Situationen (z.b. Fragen der Zukunftsplanung, Beratung von Angehörigen, Probleme des Zusammenlebens in einem Heim) oft einen interdisziplinären Entscheidungsprozess, der sich am Willen der älteren Person orientiert und dabei deren Vorstellungen, Ziele, Wünsche und Bedürfnisse miteinbezieht. Solche Situationen sind von den Beteiligten gemeinsam zu besprechen; Lösungsmöglichkeiten und korrigierende Massnahmen sind gemeinsam zu vereinbaren, bevor sie der älteren Person durch die zuständige Fachperson vorgeschlagen werden.

Die Notwendigkeit der interdisziplinären Zusammenarbeit entbindet die behandelnden Ärzte, Pflegenden und Therapeuten nicht von ihrer Verantwortung in Bezug auf Entscheidungen und Massnahmen in ihrem beruflichen Zuständigkeitsbereich.

3.5. Information

Die ältere, pflegebedürftige Person hat Anspruch, durch den Arzt, die zuständige Person der Pflege oder den Therapeuten über vorgesehene diagnostische, präventive, pflegerische oder therapeutische Massnahmen informiert zu werden, damit sie den Massnahmen frei und aufgeklärt zustimmen kann. Die Information muss in geeigneter Weise gegeben werden, d.h. verständlich, differenziert – mit allfälligen Entscheidvarianten – und der Situation angepasst. Zu jeder Variante sind Nutzen und Risiken zu formulieren. Nach Möglichkeit und falls die ältere Person damit einverstanden ist, soll auch ihre Vertrauensperson oder eine ihr nahestehende Person informiert werden, damit sie die ältere Person in ihrem Entscheidprozess unterstützen kann.

Falls die ältere Person urteilsunfähig ist, erhält ihre Vertrauensperson bzw. ihr gesetzlicher Vertreter diese Informationen; selbstverständlich soll die betroffene Person die Informationen in angemessener Form ebenfalls erhalten.

3.6. Einwilligung der urteilsfähigen, älteren Person[136]

Ärzte, Pflegende und Therapeuten dürfen eine Massnahme nur mit der freien Einwilligung der urteilsfähigen, informierten älteren Person durchführen.

Lehnt eine urteilsfähige, ältere Person die ihr vorgeschlagenen Massnahmen ab, nachdem sie über diese und die möglichen Folgen der Ablehnung informiert worden

---

[136] Folgende Kriterien helfen, die Urteilsfähigkeit festzustellen (Quelle: H.B. Staehelin, Ther. Umschau 1997; 54: 356-358)
- die Fähigkeit, Information in Bezug auf die zu fällende Entscheidung zu verstehen;
- die Fähigkeit, die erhaltene Information im Kontext eines kohärenten Wertsystems rational zu gewichten;
- die Fähigkeit, die eigene Wahl zu äussern.

Es ist Aufgabe der zuständigen Gesundheitsfachperson, die Urteilsfähigkeit in jedem Einzelfall abzuschätzen. Bei schwerwiegenden Entscheiden ist ein Facharzt (z.B. Psychiater, Geriater) beizuziehen. Die Urteilsfähigkeit wird im Hinblick auf eine bestimmte Handlung abgeschätzt (und zwar im Zusammenhang mit dem Komplexitätsgrad dieser Handlung); sie muss im Moment des Entscheides vorhanden sein. Entweder besitzt die Person die Urteilsfähigkeit im Hinblick auf eine bestimmte Handlung – oder sie besitzt sie nicht.

ist, so haben der Arzt und das Pflegepersonal diesen Entscheid zu respektieren. Falls dieser ablehnende Entscheid aus Sicht der verantwortlichen Fachpersonen nicht im besten Interesse der älteren Person liegt, so suchen sie nach einer anderen, für die betreffende Person voraussichtlich akzeptablen Behandlungsmöglichkeit.

3.7. Einwilligungsverfahren bei Urteilsunfähigkeit der älteren Person

Bei Urteilsunfähigkeit der älteren Person im Hinblick auf eine Entscheidung klärt der Arzt oder das Pflegepersonal ab, ob sie eine Patientenverfügung verfasst hat, ob sie eine Vertrauensperson bevollmächtigt hat und/oder ob ein gesetzlicher Vertreter bezeichnet ist.

Patientenverfügungen sind zu befolgen, solange keine konkreten Anhaltspunkte dafür bestehen, dass sie dem derzeitigen Willen der betreffenden Person nicht mehr entsprechen.

Falls keine Patientenverfügung vorliegt oder wenn ein begründeter Zweifel darüber besteht, ob die Willensäusserung noch gültig ist, muss der Arzt in jedem Fall die Zustimmung der von der älteren Person bezeichneten Vertrauensperson bzw. des (allenfalls neu zu bestimmenden) gesetzlichen Vertreters einholen. Jeder Entscheid soll sich am mutmasslichen Willen der urteilsunfähigen, älteren Person orientieren und in ihrem besten Interesse getroffen werden. Falls der Entscheid der Vertrauensperson bzw. des gesetzlichen Vertreters dem mutmasslichen Willen der älteren Person zu widersprechen scheint, hat der Arzt die Vormundschaftsbehörde zu kontaktieren.

Gibt es bei fehlender Patientenverfügung weder Vertrauensperson (oder lehnt diese den Vorsorgeauftrag ab bzw. ist nicht in der Lage, diesen wahrzunehmen) noch gesetzlichen Vertreter, oder ist in einer Notfallsituation eine Rückfrage nicht möglich, haben der Arzt, die Pflegenden und Therapeuten ihre Entscheide im interdisziplinären Austausch, gemäss den objektiven Interessen und dem mutmasslichen Willen der betroffenen Person zu treffen – dies unter der Voraussetzung, dass keine anderslautenden kantonalen Vorschriften bestehen.[137] Das soziale Umfeld (Lebens-

---

[137] Die Behandlung des urteilsunfähigen Patienten, welcher keinen gesetzlichen Vertreter hat und auch keine Vertrauensperson bezeichnet hat, ist auf eidgenössischer Ebene nicht ausdrücklich geregelt. Hingegen existieren auf kantonaler Ebene entsprechende gesetzliche Regelungen; diese sind jedoch uneinheitlich. Einige räumen dem Arzt unter gewissen Umständen ein Entscheidungsrecht ein (so z.B. Aargau, Appenzell A. Rh., Bern, Luzern, Thurgau, Zürich [Stand 2003]). Andere Kantone sehen in einer solchen Situation eine Vertretungsvollmacht der Familie oder enger Bezugspersonen vor (z.B. Neuenburg, Jura, Tessin). Wieder andere verlangen vom Arzt, dass er bei der Vormundschaftsbehörde um die Bezeichnung eines gesetzlichen Vertreters nachsucht (z.B. Genf). Urteilsfähige, ältere, pflegebedürftige Personen in Institutionen der Langzeitpflege haben heutzutage häufig keinen Vertreter in medizinischen Angelegenheiten. Im Hinblick auf eine mittelfristige Umsetzung des Prinzips der Einwilligung eines Vertreters bei Urteilsunfähigkeit (wie sie z.B. auch die zur Ratifikation vorgesehene Bioethik-Konvention vorsieht) formuliert diese Richtlinie bewusst die Forderung, dass Ärzte, Pflegende und Therapeuten ihre Patienten frühzeitig dazu anregen, eine bevollmächtigte „Vertrauensperson" zu bestimmen. Ausserdem wird allen Ärzten geraten, sich im Zweifelsfall bei der zuständigen Vormundschaftsbehörde juristisch beraten zu lassen.

partner, enge Bezugspersonen und/oder Verwandte) ist wenn immer möglich in diesen Entscheidungsprozess miteinzubeziehen.

4. Behandlung und Betreuung

4.1. Gesundheitsförderung und Prävention

Es ist ärztliche, pflegerische und therapeutische Aufgabe, der älteren, pflegebedürftigen Person Massnahmen vorzuschlagen und zu ermöglichen, die ihr erlauben, ihre physischen und psychischen und sozialen Kompetenzen und Ressourcen zu erhalten oder zu fördern. Pflegebedürftige ältere Menschen sind besonders häufig bestimmten Risiken (z.B. Sturz, Immobilität, Depression, Ernährungsstörungen, Wundliegen, Erleiden von Gewalt, Misshandlung) ausgesetzt. Es ist ärztliche, pflegerische und therapeutische Aufgabe, diese frühzeitig zu erkennen und, nach Information und Zustimmung der älteren Person, die zweckmässigen präventiven Massnahmen zu ergreifen.

4.2. Akuttherapie

Es ist ärztliche, pflegerische und therapeutische Aufgabe sicherzustellen, dass ältere, pflegebedürftige Menschen bei akuter Erkrankung Zugang zu einer adäquaten Abklärung und Behandlung haben. Dabei ist auch im Akutspital die durch die Pflegebedürftigkeit bedingte spezifische Betreuung (z.B. bei Demenz, Dekubitus oder Inkontinenz) zu gewährleisten.

4.3. Rehabilitation

Es ist ärztliche, pflegerische und therapeutische Aufgabe, der älteren, pflegebedürftigen Person jene Behandlung (u.a. soziale Kontakte, Physiotherapie, Psychotherapie, Ergotherapie, Logopädie, zahnärztliche Behandlung, Versorgung mit Hörgeräten) und Betreuung (u.a. soziale Kontakte, Ernährung, Mobilisation, Aktivitäten, Tagesstruktur) vorzuschlagen und zu ermöglichen, die ihr erlauben, ihre physischen und psychischen und sozialen Kompetenzen und Ressourcen soweit als möglich zu erhalten oder wiederzuerlangen.

4.4. Palliative Betreuung

Der Zugang zu palliativer Medizin, Pflege und Betreuung ist allen älteren, pflegebedürftigen Menschen rechtzeitig zu garantieren, unabhängig vom Ort, wo sie leben. Sowohl in Institutionen der Langzeitpflege als auch in der ambulanten Krankenpflege oder im Spital kennen die Ärzte, Pflegenden und Therapeuten die Konzepte palliativer Betreuung und wenden sie an. Der Arzt, die Pflegenden und die Therapeuten nehmen insbesondere belastende Symptome wie Schmerzen, Angst, Depression und Hoffnungslosigkeit wahr und behandeln sie umfassend, dies unter Einbezug der Angehörigen. Die palliative Betreuung ist ein interdisziplinärer Prozess; bei Bedarf und auf Wunsch der älteren, pflegebedürftigen Person ist ein Seelsorger beizuziehen.

5. Sterben und Tod

5.1. Begleitung von Sterbenden

Die Begleitung und Betreuung von Sterbenden ist in den medizinisch-ethischen Richtlinien der Schweizerischen Akademie der Medizinischen Wissenschaften „Betreuung von Patienten am Lebensende", geregelt.

5.2. Umgang mit dem Wunsch nach Suizid

Äussert eine ältere, pflegebedürftige Person den Wunsch nach Selbsttötung, sucht das betreuende Team das Gespräch mit der betreffenden Person. In jedem Fall leiten der Arzt und das Pflegepersonal Massnahmen zum bestmöglichen Schutz und zur Unterstützung der betreffenden Person ein. Insbesondere klären sie mögliche Verbesserungen der Therapie-, Pflege- und Betreuungssituation. Dabei sind auch die vielfältigen Abhängigkeiten der älteren, pflegebedürftigen Person, die das Risiko einer Suizidalität erhöhen können, zu beachten. Das betreuende Team stellt sicher, dass die erforderlichen palliativen, therapeutischen und/oder psychiatrischen Massnahmen vorgeschlagen bzw. durchgeführt werden, ebenso, dass ein seelsorgerlicher Beistand vorgeschlagen und, falls gewünscht, vermittelt wird.

6. Dokumentation und Datenschutz

6.1. Krankengeschichte und Pflegedokumentation

Der Arzt führt über jede ältere, pflegebedürftige Person, die er betreut, eine Krankengeschichte. In der Krankengeschichte hält der Arzt Angaben betreffend Anamnese, Untersuchungen, Untersuchungsergebnisse, Beurteilung, Massnahmen und Verlauf fest und legt darin medizinisch relevante Dokumente ab. Die Pflegenden führen eine Pflegedokumentation[138]. Die relevanten Aspekte der ärztlichen Dokumentation sind dem zuständigen Pflegepersonal und den Therapeuten zugänglich.

Die Therapeuten dokumentieren den therapeutischen Prozess (Beobachtungen bei der Erfassung, Zielsetzung und Planung, Evaluation der Massnahmen). Eine Zusammenstellung der wichtigsten Beobachtungen, Ziele und Resultate ist dem zuständigen Arzt und dem zuständigen Pflegepersonal zugänglich.

Die ältere Person bzw. ihre Vertrauensperson haben das Recht, die Krankengeschichte und die Pflegedokumentation einzusehen und sich diese erläutern zu lassen; sie können Kopien davon verlangen.

Die Krankengeschichte und die Pflegedokumentation enthalten die aktuelle Version einer allfälligen Patientenverfügung, Angaben zur Vertrauensperson oder zu einem allfälligen gesetzlichen Vertreter sowie allfällige Protokolle von freiheitsbeschränkenden Massnahmen.

---

[138] Die Pflegedokumentation erfüllt folgende Zwecke:
- stellt die Patientensituation aus pflegerischer Sicht (Assessments) dar;
- hält die für die Situation wesentlichen pflegerischen Interventionen und deren Evaluation fest;
- ermöglicht es, die Pflege nachzuvollziehen.

6.2. Verschwiegenheitspflicht

Der Arzt, das Pflegepersonal und die Therapeuten sind an das Berufsgeheimnis gebunden.

Die Erhebung, die Ablage, die Auswertung und die Weitergabe von Daten dürfen nur unter Beachtung der gesetzlichen Datenschutzbestimmungen erfolgen.

Die zu verwendenden geriatrischen Assessment-Instrumente müssen auf ihre Verhältnismässigkeit und Aussagekraft überprüft worden sein, und die betroffenen älteren Personen müssen über die Tatsache der Informationssammlung und deren Zweck informiert sein.

Als besonders schützenswerte Daten sind die Pflegedokumentation und die Krankengeschichte so zu handhaben und aufzubewahren, dass nur berechtigte Personen Einblick nehmen können. Für die elektronische Datenverarbeitung sind die hohen Anforderungen betreffend Zugriffsschutz und Sicherheit der Datenübertragung und -ablage zu beachten.

Die Daten dürfen nur nach vollständiger Anonymisierung für statistische und wissenschaftliche Zwecke verwendet werden. Die Weitergabe von nicht-anonymisierten Daten setzt die ausdrückliche Zustimmung der Betroffenen voraus.

7. Anwendung von freiheitsbeschränkenden Massnahmen

7.1. Grundsatz

Verhaltensstörungen, Unruhe und Verwirrtheit älterer, pflegebedürftiger Personen können zu einer Gefährdung ihrer selbst und/oder von Drittpersonen oder zu einer schwerwiegenden Belästigung von Drittpersonen führen. Die Anwendung freiheitsbeschränkender Massnahmen[139] zur Vermeidung solcher Gefährdungen stellt einen Eingriff in die Grundrechte der älteren Person dar. Solche Massnahmen führen ausserdem nicht immer zu einer Reduktion der Gefährdung, sondern können diese noch erhöhen. Eine freiheitsbeschränkende Massnahme muss deshalb grundsätzlich die Ausnahme bleiben.

7.2. Bedingungen

Eine freiheitsbeschränkende Massnahme darf, unter Vorbehalt anderslautender gesetzlicher Vorschriften, nur unter folgenden Bedingungen eingesetzt werden:

a) das Verhalten der Person gefährdet in erheblichem Masse ihre eigene Sicherheit oder Gesundheit oder diejenige anderer Personen oder beeinträchtigt in hohem Ausmass Ruhe und Wohlbefinden Dritter;

b) das beobachtete auffällige Verhalten ist nicht auf behebbare Ursachen zurückzuführen, wie z.B. Schmerz, Nebenwirkungen von Medikamenten oder zwischenmenschliche Spannungen;

---

[139] z.B. medikamentöse Ruhigstellung, Einschränkungen der Bewegungsfreiheit durch Gurten oder andere Freiheitseinschränkungen wie z.B. individuelles Rauchverbot. Die medikamentöse Ruhigstellung gilt in einigen Kantonen als medizinische Zwangsmassnahme und unterliegt deshalb besonderen Regelungen.

c) andere, die persönliche Freiheit weniger beeinträchtigende Massnahmen haben versagt oder sind nicht möglich.

Eine freiheitsbeschränkende Massnahme wird vom Arzt, vom Pflegeteam und den Therapeuten gemeinsam besprochen, bevor sie der älteren Person (bzw. bei Urteilsunfähigkeit ihrer Vertrauensperson oder ihrem gesetzlichen Vertreter) vorgeschlagen wird.

Die ältere Person, bzw. ihre Vertrauensperson oder ihr gesetzlicher Vertreter, müssen über den Zweck, die Art und die Dauer der Massnahme verständlich und angemessen informiert werden; gleichzeitig ist ihnen der Name der verantwortlichen Person mitzuteilen (siehe unten Ziffer 7.3).

Grundsätzlich darf eine freiheitsbeschränkende Massnahme nur mit Zustimmung der betroffenen älteren Person, bzw. bei deren Urteilsunfähigkeit mit Zustimmung ihres gesetzlichen Vertreters oder ihrer Vertrauensperson ergriffen werden.

Ist eine Person urteilsunfähig und hat weder Vertrauensperson noch gesetzlichen Vertreter, oder ist in einer Notfallsituation eine Rückfrage nicht möglich, haben der Arzt, die Pflegenden und allenfalls zuständige Therapeuten eine solche Massnahme in einem interdisziplinären Entscheidungsprozess, im besten Interesse der betroffenen Person und unter Einbezug der Angehörigen gemäss den obigen Kriterien zu beschliessen[140]. Von einer einzigen Fachperson gefällte, kurzfristige Entscheide sollen anschliessend gemäss diesem Prozedere neu entschieden werden.

7.3. Schriftliche Protokollierung

Ein Protokoll, das zumindest den Zweck, die Dauer und die Art jeder angewendeten Massnahme sowie den Namen der verantwortlichen Person und das Ergebnis der regelmässigen Neubeurteilungen enthält, wird in die Krankengeschichte und/oder in die Pflegedokumentation aufgenommen.

7.4. Begleitmassnahmen

Stets sollte bewusst sein, dass bei freiheitsbeschränkenden Massnahmen die Gefahr von Schädigungen besteht. Deshalb muss während der Dauer der Massnahme die bestmögliche Überwachung der betroffenen Person sichergestellt sein. Die Massnahme wird in regelmässigen Abständen evaluiert; die Häufigkeit richtet sich nach der Art der Massnahme. Die Massnahme wird beendet, sobald die Bedingungen nach Ziffer 7.2 nicht mehr erfüllt sind.

8. Misshandlung und Vernachlässigung

Ältere, pflegebedürftige Personen sind in besonderem Masse verletzlich und müssen vor jeder Form von Gewaltanwendung geschützt werden, sei dies körperliche oder psychische Gewalt, Machtmissbrauch oder Vernachlässigung. Alle Spuren von Gewaltanwendung, Missbrauch oder Vernachlässigung, die das betreuende Team

---

[140] Vorbehalten sind anderslautende gesetzliche Vorschriften, die z.B. generell die Bezeichnung und die Zustimmung einer Vertrauensperson oder eines gesetzlichen Vertreters verlangen.

bei einer älteren Person beobachtet, muss es sorgfältig in der Krankengeschichte und in der Pflegedokumentation dokumentieren und dabei die objektivierbaren klinischen Befunde (Grösse, Lokalisation, Aussehen usw.) festhalten. Pflegende und Therapeuten haben Spuren von Gewalt, die sie beobachten, dem behandelnden Arzt zu melden.

Der Arzt, die Pflegenden und die Therapeuten haben die notwendigen Schritte einzuleiten, um weitere Misshandlungen zu vermeiden. Falls notwendig und mit dem Einverständnis der älteren Person (bzw. bei Urteilsunfähigkeit mit dem Einverständnis der Vertrauensperson bzw. des gesetzlichen Vertreters) werden diese Informationen an die zuständige Behörde übermittelt. Wenn ein solches Einverständnis fehlt, aber es im Interesse der älteren Person liegt, müssen die zuständigen Behörden informiert werden.

9. Eintritt in eine Institution der Langzeitpflege

Der Eintritt in eine Institution der Langzeitpflege verbunden mit der Aufgabe der bisherigen Wohnsituation soll nur dann erfolgen, wenn aufgrund fehlender ambulanter Betreuungsmöglichkeiten oder eines begrenzten Rehabilitationspotentials ein Verbleib zu Hause oder eine Rückkehr nach Hause nicht mehr im besten Interesse einer älteren Person ist. In gewissen Situationen kann ein frühzeitiger Eintritt in eine Institution der Langzeitpflege sinnvoll sein, z.B. wenn dadurch die soziale Integration der älteren Person gefördert werden kann.

Vor einem geplanten Eintritt in eine Institution der Langzeitpflege führt der zuständige Arzt ein geriatrisches multidimensionales Assessment durch. Im Spital erfolgen diese Abklärungen unter Einbezug des Pflegepersonals und der Therapeuten sowie nach Möglichkeit in Zusammenarbeit mit dem Hausarzt, der Spitex, der ambulanten Therapie und dem sozialen Umfeld (Lebenspartner, enge Bezugspersonen, Verwandte) der älteren, pflegebedürftigen Person. Der Arzt informiert die ältere Person und gegebenenfalls Personen aus ihrem sozialen Umfeld über das Ergebnis dieses Assessments und bespricht mit ihr die Notwendigkeit eines Eintritts in eine Institution der Langzeitpflege bzw. allfällige Alternativen.

(III.) Empfehlungen (an Institutionen der Langzeitpflege)

1. Geltungsbereich

Die nachstehenden Empfehlungen richten sich in erster Linie an die Leitungen von Institutionen der Langzeitpflege und an die Trägerschaft; sinngemäss gelten sie jedoch auch für andere Institutionen (Spitäler, Spitex), welche ältere, pflegebedürftige Personen behandeln und betreuen. Damit richten sich diese Empfehlungen auch an Ärzte, Pflegende und Therapeuten, sofern sie in diesen Institutionen Leitungsfunktionen innehaben.

Die nachfolgenden Empfehlungen formulieren die Rahmenbedingungen, die in diesen Institutionen für eine gute Behandlung und Betreuung älterer Personen erforderlich sind. Für jeden in den voranstehenden Richtlinien definierten Bereich sind solche Empfehlungen formuliert.

2. Grundsätze

Die Institution schützt und respektiert die Rechte der älteren Person.

Schutz der persönlichen Freiheit und der Würde

Die ältere Person hat Anspruch darauf, dass ihre persönliche Freiheit respektiert wird. Sie hat Anspruch darauf, dass ihr mit Höflichkeit und Respekt begegnet und ihrer Würde, ihrem Wohlergehen und ihrer Individualität Rechnung getragen wird.

Achtung der Privat- und der Intimsphäre

Die Institution respektiert die Privat- und die Intimsphäre der älteren Person inklusive deren sexuelle Freiheit.

Das Zimmer (oder der Teil des Zimmers), das die ältere Person bewohnt, ist Teil ihrer Privatsphäre und muss als solche vom Personal der Institution respektiert werden. Die ältere Person kann das Zimmer (oder einen Teil davon) in Absprache mit der Institution nach ihren persönlichen Vorstellungen gestalten, insbesondere durch eigene Möbel oder Wandschmuck. Die ältere Person verfügt über einen abschliessbaren Schrank, in dem sie ihre persönlichen Sachen ablegen kann. Falls ein Zimmer durch mehrere Personen belegt ist, ergreift die Institution die notwendigen Massnahmen, damit die Privatsphäre und die Intimsphäre jeder Person gewährleistet sind.

Das Personal behandelt Beobachtungen aus der Privat- bzw. Intimsphäre der älteren Person oder Ereignisse, welche diese nur mit einem beschränkten Kreis von Personen (Freunde, Verwandte) teilen will, diskret und leitet diese nur weiter, falls dies zur Sicherstellung einer angemessenen Pflege und Betreuung notwendig ist.

Aufrechterhaltung der sozialen Kontakte

Die Institution unterstützt die Aufrechterhaltung und Pflege der Beziehungen, welche die ältere Person mit ihren Angehörigen und ihrem sozialen Umfeld hat. Sie informiert die Angehörigen über kulturelle Aktivitäten innerhalb der Institution und versucht, sie zu integrieren. Die Institution sorgt dafür, dass vertrauliche Gespräche und Begegnungen in einem ungestörten Rahmen möglich sind.

Die ältere Person hat das Recht darauf, externe Kontakte zu pflegen (Briefe, Besuche, Zeitungen, Telefon, Fernsehen, Internet usw.).

Meinungs- und Glaubensfreiheit

Die ältere Person ist frei in ihren Meinungsäusserungen, sofern diese nicht gegen die Rechte Dritter oder gegen gesetzliche Bestimmungen (z.B. Rassismusnorm) verstossen. Die Institution sorgt dafür, dass die geäusserten Meinungen respektiert werden.

Die Institution respektiert die Glaubensfreiheit der älteren Person und lässt die Ausübung von religiösen Riten oder Ausdrucksformen zu; diese dürfen jedoch andere Personen bzw. das Umfeld nicht einschränken.

Versammlungsfreiheit

Die Institution respektiert die Versammlungsfreiheit der älteren Person. Die Institution ermutigt Zusammenkünfte ihrer Bewohner, soweit diese dazu in der Lage sind; sie stellt ihnen Räumlichkeiten zur Verfügung, damit sie sich versammeln können.

Politische Rechte

Die Institution sorgt dafür, dass die ältere Person ihre politischen Rechte frei ausüben kann. Sie stellt sicher, dass nicht eine andere Person diese an ihrer Stelle ausübt oder von ihrer Abhängigkeit profitiert, um sie zu beeinflussen.

Mitbestimmung bei der Alltagsgestaltung

Die Bewohner der Institution, welche sich dazu äussern können, werden zu Entscheiden betreffend Fragen des Tagesablaufes, des Zusammenlebens und betreffend gemeinsamer Veranstaltungen beigezogen. Die Institution regelt die Form der Mitbestimmung.

Beschwerderecht

Die Institution etabliert ein internes Verfahren, wie mit Beschwerden (zu medizinischen, pflegerischen und/oder administrativen Belangen) umgegangen wird. Als Beschwerdeführer können sowohl die ältere Person als auch ihr(e) Vertreter bzw. die Angehörigen auftreten.

Die Institution stellt sicher, dass die Beschwerden innert Kürze, sorgfältig, unter Beachtung der Vertraulichkeit und ohne Nachteil für den Beschwerdeführer behandelt werden. Falls die Beschwerde gerechtfertigt ist, ergreift die Institution die notwendigen Massnahmen. Falls die Institution die Beschwerde ablehnt, weist sie den Beschwerdeführer auf Rekursmöglichkeiten oder gegebenenfalls auf Ombuds- bzw. unabhängige Beschwerdestellen hin.

3. Entscheidungsprozesse

Im Rahmen des Eintrittsprozederes vergewissert sich die Institution, ob die ältere Person für den Fall der Urteilsunfähigkeit einen „Bevollmächtigten" bezeichnet hat, der ihre Interessen in administrativen (inkl. finanziellen) Angelegenheiten wahrnehmen kann sowie eine „bevollmächtigte Vertretungsperson in medizinischen Angelegenheiten" („Vertrauensperson"), welche an ihrer Stelle über die zu erteilende Behandlung und Pflege zu entscheiden hat.

Ist dies nicht der Fall, rät die Institution der älteren Person, Personen ihrer Wahl eine solche Vollmacht zu erteilen; allenfalls unterstützt die Institution die ältere Person bei der Suche nach geeigneten Personen. Die Funktion des „Bevollmächtigten in administrativen Angelegenheiten" und der „Vertrauensperson in therapeutischen Angelegenheiten" können von der gleichen Person oder von zwei verschiedenen Personen wahrgenommen werden.

Die Institution hält die Namen des „Bevollmächtigten" und der „Vertrauensperson" im administrativen Dossier fest; sie stellt sicher, dass der Arzt, das Pflegepersonal und die Therapeuten über das Vorhandensein einer „Vertrauensperson" informiert sind.

4. Behandlung und Betreuung

Sicherstellung einer adäquaten Behandlung und Betreuung

Bevor die Institution jemanden aufnimmt, überprüft sie, ob die dem Gesundheitszustand und dem Abhängigkeitsgrad der betroffenen Person entsprechenden Betreuungsmöglichkeiten vorhanden sind und ob sie sowohl über das Personal als auch die Ausrüstung verfügt, welche für eine adäquate Behandlung und Betreuung notwendig sind.

Qualitätssicherung

Alle Institutionen, welche ältere, pflegebedürftige Personen behandeln und betreuen, weisen sich über ein umfassendes Qualitätsmanagement für die adäquate Behandlung und Betreuung aus.

Qualifiziertes Personal

Die Institution stellt sicher, dass die Fachpersonen entsprechend ihrer Funktion über eine Ausbildung verfügen, welche sie für ihre Aufgabe qualifiziert. Die Institution unterstützt und fördert auch die regelmässige Weiter- und Fortbildung des Personals, unter besonderer Berücksichtigung des problemzentrierten Lernens in interdisziplinären Teams.

Die Institution bezeichnet einen verantwortlichen Heimarzt, der für die Organisation der medizinischen Betreuung in der Institution zuständig ist und die hierfür notwendigen Kenntnisse besitzt. Sind in einer Institution mehrere Ärzte tätig, soll die Institution in Absprache mit diesen einen davon als verantwortlichen Heimarzt bezeichnen.

5. Sterben und Tod

Begleitung von Sterbenden

Die Begleitung der älteren Person am Lebensende soll unter Beachtung ihrer Bedürfnisse und ihrer Überzeugungen erfolgen. Die Institution achtet darauf, dass die ältere Person von ihrem sozialen Umfeld so viel als möglich (und soviel als von ihr gewünscht) unterstützt wird. Die sterbende Person soll ungestört und an einem geeigneten Ort von ihren Nächsten Abschied nehmen können, und sie hat Anspruch auf spirituellen Beistand ihrer Wahl.

Die Institution schafft einen Rahmen, der Abschiedsrituale und -riten für alle Beteiligten sicherstellt. Die Institution respektiert besondere religiöse und kulturelle Abschiedsrituale der Hinterbliebenen.

Umgang mit dem Wunsch nach Beihilfe zum Suizid

Eine besondere Situation liegt dann vor, wenn eine ältere, pflegebedürftige Person in einer Institution der Langzeitpflege einen Suizid unter Beihilfe von Dritten (z.B. einer Sterbehilfeorganisation) plant. Diese Situation kann eintreten, weil gemäss schweizerischem Recht die Beihilfe zum Suizid nicht strafbar ist, ausser beim Vorliegen selbstsüchtiger Motive (Art. 115 [schweizerisches] StGB). Es gibt Institutionen, die auf dieser Grundlage die Beihilfe zum Suizid zulassen. In solchen Situationen ist zu beachten, dass eine Institution der Langzeitpflege besondere Schutzpflichten hat und daher folgendes beachten muss:

a. Es muss sichergestellt sein, dass die betreffende Person urteilsfähig ist.
b. Es muss sichergestellt sein, dass der Entscheid zum Suizid nicht auf äusseren Druck oder auf eine nicht adäquate Abklärung, Behandlung oder Betreuung zurückzuführen ist.
c. Es muss sichergestellt sein, dass die Gefühle der Mitbewohner und der Mitarbeiter respektiert werden.

Ältere, pflegebedürftige Personen stehen in einem besonderen Abhängigkeitsverhältnis zum Personal der Institution; dieses Verhältnis kann beim Personal zu Interessenkonflikten führen. Aus diesem Grund und aus Rücksichtnahme auf die übrigen Bewohner der Institution soll das Personal einer Institution der Langzeitpflege zu keinem Zeitpunkt an der Durchführung eines Suizids mitwirken.

6. Dokumentation und Datenschutz

Die ältere Person (oder bei deren Urteilsunfähigkeit ihre Vertrauensperson oder ihr gesetzlicher Vertreter) kann das sie betreffende administrative Dossier konsultieren und sich erläutern lassen.

Die Institution respektiert die gesetzlichen Bestimmungen des Datenschutzes. Sie schenkt diesen besondere Aufmerksamkeit im Falle der elektronischen Datenverarbeitung (namentlich zum Zweck der Tarifbestimmung, der Qualitätssicherung oder Forschung).

7. Anwendung von freiheitsbeschränkenden Massnahmen

Die Institution stellt sicher, dass bei jeder freiheitsbeschränkenden Massnahme Ziffer 7 der vorliegenden Richtlinien erfüllt ist.

8. Misshandlung und Vernachlässigung

Die Institution stellt sicher, dass es nicht zur Misshandlung oder Vernachlässigung von älteren Personen kommt; sie sorgt dafür, dass der Ziffer 8 der vorliegenden Richtlinie bekannt ist und angewendet wird.

9. Eintritt in eine Institution der Langzeitpflege

Information

Bevor eine ältere Person einwilligt, längerdauernd in eine Institution der Langzeitpflege einzutreten, soll sie (und allenfalls ihre Vertrauensperson oder ihr gesetzlicher Vertreter) die Gelegenheit erhalten, die Institution persönlich kennenzulernen, mit einer verantwortlichen Person in der Institution ein Gespräch zu führen und über alle relevanten Informationen (inkl. Reglemente) zu verfügen.

Die Institution soll ihr (bzw. bei Urteilsunfähigkeit ihrer Vertrauensperson oder ihrem gesetzlichen Vertreter) schriftliche Unterlagen abgeben mit gut verständlichen Informationen zu den allgemeinen Aufnahme- und Aufenthaltsbedingungen, zu den Rechten und Pflichten, den Betreuungsmodalitäten und -kosten sowie dem internen und externen Beschwerdewesen. Auch die finanzielle Situation der älteren Person soll angesprochen werden.

Einwilligung

Nachdem sie die notwendigen Informationen erhalten hat, entscheidet die urteilsfähige, ältere Person selbst über einen Eintritt. Bei Urteilsunfähigkeit ist lediglich ihre Vertrauensperson oder ihr gesetzlicher Vertreter berechtigt, einen solchen Entscheid zu fällen.

Falls es notwendig erscheint, eine ältere Person gegen ihren ausdrücklich geäusserten Willen in eine Institution der Langzeitpflege einzuweisen, soll dies nur nach Rücksprache mit der zuständigen Vormundschaftsbehörde (mittels fürsorgerischer Freiheitsentziehung [FFE]) geschehen.

Regelung finanzieller Angelegenheiten

Um Interessenkonflikten vorzubeugen, werden das Vermögen und die Einkünfte der älteren Person durch sie selbst (oder ihren Bevollmächtigten) und nicht durch die Institution verwaltet. Die Institution sorgt dafür, dass das Personal keine Zuwendungen (auch keine Schenkungen oder Erbschaften) entgegennimmt; ausgenommen bleiben kleine Gelegenheitsgeschenke.

Vertragsauflösung

Ausser beim Vorliegen gewichtiger Gründe soll die Institution den Vertrag mit einer älteren, pflegebedürftigen Person, die sie aufgenommen hat, später nicht mehr auflösen. Gegebenenfalls hilft die Institution der älteren Person, eine Institution zu finden, welche sie entsprechend ihrem Gesundheitszustand und ihrer Pflegebedürftigkeit betreuen kann.

3. Betreuung von Patienten am Lebensende – Medizinisch-ethische Richtlinien (Entwurf 2004)

(I.) Präambel

Menschen in ihrer letzten Lebensphase sind häufig besonders schutz- und hilfsbedürftig. Sie vergegenwärtigen uns die Endlichkeit der menschlichen Existenz. Anliegen dieser Richtlinien ist es, Aufgaben, Möglichkeiten und Grenzen der Betreuung von Patienten am Lebensende aufzuzeigen. Entscheidungen am Lebensende stellen grosse Anforderungen vor allem an den Patienten selbst, aber auch an seine Angehörigen, die Ärzte und das Betreuungsteam. Das übergeordnete Ziel besteht darin, Leiden zu lindern und die bestmögliche Lebensqualität des Patienten sowie eine Unterstützung der Angehörigen zu gewährleisten. Im Unterschied zur letzten Fassung der Richtlinien von 1995 wird im Folgenden ausschliesslich auf die Situation sterbender Patienten Bezug genommen. Die *Richtlinien zur Behandlung und Betreuung von zerebral schwerst geschädigten Langzeitpatienten* wurden entsprechend erstmals separat formuliert. Da sich trotzdem eine Reihe gemeinsamer Fragen und Probleme ergeben, wie dies ebenfalls für die *Richtlinien zu Grenzfragen der Intensivmedizin* wie auch für die neuen *Richtlinien zur Behandlung und Betreuung von älteren pflegebedürftigen Menschen* zutrifft, sei an dieser Stelle die Bedeutung dieser weiteren Richtlinien für die hier im Zentrum stehenden Fragen hervorgehoben. Bezüglich der speziellen Problematik der sehr unreifen Frühgeborenen sei auf die *Empfehlungen der Schweizerischen Gesellschaft für Neonatologie zur Betreuung von Frühgeborenen an der Grenze zur Lebensfähigkeit*[141] verwiesen.

(II.) Richtlinien

(1.) Geltungsbereich

Die Richtlinien betreffen die Betreuung von Patienten am Lebensende. Damit sind Kranke gemeint, bei welchen der Arzt aufgrund klinischer Anzeichen zur Überzeugung gekommen ist, dass ein Prozess begonnen hat, der erfahrungsgemäss innerhalb von Tagen oder einigen Wochen zum Tod führt. Bei Neugeborenen, Kleinkindern und Jugendlichen am Lebensende gelten die gleichen Grundsätze; insoweit hier besondere Aspekte zu berücksichtigen sind, werden diese in den entsprechenden Abschnitten vermerkt.

(2.) Patientenrechte

Jeder Patient hat das Recht auf Selbstbestimmung. Die frühzeitige, umfassende und verständliche Aufklärung des Patienten oder seiner Vertreter über die medizinische Situation ist Voraussetzung für die Willensbildung und Entscheidfindung. Dies bedingt eine einfühlsame und offene Kommunikation und die Bereitschaft des Arztes, die Möglichkeiten und Grenzen sowohl der kurativen wie auch der palliativen Behandlung zu thematisieren.

(2.1.) Urteilsfähiger Patient

Die Respektierung des Willens des urteilsfähigen Patienten ist zentral für das ärztliche Handeln. Demzufolge ist eine ärztliche Behandlung gegen den erklärten Willen des urteilsfähigen Patienten unzulässig. Dies gilt auch dann, wenn dieser Wille aus der Sicht Aussenstehender dessen wohlverstandenen Interessen zuwiderzulaufen scheint, und unabhängig davon, ob der Patient ein Kind, ein Jugendlicher oder entmündigt ist.

(2.2.) Nicht urteilsfähiger Patient

Ist es dem Patienten nicht mehr möglich, seinen Willen zu äussern, muss sein mutmasslicher Wille eruiert werden. Der Arzt oder das Pflegepersonal sollen deshalb abklären, ob der Patient eine Patientenverfügung verfasst, eine Vertrauensperson bevollmächtigt, oder sich gegenüber seinen Angehörigen klar geäussert hat. Zudem muss abgeklärt werden, ob eine gesetzliche Vertretung besteht.

---

[141] Online-Publikation unter www.neonet.ch.

Patientenverfügung

Jede Person kann im Voraus Bestimmungen darüber erlassen, welche Behandlung sie wünscht, falls sie nicht mehr urteilsfähig ist (Patientenverfügung). Patientenverfügungen sind zu befolgen, soweit sie auf die konkrete Situation zutreffen und keine Anhaltspunkte dafür vorliegen, dass sie dem derzeitigen Willen des Patienten nicht mehr entsprechen.

Bevollmächtigte Vertretungsperson in medizinischen Angelegenheiten

Jede Person kann im Voraus schriftlich eine „bevollmächtigte Vertretungsperson in medizinischen Angelegenheiten" (nachstehend: „Vertrauensperson") bezeichnen, welche an ihrer Stelle die Zustimmung zu einer Behandlung erteilen soll, falls sie selbst nicht mehr urteilsfähig ist. Unter Berücksichtigung einer allfälligen Patientenverfügung muss im Einverständnis mit der bezeichneten Vertrauensperson entschieden werden. Verweigert die Vertrauensperson eine aus ärztlicher Sicht im Interesse des Patienten stehende Behandlung, so ist die Vormundschaftsbehörde einzubeziehen.

Fehlende Patientenverfügung und Vertretung; Notfall

Nicht selten ist weder eine Patientenverfügung erstellt noch eine Vertrauensperson ernannt worden, und es ist auch kein gesetzlicher Vertreter vorhanden. In dieser Situation sollen gezielt Informationen darüber eingeholt werden, wie der Patient in seinem bisherigen Leben gedacht und gehandelt hat. Dabei kommt in der Regel dem Gespräch mit Angehörigen und allfälligen weiteren Personen (z.B. Hausarzt) eine besondere Bedeutung zu. Manchmal fehlt jeglicher Hinweis auf den mutmasslichen Willen, z.B. wenn keine Angehörigen vorhanden oder wenn aus zeitlichen Gründen (Notfall) Rückfragen bei Drittpersonen nicht möglich sind. In diesen Fällen soll sich der Entscheid an den wohlverstandenen Interessen des Patienten orientieren.

Entscheidungen am Lebensende sollen wenn immer möglich vom Betreuungsteam und von den Angehörigen des Patienten mitgetragen werden.

Klinische Ethikkommissionen können für die Entscheidfindung konsiliarisch beigezogen werden.

Bei nicht urteilsfähigen Kindern und Jugendlichen gilt grundsätzlich der Wille des gesetzlichen Vertreters; in der Regel sind dies die Eltern. Entscheidungen über Leben und Tod sind jedoch für Eltern eine enorme, manchmal kaum zu ertragende Belastung. Sie sollten deshalb in den Entscheidungsprozess soweit miteinbezogen werden, wie das von ihnen gewünscht wird. Entscheide über die Behandlung und Betreuung sollen im wohlverstandenen Interesse des Kindes und im Einverständnis mit den Eltern bzw. gesetzlichen Vertretern getroffen werden. Verweigern diese eine aus ärztlicher Sicht im Interesse des Patienten stehenden Behandlung, so ist die Vormundschaftsbehörde beizuziehen.

(3.) Behandlung und Betreuung

(3.1.) Palliative Betreuung

Patienten in der letzten Lebensphase haben ein Anrecht auf palliative Betreuung. Diese mfasst alle medizinischen Behandlungen, pflegerische Interventionen sowie die psychische, soziale und seelsorgerliche Unterstützung von Patienten und Angehörigen, welche darauf abzielen, Leiden zu lindern und die bestmögliche Lebensqualität zu gewährleisten.

Im Zentrum der Bemühungen des Betreuungsteams steht eine wirksame Symptomtherapie, das Eingehen auf Nöte sowie die Verfügbarkeit und die Begleitung für den Patienten und seine Angehörigen. Alle potentiell hilfreichen technischen und personellen Ressourcen (z.B. Fachpersonen für psychische, soziale und seelsorgerliche Begleitung) sollen bei Bedarf zugezogen werden. Palliative Betreuung soll frühzeitig und überall angeboten werden, wo der Patient sich befindet (im Spital oder einer anderen Institution, zu Hause).

Der Arzt ist verpflichtet, Schmerzen und Leiden zu lindern, auch wenn dies in einzelnen Fällen zu einer Beeinflussung der Lebensdauer führen sollte (die sogenannte „indirekte aktive Sterbehilfe"). Bei therapierefraktären Symptomen kann gelegentlich eine palliative Sedation notwendig werden. Im Gegensatz zur Sedation in der terminalen Phase ist zu beachten, dass nur soweit sediert werden soll, als dies zur Linderung der Symptome nötig ist.

Wichtig ist der Einbezug der Angehörigen unter Anerkennung ihrer Doppelrolle (Betreuende und Betreute). Wünsche nach einer persönlichen Gestaltung der letzten Lebensphase sollen unterstützt werden. Die palliative Betreuung soll auch die Begleitung der Angehörigen, in manchen Fällen über den Tod des Patienten hinaus, umfassen.

Es ist für einen respektvollen Umgang mit dem Verstorbenen zu sorgen; den kulturellen und religiösen Ritualen der Hinterbliebenen ist der nötige Raum zu gewähren.

(3.2.) Behandlungsverzicht oder -abbruch

In bestimmten Situationen kann der Verzicht auf lebenserhaltende Massnahmen oder deren Abbruch gerechtfertigt sein (auch „passive Sterbehilfe" genannt).

Bei der Entscheidfindung spielen Kriterien wie Prognose, voraussichtlicher Behandlungserfolg im Sinne der Lebensqualität sowie Intensität und Schwere des dem Patienten zugemuteten Eingriffs eine Rolle.

Bei Neugeborenen, Säuglingen und Kleinkindern gelten grundsätzlich die gleichen Überlegungen. Erschwerend ist allerdings der Umstand, dass eine Orientierungsmöglichkeit am mutmasslichen Willen oder der Persönlichkeit entfällt. Der Einsatz belastender Massnahmen zur Aufrechterhaltung von Vitalfunktionen (wie maschinelle Beatmung, Dialyse, parenterale Ernährung) muss deshalb vor allem von der Prognose abhängig gemacht werden. Dabei soll die Belastung durch die Therapie in Form von Schmerzen, Diskomfort und Einschränkung gegen den durch sie voraussichtlich ermöglichten Gewinn an Lebensfreude, Beziehungsmöglichkeiten und Erlebnisfähigkeit abgewogen werden.

(4.) Grenzen des ärztlichen Handelns

Die Respektierung des Patientenwillens stösst dann an ihre Grenzen, wenn ein Patient Handlungen verlangt, welche mit der persönlichen Gewissenshaltung des Arztes nicht vereinbar sind oder gegen die Regeln der ärztlichen Kunst oder gegen das geltende Recht verstossen.

(4.1.) Beihilfe zum Suizid

Gemäss Art. 115 des Strafgesetzbuches ist die Beihilfe zum Suizid straflos, wenn sie ohne selbstsüchtige Beweggründe erfolgt. Dies gilt für alle Personen. Für Ärzte besteht bei Patienten am Lebensende die Aufgabe darin, Symptome zu lindern und den Patienten zu begleiten. Trotzdem kann am Lebensende in einer für den Betroffenen unerträglichen Situation der Wunsch nach Suizidbeihilfe entstehen und dauerhaft bestehen bleiben.

In dieser Grenzsituation kann für den Arzt ein schwer lösbarer Konflikt entstehen. Auf der einen Seite ist die Beihilfe zum Suizid nicht Teil der ärztlichen Tätigkeit, denn der Arzt ist verpflichtet, seine ärztlichen Kompetenzen zur Heilung, Linderung und Begleitung einzusetzen. Auf der anderen Seite hat er den Willen des Patienten zu achten. Das kann auch bedeuten, dass eine persönliche Gewissensentscheidung des Arztes, im Einzelfall Beihilfe zum Suizid zu leisten, zu respektieren ist. Der einzelne Arzt trägt dann die Verantwortung für die Prüfung der folgenden Mindestanforderungen:

- Die Erkrankung des Patienten rechtfertigt die Annahme, dass das Lebensende nahe ist.
- Alternative Möglichkeiten der Hilfestellung wurden erörtert und soweit gewünscht auch eingesetzt.
- Der Patient ist urteilsfähig, sein Wunsch ist wohlerwogen, ohne äusseren Druck entstanden und dauerhaft. Dies wurde von einer Drittperson überprüft, wobei diese nicht zwingend ein Arzt sein muss.

Der letzte Akt der zum Tode führenden Handlung muss in jedem Fall durch den Patienten selbst ausgeführt werden.

(4.2.) Tötung auf Verlangen

Die Tötung eines Patienten (auch „aktive Sterbehilfe" genannt) ist vom Arzt auch bei ernsthaftem und eindringlichem Verlangen des urteilsfähigen Patienten abzulehnen. Tötung auf Verlangen ist nach Art. 114 [schweizerisches] Strafgesetzbuch Strafgesetzbuch strafbar.

(III.) Kommentar

ad 1. (Geltungsbereich)

Gemäss dieser Definition sind Patienten am Lebensende zu unterscheiden von Patienten in der Terminalphase, insofern sich die Terminalphase nicht selten bis zu einem Jahr oder auch länger erstrecken kann. Mit den klinischen Anzeichen ist in erster Linie gemeint, dass beim Patienten die Vitalfunktionen insuffizient werden. Es ist allerdings hervorzuheben, dass der Eintritt der hier zugrunde gelegten Sterbephase nicht selten mit ärztlichen Entscheidungen zum Behandlungsabbruch oder -verzicht im Zusammenhang steht, so dass eine Abgrenzung stets mit gewissen Unschärfen verbunden bleibt.

ad 2. (Patientenrechte)

Unter den „wohlverstandenen Interessen" wird im medizinischen Kontext im weitesten Sinne das Patientenwohl verstanden. Dabei geht es um die Frage, ob eine Behandlung für die Heilung, die Lebensverlängerung oder die Verbesserung des Wohlbefindens des Patienten aus medizinischer Sicht angezeigt ist.

Als Angehörige im Sinne dieser Richtlinien werden die dem Patienten nahe stehenden Personen, insbesondere Ehe- oder Lebenspartner, Kinder oder Eltern und Geschwister, bezeichnet.

ad 3.1. (Palliative Betreuung)

Grenzen der Palliativmedizin

Nicht alles mit Sterben und Tod verbundene Leiden ist vermeidbar. Erkennen und Aushalten von Grenzen sind daher integrierender Teil der Betreuung des Patienten und seiner Angehörigen. Die hohen Anforderungen, welche häufig mit der Betreuung von Patienten in der letzten Lebensphase verbunden sind, können zu einer Überlastung des Betreuungsteams führen, welche eine professionelle Unterstützung notwendig macht.

Beeinflussung der Lebensdauer

Der „lebensverkürzende Effekt" zentral wirkender Substanzen ist lange Zeit überschätzt worden. Es ist heute bekannt, dass Schmerzmittel und Sedativa, wenn sie ausschliesslich zur Symptomkontrolle in der letzten Lebenswoche korrekt eingesetzt werden, nicht mit einer Verkürzung der Überlebenszeit assoziiert sind.

Schmerzmittel und Sedativa können auch missbräuchlich eingesetzt werden, um den Tod herbeizuführen. Es ist aber in aller Regel bereits an der Dosierung resp. Dosissteigerung der Medikamente ein Unterschied zwischen der Schmerz- und Symptomlinderung in palliativer Absicht und der absichtlichen Lebensbeendigung erkennbar.

Weiter- und Fortbildung

Die Betreuung von Patienten am Lebensende setzt Kenntnisse und Fertigkeiten im Bereich der palliativen Medizin, Pflege und Begleitung voraus.

ad 3.2. (Behandlungsverzicht oder -abbruch)

Zu den lebenserhaltenden Massnahmen gehören insbesondere die künstliche Wasser- und Nahrungszufuhr, die künstliche Beatmung und die kardiopulmonale Reanimation. Je nach Situation muss auch über Sauerstoffzufuhr, Medikation, Transfusion, Dialyse und operative Eingriffe entschieden werden.

ad 4.1. (Beihilfe zum Suizid)

Im Gespräch über Beihilfe zum Suizid soll der Arzt seine persönliche Gewissenshaltung transparent machen. Der Entscheidungsprozess muss in der Krankengeschichte festgehalten werden. Ein Todeseintritt nach Beihilfe zum Suizid muss als ein nicht-natürlicher Todesfall den Untersuchungsbehörden zur Abklärung gemeldet werden.

IV. Empfehlungen zuhanden der zuständigen Gesundheitsbehörden

Ressourcen

Trotz beschränkter Mittel sollten die Verantwortlichen des Gesundheitswesens mit ihrer Politik gewährleisten, dass alle Patienten im Sinne der Richtlinien betreut werden können. Die Institutionen sollten den Auftrag und die Möglichkeit haben, die hierzu notwendigen Voraussetzungen wie Räumlichkeiten, personelle Ressourcen, Begleitung des Betreuungsteams etc. zu schaffen.

Aus- und Weiterbildung

Palliativmedizinische Inhalte sollten in Aus-, Weiter- und Fortbildung aller an der Betreuung von Patienten beteiligten Berufsgruppen integriert werden.

4. Medizinisch-ethische Richtlinien für die ärztliche Betreuung sterbender und zerebral schwerst geschädigter Patienten (1995, in Überarbeitung)

Es handelt sich um die Richtlinie, die durch die unter 3. abgedruckte Richtlinie abgelöst werden soll.

(I.) Geltungsbereich

Diese Richtlinien betreffen die ärztliche Betreuung von Sterbenden, d.h. von Personen, bei welchen der Arzt[142] aufgrund klinischer Anzeichen zur Überzeugung kommt, dass die Krankheit oder die traumatische Schädigung irreversibel ist und trotz Behandlung in absehbarer Zeit zum Tode führen wird. Ferner beziehen sich diese Richtlinien auf die ärztliche Betreuung zerebral schwerst Geschädigter mit irreversiblen, fokalen oder diffusen Hirnschädigungen, welche einen chronischen vegetativen Zustand zur Folge haben. Die Betreuung umfasst Behandlung, Pflege und Begleitung dieser Patienten.

---

[142] Der Einfachheit halber gilt in diesem Text die männliche Bezeichnung für beide Geschlechter.

(II.) Richtlinien

(1.) Grundsätze

1.1 Grundsätzlich hat der Arzt die Pflicht, dem Patienten in jeder Weise beizustehen, sein Leiden zu heilen oder zu lindern und sich um die Erhaltung menschlichen Lebens zu bemühen.

1.2 Ausnahmen von der ärztlichen Verpflichtung zur Lebenserhaltung bestehen bei Sterbenden, deren Grundleiden einen unabwendbaren Verlauf zum Tode genommen hat, und bei zerebral schwerst Geschädigten. Hier lindert der Arzt die Beschwerden. Der Verzicht auf lebensverlängernde Massnahmen und der Abbruch früher eingeleiteter Massnahmen dieser Art sind gerechtfertigt. Dabei sind Ziff. 2 und 3 dieser Richtlinien zu beachten, und der Arzt soll sein Vorgehen mit dem Pflegepersonal und mit den Angehörigen besprechen.

1.3 Der Arzt lässt Sterbenden und zerebral schwerst Geschädigten stets eine angemessene Betreuung zukommen. Er ist verpflichtet, Schmerz, Atemnot, Angst und Verwirrung entgegenzuwirken, insbesondere nach Abbruch von Massnahmen zur Lebensverlängerung. Er darf palliativ-medizinische Techniken anwenden, auch wenn sie in einzelnen Fällen mit dem Risiko einer Lebensverkürzung verbunden sein sollten.

1.4 Auch gegenüber Sterbenden und zerebral schwerst Geschädigten sind aktive Massnahmen zum Zwecke der Lebensbeendigung gesetzlich verboten.

(2.) Urteilsfähige Patienten

2.1 Verlangt ein urteilsfähiger Patient den Verzicht auf Behandlung oder auf lebenserhaltende Massnahmen oder den Abbruch bereits eingeleiteter Massnahmen, so ist dieser Wille zu respektieren. Dabei sorgt der Arzt dafür, dass der Patient über die damit verbundenen medizinischen Tatsachen und ihre Folgen in für ihn verständlicher Weise informiert wird.

2.2 Beihilfe zum Suizid ist kein Teil der ärztlichen Tätigkeit. Der Arzt bemüht sich, die körperlichen und seelischen Leiden, die einen Patienten zu Suizidabsichten führen können, zu lindern und zu ihrer Heilung beizutragen.

(3.) Urteils- oder äusserungsunfähige Patienten

3.1 Bei urteilsunfähigen, bei äusserungsunfähigen und bei bewusstlosen Patienten handelt der Arzt primär entsprechend der Diagnose und der mutmasslichen Prognose; er beurteilt die zu erwartenden Lebensumstände des Patienten nach seinem besten Wissen und in eigener Verantwortung. Er kann sich dieser nicht dadurch entziehen, dass er die Anweisungen Dritter befolgt.

3.2 Intensität und Schwere der dem Patienten zugemuteten Eingriffe und Anstrengungen sollen zum mutmasslichen Behandlungserfolg und zur Lebenserwartung des Patienten in einem medizinisch vertretbaren Verhältnis stehen.

3.3 Bei unbestimmter Prognose, die grundsätzlich voneinander abweichende Vorgehensweisen zulässt, orientiert sich der Arzt am mutmasslichen Willen des Patienten: wenn dieser Lebenszeichen äussert, die auf einen gegenwärtigen Lebenswillen schliessen lassen, sind diese entscheidend. Fehlt es an solchen Zeichen, so dienen frühere Äusserungen des Patienten, Angaben von Angehörigen und eine allenfalls vorhandene schriftliche Erklärung des Patienten selber (vgl. Ziff. 3.4 hienach) als Orientierungshilfen. Ist in Zukunft ein Leben in zwischenmenschlicher Kommunikation zu erwarten, so ist in der Regel ein Wiedererstarken des Lebenswillens vorauszusehen; eine solche Aussicht ist für das ärztliche Vorgehen massgebend. Der Arzt soll ferner bestrebt sein, ein Vorgehen zu wählen, das von den Angehörigen des Patienten gebilligt werden kann. Bei unmündigen und entmündigten Patienten darf er unmittelbar lebenserhaltende Massnahmen gegen den Willen der gesetzlichen Vertreter weder abbrechen noch ihre Aufnahme verweigern.

3.4 Liegt dem Arzt eine Patientenverfügung vor, die der Patient in einem früheren Zeitpunkt als Urteilsfähiger abgefasst hat, so ist diese verbindlich; unbeachtlich sind jedoch Begehren, die dem Arzt ein rechtswidriges Verhalten zumuten oder den Abbruch lebenserhaltender Massnahmen verlangen, obwohl der Zustand des Patienten nach allgemeiner Erfahrung die Wiederkehr der zwischenmenschlichen Kommunikation und das Wiedererstarken des Lebenswillens erwarten lässt.

3.5 Bei Neugeborenen mit schweren kongenitalen Fehlbildungen oder perinatalen Läsionen ist die Prognose besonders wichtig. Bei schweren Missbildungen und perinatalen Schäden des Zentralnervensystems, welche zu irreparablen Entwicklungsstörungen führen würden, und wenn ein Neugeborenes bzw. ein Säugling nur dank des fortdauernden Einsatzes aussergewöhnlicher technischer Hilfsmittel leben kann, darf nach Rücksprache mit den Eltern von der erstmaligen oder anhaltenden Anwendung solcher Hilfsmittel abgesehen werden.

(III.) Kommentar

Zu Teil I (Geltungsbereich)

Der chronisch-vegetative Zustand besteht im (nach mehrmonatiger Beobachtungszeit wiederholt bestätigten) irreversiblen und definitiven Verlust der kognitiven Fähigkeiten, der Willensäusserungen und der Kommunikation. Er kann nach Schädeltrauma oder Hirnblutung, bei Gefässleiden, entzündlicher oder degenerativer Hirnkrankheit, infolge eines Tumors oder einer Anoxie auftreten.

Bei Neugeborenen gelten die gleichen Grundsätze. Die Entscheidung über aktives Eingreifen oder zurückhaltendes Abwarten ist hier besonders schwerwiegend.

Zu Teil II (Richtlinien)

Zu Ziff. 1.2 (Verzicht auf ausserordentliche Massnahmen zur Lebenserhaltung)

Der Verzicht auf lebenserhaltende Massnahmen oder deren Abbruch in bestimmten Situationen wird als „passive Sterbehilfe" bezeichnet. Zu lebenserhaltenden Massnahmen gehören insbesondere künstliche Wasser- und Nahrungszufuhr, Sauerstoffzufuhr, künstliche Beatmung, Medikation, Bluttransfusion und Dialyse.

Zu Ziff. 1.3 (Pflicht zur Pflege)

Sofern der Patient nicht aus persönlicher Überzeugung ein gewisses Mass an Schmerz auf sich nehmen will, haben Arzt und Pflegepersonal alle zur Verfügung stehenden Mittel und Methoden der Schmerzlinderungstechniken der Palliativmedizin anzuwenden. Schmerzzustände jeglicher Art am Lebensende, die viele Patienten befürchten, können in nahezu allen Fällen erfolgreich bekämpft werden. Für Patienten, welche trotz Schmerzbekämpfung und angemessener Betreuung weiterhin über ungelinderte Schmerzen und Angst klagen, müssen Spezialisten der Palliativmedizin und Psychiatrie beigezogen werden.

Zu Ziff. 1.4 (keine Massnahmen zum Zweck der Lebensbeendigung)

Massnahmen mit dem Ziel der Lebensbeendigung bei Sterbenden und schwer Leidenden („aktive Sterbehilfe") sind nach Art. 114 des Strafgesetzbuches strafbar, selbst dann, wenn sie auf ernsthaftes und eindringliches Verlangen eines urteilsfähigen Patienten vorgenommen werden.

Zu Ziff. 2.1 (urteilsfähige Patienten)

Bei der Beurteilung der Urteilsfähigkeit des Patienten ist allfälligen psychischen Ausnahmezuständen und depressiven oder panikartigen Reaktionen oder einer vorbestehenden Depression Rechnung zu tragen. Bevor irreversible Schritte eingeleitet werden, soll der Patient dazu veranlasst werden, seinen Entscheid reiflich zu bedenken und sich, wenn möglich, mit einem Arzt und mit Personen seines Vertrauens zu besprechen.

Zu Ziff. 2.2 (keine Beihilfe zum Suizid)

Suizid und Suizidversuche sind mit überaus seltenen Ausnahmen die Folgen von persönlichen Krisen, Sucht oder psychischer Krankheit. Die Katamnesen von überlebenden Suizidalen zeigen, dass die überwiegende Mehrzahl nach Jahrzehnten noch lebt und sich von der damaligen Situation distanziert hat. Die Befürchtung, am Lebensende schweren Schmerzzuständen preisgegeben zu sein und der Umgebung zur Last zu fallen, verführt zuweilen zum Wunsch, sich für eine solche Situation die Selbstmordhilfe Dritter zu sichern. Kompetent angewandte palliative und analgetische Massnahmen können indessen in der Regel vor unnötigem Leiden bewahren und diese Angst mindern. Obwohl Suizidhilfe, wenn sie ohne selbstsüchtige Beweggründe geleistet wird, nicht strafbar ist (vgl. Art. 115 des [schweizerischen] Strafgesetzbuches), sind aus ärztlicher Sicht entschiedene Vorbehalte angebracht. Neben einer religiös oder weltanschaulich begründeten Ablehnung des Suizids, die in den persönlichen Gewissensentscheid des verantwortlichen Arztes einfliessen mag, sind die Missbrauchsgefahren augenfällig, die aus der generellen Akzeptanz ärztlicher Suizidhilfe resultieren müssten.

Zu Ziff. 3.3 (urteilsunfähige Patienten)

Beim urteilsunfähigen Patienten sucht der Arzt das Gespräch mit seinen Angehörigen und mit dem Pflegepersonal, bevor er eine irreversible Entscheidung trifft. Dabei klärt er, wenn möglich, im voraus ab, ob das von ihm beabsichtigte Vorgehen von den Angehörigen gebilligt wird.

Internet-Adressen

▶ **www.ruhr-uni-bochum.de/zme**

(„Liste von Verfügungen")

Das Zentrum für Medizinische Ethik (ZME) an der Ruhr-Universität Bochum verfügt über eine umfangreiche Zusammenstellung (mit Links) von Patientenverfügungsmustern („Liste von Verfügungen") und präsentiert Informationen zum Betreuungsrecht.

▶ **www.igmr.uni-bremen.de**

(„Service", „Literaturüberblick")

Das „Institut für Gesundheits- und Medizinrecht (IGMR)" des Fachbereichs Rechtswissenschaft der Universität Bremen präsentiert u.a. eine exzellente (zeitnah erfolgende) Auswertung deutschsprachiger Literatur zu allen Themenfeldern des Gesundheitsrechts. Sie ist nach Jahren und Themenfeldern geordnet; zu ihnen gehören u.a. auch „Betreuungsrecht", „Sterbehilfe" und „Ethik".

▶ **www.drze.de**

Über das „Deutsche Referenzzentrum für Ethik in den Biowissenschaften" in Bonn erschließen sich vielfältige Hinweise zu allen aktuellen Fragen der Medizin- oder Bioethik im In- und Ausland.

▶ **www.gesundheitsrecht.net**

Die Homepage der „Forschungsstelle für das Recht des Gesundheitswesens der Universität zu Köln" präsentiert u.a. bislang unveröffentlichte Rechtsprechung (insbesondere der Amts- und Landgerichte) zu betreuungsrechtlichen Aspekten der Behandlungsbegrenzung. Außerdem enthält es vielfältige Links zu Institutionen des Gesundheitswesens.

▶ **www.baek.de**

Die Homepage der (deutschen) Bundesärztekammer enthält vielfältige medizinethische und medizinrechtliche Informationen.

▶ **www.kbv.de**

Die Homepage der Kassenärztlichen Bundesvereinigung enthält ausführliche Informationen über die Rechtsgrundlagen der gesetzlichen Krankenversicherung (GKV).

▶ **www.vorsorgeregister.de**

Unter dieser Adresse ist das sog. „Zentrale Vorsorgeregister" der Bundesnotarkammer erreichbar.

▶ **www.bmj.bund.de**

Auf der Homepage des (deutschen) Bundesministeriums der Justiz sind u.a. Informationen zum Thema „Patientenrechte" abrufbar.

▶ **www.bmgs.bund.de**

Über die Homepage des (deutschen) Bundesministeriums für Gesundheit und Soziale Sicherung ist u.a. auch die „Beauftragte der Bundesregierung für die Belange der Patientinnen und Patienten" erreichbar. Da zu den Belangen der Patientinnen und Patienten auch die Beachtung von Patientenverfügungen im Rahmen der Versorgung durch die gesetzlich Krankenversicherung zählt, dürfte die Patientenbeauftragte, deren Amt seit 1. Januar 2004 besteht, auch in dieser Hinsicht ein wichtiger Ansprechpartner der Patientinnen und Patienten werden.

▶ **www.hospize.de**

Die Homepage der Deutschen Hospiz Stiftung informiert über die Tätigkeit der Stiftung u.a. im Bereich der Patientenverfügungen („Medizinische Patientenanwaltschaft").

▶ **http://bundesrecht.juris.de/bundesrecht**

Unter dieser Adresse sind die wichtigsten (deutschen) Gesetze, etwa das Bürgerliche Gesetzbuch, das Strafgesetzbuch oder das Grundgesetz, in aktueller Fassung kostenlos abrufbar.

Literaturverzeichnis

Abschlussbericht der Bund-Länder-Arbeitsgruppe „Betreuungsrecht": Juni 2003, abrufbar auf der Homepage des Justizministeriums Nordrhein-Westfalen, www.justiz.nrw.de („Justiz NRW", Justizpolitik", Schwerpunktthemen", „Betreuungsrecht").

Amtsgericht Neustadt am Rübenberge: Beschluss vom 26. 4. 2003, Aktenzeichen 6 XVII W 92/96 (unveröffentlicht).

H. T. Baberg / R. Kielstein / J. de Zeeuw / H.-M. Sass, Behandlungsgebot und Behandlungsbegrenzung: Einflussfaktoren klinischer Entscheidungsprozesse. In: Deutsche Medizinische Wochenschrift (DMW) 127 (2002), S. 1633 ff.

H. T. Baberg / R. Kielstein / J. de Zeeuw / H.-M. Sass, Behandlungsgebot und Behandlungsbegrenzung: Einfluss des Patientenwillens und Prioritäten in der palliativen Versorgung. In: Deutsche Medizinische Wochenschrift (DMW) 127 (2002), S. 1690 ff.

Axel Bauer / Thomas Klie: Patientenverfügungen / Vorsorgevollmachten – richtig beraten?, Heidelberg 2003.

Wolfgang Baumann / Christian Hartmann: Die zivilrechtliche Absicherung der Patientenautonomie am Ende des Lebens aus der Sicht der notariellen Praxis. In: Deutsche Notar-Zeitschrift 2000, S. 594 ff.

Bayerisches Staatsministerium der Justiz: Vorsorge für Unfall, Krankheit und Alter durch Vollmacht, Betreuungsverfügung, Patientenverfügung, München, Februar 2003 (abrufbar unter www.justiz.bayern.de).

Betreuungsrechtsänderungsgesetz: Gesetzentwurf und Begründung. In: Bundestagsdrucksache 13/7158 vom 11. März 1997, S. 1 ff. (abrufbar unter www.bundestag.de oder www.parlamentsspiegel.de).

Betreuungsrechtsänderungsgesetz: Beschlussempfehlung und Bericht des Rechtsausschusses. In: Bundestagsdrucksache 13/10331 vom 1. April 1998, S. 1 ff. (abrufbar unter www.bundestag.de oder www.parlamentsspiegel.de).

Gian Domenico Borasio / Wolfgang Putz / Wolfgang Eisenmenger: Neuer Beschluss des Bundesgerichtshofs – Verbindlichkeit von Patientenverfügungen gestärkt. In: Deutsches Ärzteblatt (DÄ) H. 100 (2003), H. 31-32, A-2062 ff.

Bundesgerichtshof: Urteil vom 28. November 1957, Aktenzeichen 4 StR 525/57. In: Amtliche Sammlung der Entscheidungen des Bundesgerichtshofes in Strafsachen (BGHSt), Band 11, S. 111 ff.

Bundesgerichtshof: Beschluss vom 25. März 1988, Aktenzeichen 2 StR 93/88. In: Amtliche Sammlung der Entscheidungen des Bundesgerichtshofes in Strafsachen (BGHSt), Band 35, S. 246 ff.

Bundesgerichtshof: Urteil vom 13. September 1994, Aktenzeichen 1 StR 357/94. In: Amtliche Sammlung der Entscheidungen des Bundesgerichtshofes in Strafsachen (BGHSt), Band 40, S. 257 ff.

Bundesgerichtshof: Beschluss vom 17. März 2003, Aktenzeichen XII ZB 2/03. In: Neue Juristische Wochenschrift (NJW) 2003, S. 1588 ff. (auch abrufbar unter www.bundesgerichtshof.de).

Bundesverfassungsgericht: Abweichende Meinung der Richter Hirsch, Niebler und Steinberger zum Beschluss des Zweiten Senats vom 25. Juli 1979, Aktenzeichen 2 BvR 878/74. In: Amtliche Entscheidungssammlung (BVerfGE), Band 52, S. 171 ff.

Werner Bienwald: Betreuungsrecht. Kommentar, 3. Aufl., Bielefeld 1999.

Werner Bienwald: Vorsorgeverfügungen und ihre Bedeutung für das Vormundschaftsgericht. In: Betreuungsrechtliche Praxis (BtPrax) 11 (2002), S. 227 ff.

Georg Bosshard / Walter Bär / Albert Wettstein: Lebensverlängernde Maßnahmen in der geriatrischen Langzeitpflege. In: Deutsches Ärzteblatt (DÄ) 96 (1999), H. 21, C-994 ff.

Gisela Bockenheimer-Lucius: Verwirrung und Unsicherheiten im Umgang mit der Patientenverfügung. Auswirkungen des BGH-Urteils vom 17. Mär 2003 auf eine Entscheidung des Amtsgerichts Hamm vom 1. Juli 2003. In: Ethik in der Medizin (EthMed) 2003, S. 302 ff.

E. Bühler / R. Kren / K. Stolz: Sterbehilfe – Sterbebegleitung – Patientenverfügung: Ergebnisse einer bundesweiten Umfrage unter Ärzten. In: Betreuungsrechtliche Praxis (BtPrax) 2002, S. 232 ff.

„Christliche Patientenverfügung": hrsgg. von der Deutschen Bischofskonferenz und dem Rat der Evangelischen Kirche in Deutschland, 2. Aufl., Hannover / Bonn 2003 (auch abrufbar unter www.dbk.de oder www.ekd.de).

Reinhard Damm: Imperfekte Autonomie und Neopaternalismus. Medizinrechtliche Probleme der Selbstbestimmung in der modernen Medizin. In: Medizinrecht (MedR) 2002, S. 375 ff.

Erwin Deutsch / Andreas Spickhoff: Medizinrecht, 5. Aufl., Berlin / Heidelberg / New York 2003.

Georg Dodegge: Das Betreuungsrechtsänderungsgesetz. In: Neue Juristische Wochenschrift (NJW) 1998, S. 3073 ff.

Ulrich Eibach: Künstliche Ernährung um jeden Preis? Ethische Überlegungen zur Ernährung durch „percutane enterale Gastrostomie" (PEG-Sonden). In: Medizinrecht (MedR) 2002, S. 123 ff.

Eberhard Eichenhofer: Die zivilrechtliche Problematik der Patientenverfügung. In: Klaus-M. Kodalle (Hrsg.), Das Recht auf ein Sterben in Würde. Eine aktuelle Herausforderung in historischer und systematischer Perspektive (Kritisches Jahrbuch der Philosophie, Beiheft 4/2003), Würzburg 2003, S. 69 ff.

Bettina Eisenbart: Patienten-Testament und Stellvertretung in Gesundheitsangelegenheiten. Alternativen zur Verwirklichung der Selbstbestimmung im Vorfeld des Todes, 2. Aufl., Baden-Baden 2000.

Harald Franzki: Patientenverfügungen und ihr rechtlicher Rahmen. Neuere Entwicklungen in der deutschen Rechtsprechung. In: Evangelische Akademie Iserlohn (Hrsg.), Die Patientenverfügung: Vorsorgliche Selbstbestimmung im Blick auf das eigene Sterben? Anliegen und Probleme (Tagungsprotokoll 78/1998), Iserlohn 1998, S. 7 ff.

Elmar Habermeyer / Henning Saß: Voraussetzungen der Geschäfts(-un)fähigkeit – Anmerkungen aus psychopathologischer Sicht. In: Medizinrecht (MedR) 2003, S. 543 ff.

Kristina Hennies: Anmerkung zu BGH, Urt. v. 17. März 2003 – Az. XII ZB 2/03 –. In: Das Krankenhaus H. 7/2003, S. 562.

Johannes Heyers: Passive Sterbehilfe bei entscheidungsunfähigen Patienten und das Betreuungsrecht (Schriften zum Bürgerlichen Recht Band 258), Berlin 2001.

Johannes Heyers: Anmerkung zu BGH, Beschluss vom 17. März 2003, Aktenzeichen XII ZB 2/03. In: Juristische Rundschau (JR) 2003, S. 501 ff.

Wolfram Höfling: „Sterbehilfe" zwischen Selbstbestimmung und Integritätsschutz. In: Juristische Schulung (JuS) 2000, S. 111 ff.

Wolfram Höfling: Statement aus verfassungsrechtlicher Sicht. In: Verhandlungen des 63. Deutschen Juristentages Leipzig 2000, Bd. II/2 (Abschnitt K), München 2000, S. 88 ff.

Wolfram Höfling / Stephan Rixen: Vormundschaftsgerichtliche Sterbeherrschaft?, Juristenzeitung (JZ) 2003, S. 884 ff.

Peter Michael Hoffmann / Bettina Schumacher: Vorsorgevollmachten und Betreuungsverfügungen: Handhabung in der Praxis. In: Betreuungsrechtliche Praxis (BtPrax) 11 (2002), S. 191 ff.

Friedhelm Hufen: In dubio pro dignitate – Selbstbestimmung und Grundrechtsschutz am Ende des Lebens. In: Neue Juristische Wochenschrift (NJW) 2001, S. 849 ff.

Jürgen in der Schmitten: Die individuelle Vorausverfügung. Patienten-Selbstbestimmung hinsichtlich lebensbedrohlicher Situationen. In: Zeitschrift für Allgemeinmedizin 73 (1997), 420 ff.

Jürgen in der Schmitten: Die Patienten-Vorausverfügung: Handlungsverbindlicher Ausdruck des Patientenwillens oder Autonomie-Placebo? In: Günter Feuerstein /

Ellen Kuhlmann (Hrsg.), Neopaternalistische Medizin. Der Mythos der Selbstbestimmung im Arzt-Patient-Verhältnis, Bern u.a., 1999, S. 131 ff.

Thorsten Jacobi / Arnd T. May / Rita Kielstein / Werner Bienwald (Hrsg.): Ratgeber Patientenverfügung – Vorgedacht oder selbstverfasst?, 3. Aufl., Münster 2002.

Rita Kielstein / Hans-Martin Sass: Die persönliche Patientenverfügung. Ein Arbeitsbuch zur Vorbereitung mit Bausteinen und Modellen, 2. Aufl., Münster 2001.

Thomas Klie / Johann-Christoph Student: Die Patientenverfügung, Freiburg i. Br. 2001.

Judith Knieper: Patiententestament. Frankfurt am Main 1999.

Klaus Kutzer: Sterbehilfeproblematik in Deutschland: Rechtsprechung und Folgen für die klinische Praxis. In: Medizinrecht (MedR) 2001, S. 77 ff.

Klaus Kutzer: ZRP-Rechtsgespräch – Der Vormundschaftsrichter als „Schicksalsbeamter"? Der BGH schränkt das Selbstbestimmungsrecht des Patienten ein. In: Zeitschrift für Rechtspolitik (ZRP) 2003, S. 213 ff.

Landgericht Ellwangen: Beschluss vom 7. Mai 2003, Aktenzeichen 1 T 33/03 (unveröffentlicht).

Adolf Laufs / Wilhelm Uhlenbruck (Hrsg.): Handbuch des Arztrechts, 3. Aufl., München 2002

Volker Lipp: Selbstbestimmung am Ende des Lebens. In: Jürgen Wolter / Eibe Riedel / Jochen Taupitz (Hrsg.), Einwirkungen der Grundrechte auf das Zivilrecht, Öffentliche Recht und Strafrecht, Heidelberg 1999, S. 75 ff.

Volker Lipp: Patientenautonomie und Sterbehilfe. In: Betreuungsrechtliche Praxis (BtPrax) 11 (2002), S. 47 ff.

Volker Lipp: Die neue Geschäftsfähigkeit Erwachsener. In: Zeitschrift für das gesamte Familienrecht (FamRZ) 2003, S. 721 ff.

Sybille M. Meier: Inhalt und Reichweite einer Vorsorgevollmacht. In: Betreuungsrechtliche Praxis (BtPrax) 11 (2002), S. 184 ff.

Johannes G. Meran / Sylke E. Geißendörfer / Arnd T. May / Alfred Simon (Hrsg.): Möglichkeiten einer standardisierten Patientenverfügung. Gutachten im Auftrag des Bundesministeriums der Gesundheit, Münster 2002.

Gabriele Müller: Auswirkungen des Betreuungsrechtsänderungsgesetzes (BtÄndG) auf die Vorsorgevollmacht in Angelegenheiten der Personensorge. In: Deutsche Notar-Zeitschrift (DNotZ) 1999, S. 107 ff.

Christina Naumann / W. Bernard: Leben erhalten – sterben lassen, der geriatrische Patient im Akutkrankenhaus. In: Geriatrie Forschung – Zeitschrift für Altersmedizin und Alternsforschung Vol. 8 (1998), No. 2, S. 62 ff.

Fuat S. Oduncu / Wolfgang Eisenmenger: Euthanasie – Sterbehilfe – Sterbebegleitung. Eine kritische Bestandsaufnahme im internationalen Vergleich. In: Medizinrecht (MedR) 2002, S. 327 ff.

Dirk Olzen: Selbstbestimmung über das Ende des Lebens. In: Arztrecht (ArztR) 2001, S. 116 ff.

„Patientenrechte in Deutschland": Bestandsaufnahme des geltenden Rechts, erstellt auf Initiative des Bundesjustizministeriums und des Bundesministeriums für Gesundheit und Soziale Sicherung. In: Neue Juristische Wochenschrift (NJW) 2003, S. 1507 ff.

Wolfgang Putz / Beate Steldinger: Patientenrechte am Ende des Lebens. Vorsorgevollmacht – Patientenverfügung – Selbstbestimmtes Sterben, München 2003.

Dagmar Rieger: Rechtliche Bedeutung eines Patiententestaments für den Arzt. In: Deutsche Medizinische Wochenschrift (DMW) 124 (1999), S. 945 ff.

Stephan Rixen: Lebensschutz am Lebensende, Berlin 1999.

Stephan Rixen / Wolfram Höfling / Wolfgang Kuhlmann / Martin Westhofen: Zum rechtlichen Schutz der Patientenautonomie in der ressourcenintensiven Hochleistungsmedizin: Vorschläge zur Neustrukturierung des Aufklärungsgesprächs. In: Medizinrecht (MedR) 2003, S. 191 ff.

Michael Rudolf / Jan Bittler: Vorsorgevollmacht, Betreuungsverfügung, Patientenverfügung, Bonn 2000.

Hans-Martin Sass: Sterbehilfe in der Diskussion. Zur Validität und Praktikabilität wertanamnestischer Betreuungsverfügungen. In: Hartmut Kreß / Hans-Jürgen Kaatsch (Hrsg.), Menschenwürde, Medizin und Bioethik, Münster 2000, S. 89 ff.

Bettina Schöne-Seifert / Clemens Eickhoff / Hannes Friedrich: Behandlungsverzicht bei Schwerstkranken: Wie würden Ärzte und Pflegekräfte entscheiden? In: Gerd Brudermüller (Hrsg.), Angewandte Ethik und Medizin, Würzburg 1999.

Gerhard H. Schlund: Juristische Aspekte bei der Sterbehilfe. In: Arztrecht (ArztR) 2002, S. 260 ff.

Hartmut Schneider: Vorbemerkung zu den §§ 211 ff. des Strafgesetzbuches. In: Münchener Kommentar zum Strafgesetzbuch, Bd. 3, München 2003, S. 273 ff. (Rn. 1 ff.).

Rolf Scholer-Everts / E. Klaschik / Ulrich Eibach: Patientenautonomie und Patientenverfügung: Ergebnisse einer Befragung bei stationären Palliativpatienten. In: Zeitschrift für Palliativmedizin (Z Palliativmed) 2002, S. 77 ff.

Ulrich Schwantes / Jürgen in der Schmitten: Frau H. und ihr Hausarzt entwickeln eine individuelle Vorausverfügung. In: Zeitschrift für Allgemeinmedizin 73 (1997), S. 564 ff.

Alfred Simon / Sylke E. Geißendörfer: Expertengespräch „Regelungsbedarf der passiven Sterbehilfe". In: Ethik in der Medizin (EthMed) 14 (2002), S. 289 ff.

Johann Friedrich Spittler / A. Fritscher-Ravens: Der Patientenwille zwischen Rechtsprechung, ärztlicher Sachlichkeit und Empathie. In: Deutsche Medizinische Wochenschrift (DMW) 126 (2001), S. 925 ff.

Nikolaus Stackmann: Keine richterliche Anordnung von Sterbehilfe. In: Neue Juristische Wochenschrift (NJW) 2003, S. 1568 ff.

Jochen Taupitz: Gutachten A: Empfehlen sich zivilrechtliche Regelungen zur Absicherung der Patientenautonomie am Ende des Lebens?, in: Verhandlungen des 63. Deutschen Juristentages, Bd. I, München 2000, S. 105 ff.

Wilhelm Uhlenbruck: Selbstbestimmtes Sterben, Berlin 1997.

Wilhelm Uhlenbruck: Bedenkliche Aushöhlung der Patientenrechte durch die Gerichte. In: Neue Juristische Wochenschrift (NJW) 2003, S. 1710 ff.

Klaus Ulsenheimer: Arztstrafrecht in der Praxis, 2. Aufl., Heidelberg 1998.

Torsten Verrel: Mehr Fragen als Antworten – Besprechung der Entscheidung des BGH vom 17. 3. 2003 über die Einstellung lebenserhaltender Maßnahmen bei einwilligungsunfähigen Patienten. In: Neue Zeitschrift für Strafrecht (NStZ) 2003, S. 449 ff.

Carola von Looz: Die Lebensdecke ist nicht kochfest! – Plädoyer für eine Betreuungsverfügung. In: Betreuungsrechtliche Praxis (BtPrax) 11 (2002), S. 179 ff.

Norbert Vossler: Bindungswirkung von Patientenverfügungen? – Gesetzgeberischer Handlungsbedarf? In: Zeitschrift für Rechtspolitik (ZRP) 2002, S. 295 ff.

Stephanie Waibel / Peter Novak / Susanne Roller: Patientenverfügungen – Der Arzt als Gesprächspartner. In: Deutsches Ärzteblatt 96 (1999), H. 13, B-641 f.

Ute Walter: Das Betreuungsrechtsänderungsgesetz und das Rechtsinstitut der Vorsorgevollmacht. In: Zeitschrift für das gesamte Familienrecht (FamRZ) 1999, S. 685 ff.

Martin Weber / Klaus Kutzer: Ethische Entscheidungen am Ende des Lebens – Grundsätze, Unsicherheiten, Perspektiven. In: Deutsche Medizinische Wochenschrift (DMW) 127 (2002), S. 2689 ff.

Albrecht Wienke / Hans-Dieter Lippert (Hrsg.): Der Wille des Menschen zwischen Leben und Sterben – Patientenverfügung und Vorsorgevollmacht, Berlin u.a. 2001.

Matthias Winkler: Vorsorgeverfügungen: Vorsorgevollmacht – Betreuungsverfügung – Patiententestament – Organverfügung, München 2003.

Über die Autoren

▶ **Dr. med. Siegfried Reinecke**

Jahrgang 1959, Arzt für Innere Medizin, ist Leitender Arzt der Geriatrie am St. Marien-Hospital in Hamm (Westfalen), www.marienhospital-hamm.de. Die Geriatrie („Altersmedizin") gehört zu den medizinischen Fächern, die sich am häufigsten mit dem Problemfeld „Medizinische Entscheidungsfindung beim nicht-einwilligungsfähigen Patienten" auseinandersetzen müssen. Das vorliegende Buch basiert auf der langjährigen praktischen Erfahrung im Umgang mit Patienten, deren Situation die Abfassung einer Patientenverfügung sinnvoll erscheinen lässt.

E-mail: siegfried.reinecke@marienhospital-hamm.de

▶ **Dr. iur. Stephan Rixen**

Jahrgang 1967, ist Wissenschaftlicher Assistent an der „Forschungsstelle für das Recht des Gesundheitswesen" (www.gesundheitsrecht.net) beim Institut für Staatsrecht der Universität zu Köln (www.staatsrecht.de), Promotion zum Thema „Lebensschutz am Lebensende", danach Tätigkeit als Rechtsanwalt im Berliner Büro einer überörtlich tätigen Anwaltssozietät, die insb. Krankenhäuser, auch bei ärztlichen Entscheidungen am Lebensende, berät; zurzeit Habilitation über das Leistungserbringerrecht der gesetzlichen Krankenversicherung (GKV).

E-Mail: sekretariat@institut-staatsrecht.de

Danksagung

Wir bedanken uns bei den Mitarbeiterinnen und Mitarbeitern des Springer-Verlages, insbesondere bei Frau Brigitte Reschke, für die überaus konstruktive und ideenreiche Begleitung des Projektes.

Prof. Dr. Gian Domenico Borasio, Leiter des Interdisziplinären Zentrums für Palliativmedizin am Klinikum der Universität (LMU) München, danken wir für die Überlassung der Druckvorlage des Entscheidungsdiagramms (S. 21). Dem Deutschen-Ärzte-Verlag, der ebenfalls mit dem Abdruck des Entscheidungsdiagramms einverstanden war, und der Redaktion des Deutschen Ärzteblatts danken wir auch für die Erlaubnis, die Empfehlungen der Bundesärztekammer wiedergeben zu dürfen. Unser Dank gilt ferner der Schweizerischen Akademie der Medizinischen Wissenschaften für die Gestattung des Abdrucks ihrer Richtlinien(-entwürfe).

Schließlich bedanken wir uns beim Verlag Mohr Siebeck für die Erlaubnis, Teile des erstmals in der Juristenzeitung 2003 erschienen Beitrags von Höfling/Rixen (vgl. S. 120 ff.) verwenden zu dürfen.

Für wertvolle fachliche Hinweise danken wir Herrn Franz Behler, Gütersloh; Dr. phil. Dr. med. Daniela Klein, Hamm (Internistin); Dr. med. Christoph Bozzetti, Hamm (Internist, Intensivmedizin); für Verbesserungsvorschläge zur Lesbarkeit und Suche nach Druckteufeln Frau Waltraud Schulze-Buxloh; Frau Dorothea Gamm; Frau Hildegard Huhnt.

R. Wagner, Bischöfliches Ordinariat Mainz;
D. Kaiser, Heidelberg

Einführung in das Behindertenrecht

2004. XVII, 219 S. Brosch. **€ 24,95**; sFr 42,50
ISBN 3-540-20367-2

Die Einführung in das Behindertenrecht will dem Leser eine weitgehend komplette und dabei gleichzeitig sehr gestraffte Übersicht über das auf die unterschiedlichsten Rechtsgebiete verteilte Recht der Behinderten geben.

▶ Schwerbehindertenrecht

▶ Zivilrecht

▶ zivilrechtliches Antidiskriminierungsgesetz

▶ Behindertengleichstellungsgesetz des Bundes und einiger Länder

▶ Teilbereiche des öffentlichen Rechts (Baurecht, Nachbarrecht, Schulrecht, Straßenverkehrsrecht, Strafrecht, Unterbringung)

▶ Sozialhilfe und Rentenrecht

springer.de

 Springer

Die €-Preise für Bücher sind gültig in Deutschland und enthalten 7% MwSt. Preisänderungen und Irrtümer vorbehalten.
d&p · BA 20435

J. Seichter

Einführung in das Betreuungsrecht

Ein Leitfaden für Praktiker des Betreuungsrechts, Heilberufe und Angehörige von Betreuten

2., aktualisierte u. überarb. Aufl. 2003.
XX, 318 S. Brosch.
€ 23,32; sFr 40,00; £ 18,00
ISBN 3-540-00038-0

Für die 2. Auflage wurde das Buch durchgesehen, aktualisiert und erweitert (s. Vorwort). Sein Grundanliegen bleibt unverändert: Es will in auch für Nichtjuristen verständlicher Weise darüber informieren, wann und wie durch die Bestellung eines Betreuers der Betreute selbst, aber auch diejenigen, die für ihn sorgen, unterstützt und entlastet werden können. Das Buch richtet sich damit zum einen an die Angehörigen von Berufen, die Erwachsene mit eingeschränkter Entscheidungsfähigkeit medizinisch und pflegerisch versorgen oder ihnen auf andere Weise bei der Sicherung ihrer elementaren Lebensbedürfnisse Hilfe leisten. Ebenso will es aber auch Betreuerinnen und Betreuer in das Betreuungsrecht einführen und sie bei ihrer Aufgabe begleiten sowie Familienangehörigen von Betreuten Rat und Auskunft geben. Nicht zuletzt bietet das Buch für Betreuungsrichterinnen und -richter eine gründliche Orientierung sowie zahlreiche Anregungen für die eigene Entscheidungsfindung.

„Insgesamt bietet das Werk eine hervorragende und leicht verdauliche Einführung in diese sehr praxisrelevante Materie; alle angesprochenen Leserkreise werden dieses Buch mit großem Gewinn lesen, vor allem diejenigen, die vom Betreuungsrecht noch nicht viel Ahnung haben, sich aber in die rechtliche Seite einarbeiten wollen."

Jurawelt 09/2001

**Springer · Kundenservice
Haberstr. 7 · 69126 Heidelberg
Tel.: (0 62 21) 345 - 0
Fax: (0 62 21) 345 - 4229
e-mail: orders@springer.de**

Die €-Preise für Bücher sind gültig in Deutschland und enthalten 7% MwSt.
Preisänderungen und Irrtümer vorbehalten. d&p · 010458x

Druck und Bindung: Strauss GmbH, Mörlenbach

MIX
Papier aus verantwortungsvollen Quellen
Paper from responsible sources
FSC® C105338

If you have any concerns about our products,
you can contact us on
ProductSafety@springernature.com

In case Publisher is established outside the EU,
the EU authorized representative is:
**Springer Nature Customer Service Center GmbH
Europaplatz 3, 69115 Heidelberg, Germany**

Printed by Libri Plureos GmbH
in Hamburg, Germany